“经典与解释”丛编
Classici et Commentarii
HERMES
刘小枫◉主编

驳无教养的犬儒

To the Uneducated Cynics

〔古罗马〕尤利安◉著
马勇◉编译

商务印书馆
创于1897 The Commercial Press

“经典与解释”丛编

出版说明

古典文明研究工作坊创设的“经典与解释”丛书，是改革开放以来我国学界规模最大、持续时间最长的丛书之一，自2002年开设以来，迄今已出版逾500种。

“经典与解释”丛书自觉继承商务印书馆创设的“汉译世界学术名著丛书”的精神，为我国学界积累学术资源，尤其积极推动译介西方历代经典的绎读，以期源源不断的学子们能更好地认识西方历代经典。

古典文明研究工作坊精选若干西方经典，联合商务印书馆共同推出“‘经典与解释’丛编”。本丛编着眼于配合“汉译世界学术名著丛书”的发展，为这一百年学术大业添砖加瓦。

古典文明研究工作坊
商务印书馆
2022年元月

目　录

编译者前言

一

330年年初(东晋晋成帝咸和五年),罗马帝国的新首都君士坦丁堡建造完工,5月11日,*君士坦丁大帝*(Constantine the Great, 272—337)举行盛大的新都落成典礼。这堪称罗马帝国的关键时刻。君士坦丁大帝将新首都命名为"新罗马",已经昭示这一事件的全部政治历史意义:新罗马帝国或者说第二罗马帝国诞生。其时,君士坦丁治下的帝国一扫3世纪的混乱无序,绵延近5个世纪的帝国重新恢复活力,显出万象更新之势,仿佛一切都在告诉世人,君士坦丁重建的帝国将再造往日的辉煌。

君士坦丁堡落成典礼一年后的331年5月,*尤利安*(Flavius Claudius Julianus Augustus)在新首都出生,他是在这座新的"永恒之城"诞生的第一位皇帝。尤利安是君士坦丁大帝的侄子,其父是君士坦丁大帝同父异母的弟弟*尤利乌斯·君士坦提乌斯*(Julius Constantius)。

337年5月22日,君士坦丁大帝驾崩,帝国分成三个部分,由他的三个儿子继承:*君士坦丁二世*(Constantine II,316—340)治理高卢、伊比利亚半岛和大不列颠岛;*君士坦提乌斯二世*(Constantius II,317—361)治理帝国东部;*君士坦斯一世*(Constans I,323—350)

治理意大利和北非。君士坦丁大帝统一的帝国再度分为三部分，埋下内战的隐患。同年，三兄弟合谋杀害君士坦丁家族的几乎所有成年男性，以根除家族内部对帝位的觊觎，其中包括尤利安的父亲。尤利安与同父异母的哥哥伽卢斯（Constantius Gallus，325—354）尽管因年幼得以幸免，仍被堂兄们软禁。

340年，帝国内战再起，君士坦丁二世与弟弟君士坦斯一世争夺帝国西部的统治权，长兄君士坦丁二世在内战中被杀，帝国西部的最高治权归于君士坦斯一世。350年，玛格嫩提乌斯（Magnentius）在高卢谋反，君士坦斯一世被部下谋杀。控制帝国东部的君士坦提乌斯二世发兵平叛。君士坦提乌斯二世挥师西进时，任命尤利安的哥哥伽卢斯为副帝，加凯撒称号，负责治理帝国东部。

353年，君士坦提乌斯二世剿灭玛格嫩提乌斯，重新统一帝国。354年，伽卢斯涉嫌谋反，被君士坦提乌斯二世处死。鉴于伽卢斯与尤利安的关系，君士坦提乌斯二世怀疑尤利安参与兄长的谋反，将其召到米兰，意图将其处死永绝后患。幸亏有皇后欧西比娅（Flavia Aurelia Eusebia）护佑和求情，尤利安躲过一劫，获准前往他心仪的智慧之城雅典游学。尤利安存世作品《欧西比娅皇后颂》（*Panegyric in Honour of the Empress Eusebia*）献给这位天使般的皇后，饱含深情地感激后者对他的护佑。

君士坦提乌斯二世平息玛格嫩提乌斯的叛乱后，一直致力于剿灭他引入高卢境内的日耳曼蛮族，但收效甚微。到355年，高卢已陷入全面混乱，日耳曼蛮族近乎占领整个高卢。是年秋，萨珊波斯帝国的沙普尔二世（Shapur II，309—379年在位）再起兵锋，威胁罗马帝国东部边境。鉴于帝国面临东西两个方向的战争，君士坦提乌斯二世于这年11月将尤利安召到米兰。11月7日，君士坦提乌斯二世在米兰任命尤利安为副帝，加凯撒称号，命他前往高卢清剿蛮族。

355年12月1日，尤利安在300名护卫队和少数友人的陪同下,由米兰出发前往高卢。实际上,尤利安尽管高居副帝之位,却不拥有治理高卢的实际权力。君士坦提乌斯二世的如意算盘是,用一位皇室成员镇守西部,而真正掌握政治军事权力的是君士坦提乌斯二世的心腹。与时人的预料相反,尤利安在凯撒任上,展现出优秀的政治军事才能。进入高卢后,尤利安才着手组建自己的权力核心,并逐步掌握高卢的政治军事大权,这对于一个年仅 24 岁、此前从未有任何政治经验的年轻人来说着实不易。

357 年秋,尤利安率大军在斯特拉斯堡战役中以少胜多,大败日耳曼族的阿拉曼尼人。在这场战役中,尤利安指挥有方,勇猛有加,宛如亚历山大大帝再生。实际上,亚历山大大帝也是尤利安的两位帝王偶像之一,另一位是马可·奥勒留(Marcus Aurelius, 121—180)。经过三年的剿匪战争和对高卢的治理,尤利安荡清莱茵河以西的日耳曼蛮族,深入莱茵河以东的日耳曼部族腹地,重建图拉真时代的北部边境,同时恢复了高卢境内的秩序。尤利安的政治军事声望和实力也水涨船高,成为高卢人民和各军团的救星和偶像。

依照君士坦提乌斯二世的政治安排,身为凯撒的尤利安显然是未来的帝位继承者。从君士坦丁王朝的角度来看,这一政治安排可谓完美,一来因为君士坦提乌斯二世没有男性子嗣,二来因为尤利安已证明他能够成为一个合格的皇帝。但是,君士坦提乌斯二世认为,尤利安的声望日甚一日,已经对自己的权力构成重大威胁:尤利安已有举兵叛乱、称霸一方的实力。最重要的是,君士坦提乌斯二世此时刚四十岁出头,和平交接权力为时尚远。

359 年冬,萨珊波斯国王沙普尔二世攻陷底格里斯河西岸的军事重镇阿米达(Amida),君士坦提乌斯二世以此为借口,命令尤利安派高卢的精锐军团增援东方,意图削弱尤利安的军事实力。高卢士兵不愿远征帝国东部,随即于 360 年 2 月在今巴黎拥立尤利安为皇帝,加奥古斯都称号。君士坦提乌斯二世匆匆结束与波斯的战争，一边调集兵力准备西进，一边以外交手段稳住尤利安。尤利安请求高卢地区自治，获准他保留奥古斯都的称号，但仍低于君士坦提乌斯二世的权威。君士坦提乌斯二世拒绝这一要求，内战即将再次爆发。

361 年春，谈判破裂，尤利安率大军朝君士坦丁堡挺进，内战爆发。然而，这一年 11 月 3 日，君士坦提乌斯二世病逝于军中，临终前指定尤利安继承帝位。12 月 11 日，尤利安进入君士坦丁堡，即位罗马帝国皇帝。这一年，尤利安 30 岁。

尤利安的父母皆是基督徒，因此尤利安从小接受基督教教育，还在教会担任过低级职务。但是，尤利安一登上帝位，立即发动复兴古典希腊罗马传统的文明-宗教运动。362 年 2 月 4 日，尤利安发布宗教宽容敕令，宣布所有宗教以及各教派皆合法，可在帝国境内自由传播。这一敕令堪称绝妙，因为赋予基督教内部各教派以合法性，势必导致基督教激烈内讧。同年 6 月 17 日，尤利安发布著名的教育法令，禁止基督徒担任公共学校的教师，从而将基督徒逐出了教育领域。同时，尤利安积极复兴异教，包括重建各地神庙、恢复献祭活动、重振异教的宗教体制等。

312 年，君士坦丁大帝发布《米兰敕令》，基督教取得合法地位。君士坦提乌斯二世已是基督徒皇帝。随着帝国皇帝皈依基督教，基督教的地位愈发稳固，而绵延几个世纪的希腊罗马传统逐渐式微。尤利安发起文明-宗教复兴运动，意在复兴罗马帝国自身的古代传统，阻止帝国变成一个基督教帝国。由此来看，尤利安被称作“背教者（Apostate）”和“敌基督者”，一点也不冤枉。

尤利安天性热爱哲学，他在《赫利俄斯王颂》（*Hymn to King Helios*）中说，他从小就对星空充满好奇，小小年纪就被人们视作天文学家（130c—d）；在《憎恶胡子的人》中说，他从童年开始就阅读柏拉图、亚里士多德和忒奥弗拉斯图斯等人的著作（353b）。尤利安发起文明-宗教复兴运动绝非凭一己之热情，而是凭借新柏拉图主义。4世纪中期，新柏拉图主义已经实现古代哲学的大综合，成为古希腊文明的承载者。尤纳皮乌斯（Eunapius，348—412）在记述新柏拉图主义者生平的《哲人和智术师列传》（*Lives of Philosophers and Sophists*）中提到，4世纪时，普罗提诺的名声远超柏拉图，普罗提诺成为智识人无可置疑的权威。尤利安也不例外，他是典型的新柏拉图主义者，算第六代新柏拉图主义者。若是从新柏拉图主义叙利亚学派来说，他是该学派的第三代传人。

尤利安登基为罗马帝国皇帝，为新柏拉图主义施展自己的文明抱负提供了现实机会。尤利安凭借新柏拉图主义思想资源，生发出好些新的文明想象，比如政教合一式君主制政体、普世的异教大教会、智识人的祭司化等。当时异教的多数智识人都卷入其中，支持尤利安的文明-宗教复兴大业。在这些智识人眼中，尤利安不仅是古希腊文明传统中的理想君王在世，更是这一文明传统的承载者。因此，尤利安发起的文明-宗教复兴运动堪称罗马帝国史上第一次也是最后一次真正的"文明内战"。从后世来看，这次文明内战是基督教文明与古典希腊罗马文明的决战，因而具有世界历史意义。

尤利安在发动"文明内战"的同时，意图效仿亚历山大大帝，彻底解决萨珊波斯帝国的威胁。362年5月中旬，尤利安从君士坦丁堡出发，7月底抵达叙利亚的安提阿（Antioch），为远征萨珊波斯做准备。经过8个月的准备，363年3月5日，尤利安率领9万大军离开安提阿，开始远征波斯。

5月中旬，罗马大军连战连捷，抵达萨珊波斯首都泰西封（Cteisphon）城下。久攻泰西封不下，此时补给已经告急，尤利安决定率大军沿着底格里斯河东岸向北运动，逐步后撤。在撤退的路上，罗马大军不断遭到萨珊波斯小股部队的袭击。6月26日，在萨马拉（Samarra，今伊拉克北部）附近的一次小规模遭遇战中，尤利安被一支标枪击中，伤势极为严重。当天夜里，尤利安驾崩。去世前，尤利安还与哲学家友人进行哲学对话。尤利安的逝世，导致他的文明-宗教复兴运动半途而废。尤利安的继任者约维安（Flavius Claudius Jovianus，332—364）随即推翻他的全部政策，重新回到君士坦丁大帝开创的传统上。此后，罗马帝国再无异教皇帝。

二

依照西方学者的编撰，尤利安存世作品共三类：演说辞（8篇）、讽刺作品（3篇）和书信。书信类篇数较大，除处理政务的书信外，有三篇尽管是书信体，实际上仍属于演说辞。

笔者此前选编过尤利安的一个文选，[①]那部文选偏重尤利安的哲学作品，包括演说辞四、五、七和八，以及一篇演说类书信《致哲人忒米斯提乌斯》和两篇讽刺作品《憎恶胡子的人》和《反加利利人》。实际上，尤利安的政治作品也气象宏阔，尤其是他对理想君王和祭司德性的论述。与前书不同，本文选包含尤利安的演说辞二《君士坦提乌斯的英雄事迹或论王权》（*The Heroic Deeds of the Emperor Constantius or On Kingship*）和演说辞六《驳无教养的犬儒》（*To the Uneducated Cynics*）、讽刺作品《诸皇帝》（*The Caesars*）、两篇演说类书信《致祭司》（*A Letter to A Priest*）和《致雅典元老院和人民》（*Letter to the Senate and People of Athens*）。

为了展现尤利安在异教智识人群体中的形象，本文选还选译利巴尼乌斯（Libanius，314—393）两篇论尤利安的演说辞：《尤利安葬礼上的演说》（*Funeral Oration Over Julian*，演说辞十八）和《论为尤利安复仇》（*Upon Avenging Julian*，演说辞二十四）。

《君士坦提乌斯的英雄事迹或论王权》是尤利安献给君士坦提乌斯二世的第二篇颂辞。颂辞这种文体是演说术第三类炫示演

① 马勇编译：《尤利安文选》，北京：华夏出版社，2017年。

说中非常独特的一类,具有悠久的传统。最著名的当属品达献给奥林匹亚竞技会运动员的竞技颂辞。罗马帝国进入帝制之后,按照惯例,每年执政官任职那天,执政官需要在元老院发表对皇帝的赞颂。皇帝颂辞演变为一种文体,名为"Panegyric",与称颂其他对象的颂辞文体"Hymn"相区分。3 世纪中期,修辞学家米南德(Menander)专门撰写一部技法作品,规定皇帝颂辞的体例。至 4 世纪,皇帝颂辞已经"八股化",开场白之后,赞颂皇帝的家乡、祖先、教育和功绩,然后将赞颂对象与荷马笔下的英雄、波斯帝国的历代君主、亚历山大大帝进行比较,以凸显赞颂对象的伟大,最后以祈祷结束。受到称颂的绝大多数皇帝名不副实,根本无资格与古代的伟大英雄和君王相比。

实际上,君主颂辞的鼻祖是色诺芬。他在《阿格西劳斯颂》(*Panegyric on Agesilaus*)中,以赞颂阿格西劳斯为由,描摹理想君王的形象和美德,从而赋予君主颂辞极高的政治哲学意蕴。在色诺芬笔下,君主颂辞实际上是君主教育的手段。尤利安在这篇颂辞中,效仿的就是色诺芬的手法,他全面描述了理想君主的形象和美德。利巴尼乌斯的《尤利安葬礼上的演说》也是此类作品。

《诸皇帝》是一篇讽刺作品,361 年农神节期间写于君士坦丁堡。这篇作品是对路吉阿诺斯《亡灵对话》的模仿,不过其主题是理想君主。尤利安设置一个会饮场景,让诸神将罗马帝国历代皇帝召集起来,参与谁是最佳君主的竞赛。在这场竞赛中,奥勒留皇帝获得头名,由此可以看出谁是尤利安心中的理想君主。

《驳无教养的犬儒》是演说辞七的姊妹篇。彼时新犬儒派背离老犬儒派,近乎基督徒。除了形似外,新犬儒派与第欧根尼(Diogenes,前 412—前 324)的生活方式和教诲背道而驰。尤利安在这篇演说辞中,驳斥新犬儒派对老犬儒派的攻击,凭借新柏拉图主义论证哲学的统一性。

《致祭司》是尤利安对他心目中异教大教会祭司品质的论述。

从他提出的要求看,唯有新柏拉图主义者有资格承担祭司之职。尤利安实际是在要求新柏拉图主义者祭司化。一旦这一步骤完成,政教合一政体将获得稳固的制度支撑。这是尤利安文明-宗教复兴大业最重要的步骤。

《致雅典元老院和人民》可称得上是尤利安的自传,他在这篇公开信中叙述了自己的生平和起兵东进的缘由。将这篇作品与利巴尼乌斯《尤利安葬礼上的演说》和阿米安努斯(Ammianus)的《罗马史》对照起来读,对尤利安的事业和抱负会有更深切的理解。

上述作品都译自勒布(Loeb)版,有的篇目添加了简介,以便读者熟悉背景知识。注释除单独标出外,皆译自英译。

马 勇

2021年3月4日于湖南大学

君士坦提乌斯的英雄事迹或论王权

[49c—d]如诗人告诉我们的,当阿基琉斯发怒与国王阿伽门农争吵时,将手中的矛枪和盾牌弃置一旁,接着,他拨弄竖琴和七弦琴,唱着歌,吟诵英雄的事迹。阿基琉斯将之当作度过闲暇的消遣,至少在这点上他的选择还算明智。因为与国王争吵,羞辱国王,太过鲁莽和野蛮。但是,兴许忒提斯之子也不能摆脱批评,因为当大军需要他时,他却在音乐上消磨时间,在那样一个时刻他本应拿起武器战斗而非弃置一旁。后来,当他闲暇时,他也本应歌颂阿伽门农国王和他的胜利。

[50a]虽然这个故事的作者告诉我们,阿伽门农对他的将军也不够温和机智,首先使用威胁,然后傲慢待之,当时他抢走了阿基琉斯英勇行为的奖品。之后,荷马让他们在会议上面对面悔过,忒提斯之子说:

> 阿特柔斯之子,我们为了一个女子,
> 心中积郁了那么深的恼人怨气,
> 这无论对你或是对我有什么好处?[1]

[50b]随后,荷马让阿基琉斯诅咒他们争吵的原因,讲述自己

---

① 荷马:《伊利亚特》,19.56。[译注]《伊利亚特》诗句的中译皆用罗念生译本,后文不再注出。

的愤怒造成的灾难。我们看到阿伽门农王谴责了宙斯、命运女神摩伊拉和复仇女神埃里倪斯(Erinys)。我认为,荷马用他展现在我们面前的英雄,如同肃剧中的人物那样,旨在提出一个教训:国王永远不能行事傲慢;不能毫无保留地使用权力;不能被怒气冲昏头脑;不能像一匹桀骜不驯的马因缺了马嚼子和驭手而四处狂奔。荷马同时也是在告诫将军们不要抱怨国王的傲慢无礼,而是应克制和平静地忍耐国王的指责,这样他们的一生就不会饱含悔恨。[①]

[50c—d]敬爱的陛下,当我反思这一点时,我看到您在所有方面显示出您研究荷马的成果,看到您热切地从各个方面造福帝国的每个臣民,一个接一个地授予我荣誉和特权。我认为,您渴望比希腊人的国王阿伽门农更高贵,竟至这样的程度:阿伽门农羞辱他最勇敢的将军,您却宽恕许多人,甚至宽恕那些不值得宽恕的家伙。因为您赞同庇塔库斯(Pittacus)的箴言:先宽恕后报复。如果我没有表现得比佩琉斯之子更明智,或没有颂扬真正属于您的东西,我不是指财富,或紫袍——凭宙斯起誓,不是指西顿妇女织造的那种织物,[②]也不是指尼萨亚人(Nisaean)的骏马,[③]不是指闪闪发光的镶金战车,更不是指印度华美的宝石。

[51a—c]若是有人选择专注于这些东西,认为描述它们很得体,他将不得不援引荷马的所有诗句,即便如此他仍然会词穷,用于赞颂所有英雄的赞辞都不足以赞美您。如果您愿意,我首先赞美您的权杖和王权。赞美佩洛普斯家族的古老、展示他们的王权之伟大时,荷马是怎么说的?

阿伽门农站起来,手里拿着权杖,

---

① 柏拉图:《王制》,577e。

② 荷马:《伊利亚特》,6.289。

③ 希罗多德:《原史》,7.40。这种骏马源自尼萨亚平原,薛西斯远征希腊时曾用它们牵引自己的舆驾。

那是赫菲斯托斯为他精心制造。[1]

匠神把它送给宙斯,宙斯送给他和迈亚的儿子赫尔墨斯,赫尔墨斯送给佩洛普斯,佩洛普斯又:

送给人民的牧者阿特柔斯,
阿特柔斯临死时传给多绵羊的提埃斯特斯,
提埃斯特斯又交给阿伽门农,
使他成为许多岛屿和整个阿尔戈斯的国王。[2]

[51d]这就是佩洛普斯家族的谱系,仅延续三代人。但是,我们家族始于克劳狄乌斯(Claudius II,213—270,268—270年在位)皇帝,它的王权中止一段时间后,直到您的两位祖父继承帝位。此外,您的外祖父马克西米安(Maximianus,250—310,285—305年在位)统治罗马、意大利、利比亚、西西里、撒丁,这是一个不逊于阿尔戈斯和迈锡尼的帝国。您的祖父统治高卢最好战的部落、伊比利亚人和坐落在大洋上的海岛,那些岛屿比我们的海中的岛屿大得多,那个大洋比我们的内海还大。

[52a]您的两位祖父彻底荡清这些地区的敌人,情势要求时,他们时而挥师激战,时而单独冒险,彻底剿灭了边境上那些无法无天、傲慢的野蛮人。这就是他们赢得的成就。您的父亲在他的父亲抵达人生终点后,非常虔诚得体地继承他应得的帝国份额。然后,他将帝国的剩余部分从无法容忍的奴役中解放出来,彼时那种奴役已让帝国沦落于僭主的暴政。之后,他统一帝国,任命他的三个儿子,即您和您的兄弟们为他的同僚。

---

① 荷马:《伊利亚特》,2. 101—102。
② 荷马:《伊利亚特》,2. 105—108。

[52b]现在,我需要公正地比较您的家族和佩洛普斯家族王权之范围、王朝延续之久远以及为君的人数吗？或者这样做很愚蠢,我该继续描述您的财富、您的紫袍和系着它的胸针,就连荷马也喜欢在这类东西上逗留？或我应细致描述特洛伊多泽的草地上放牧着的那三千匹母马以及它们的英姿？[①] 或我应描摹您那比暴风雪还洁白的色雷斯骏马和您的色雷斯舆驾？

[52c—d]就您而言,我可以颂扬这一切,至于阿尔齐诺斯的宫殿和那些连奥德修斯之子都眼花缭乱、目瞪口呆的大厅,[②]难道这些东西值得与您的比较？难道我不该拒绝赞颂这些小事？我必须保持警惕,以免有人指责我尽讲轻浮之言,却忽视真正值得敬重之物。所以,我最好将这类主题留给荷马之流操心,大胆歌颂与美德密切相关之事,以及您更看重的东西,我指的是身体力量和使用武器的经验。

[53a]那么,荷马用迷人的曲调歌颂的那些英雄中,我该承认哪一个能比您优秀？有一个英雄是弓箭手潘达罗斯(Pandaros),却背信弃义屈服于贿赂;[③]此外,他臂力虚弱,只是一名普通重甲兵。除此之外,还有透克洛斯(Teucer)和墨里奥涅斯(Meriones)两位英雄。墨里奥涅斯用透克洛斯的弯弓射中一只鸽子,[④]而透克洛斯尽管在战斗中表现出色,却总是需要某种防护。因此,透克洛斯站在盾牌后面,[⑤]不是他自己的而是他兄长的盾牌,轻松地瞄准敌人,一副荒谬的战士形象。透克洛斯需要一个比他高大的保护者,他没有把安全的希望寄托在自己的武器上。

[53b]但是,我敬爱的陛下,我曾多次看到您用手中的武器杀

---

① 荷马:《伊利亚特》,5. 222;20. 221。
② 荷马:《奥德赛》,4. 69 以下。
③ 荷马:《伊利亚特》,4. 97。
④ 荷马:《伊利亚特》,23. 870。
⑤ 荷马:《伊利亚特》,8. 266。

死熊、豹子和狮子，用您的弯弓打猎或消遣，战场上的您头戴铜盔，身穿铠甲，手持盾牌。我也不应怯于拿您和阿基琉斯比较，当时后者为赫菲斯托斯制造的铠甲欢欣鼓舞，亲自试试"看它们是否合身，四肢活动自如"[①]，因为您的胜利向所有人宣告了您的卓越。

[53c—d]至于您的骑术和竞跑能力，还有必要拿您和古代任何赢得巨大荣誉的英雄比吗？彼时骑术尚未被发明，难道不是事实？当时，他们只使用战车，还没有战马。至于他们中跑得最快的，如何与您相比也很难说。在调集军队、巧妙列阵方面，墨涅斯透斯（Menestheus）似乎最卓越，[②]由于他的高龄，只有涅斯托尔能与他匹敌。但是，敌人常常使他们的阵型陷入混乱，当他们遇到敌人时，甚至连城墙都守不住。[③] 然而，您参与无数战役，不仅与多如牛毛的野蛮人战斗，而且与您的诸多臣民战斗，后者胆大包天梦想夺取皇权竟至发动叛乱。在这些战役中，您的战阵始终坚固，从未动摇和后退。

[54a]我将向听众证明，这不是虚妄的夸口，也不是装腔作势的夸大其词。因为，我认为向您本人讲述您的功业很荒谬。若那样做，我就是一个愚蠢且品位低劣的人，这样的人一看到菲狄亚斯（Pheidias，前480—前430）的作品，[④]就试图与菲狄亚斯本人讨论雅典卫城上的雅典娜雕像或奥林匹亚的宙斯像。但是，如果向天下人讲述您最辉煌的功业，我兴许能避免那种错误，不会招致公开的批评。所以，我将不再犹豫，继续我的赞颂。

[54b—c]当我尝试讲述那些非常重要的功业时，我的讲辞相

① 荷马：《伊利亚特》，19.385。
② 荷马：《伊利亚特》，2.552。
③ 希腊联军为了保护船只，用塔楼修筑了一面墙；参《伊利亚特》，7.436以下。
④ [译注]菲狄亚斯，被公认为最伟大的古典雕刻家，雅典人，是雅典民主政治家伯里克利的挚友和艺术顾问。菲狄亚斯最负盛名的两件大型作品：一是奥林匹亚的宙斯神像，二是帕特农神庙的雅典娜女神像。前者创作于公元前456至前447年之间，后者于公元前438年完成。

应会变得很长,我希望不会有人反对。尽管我想限制它的长度,以免我苍白的言辞淹没和玷污您伟大的功业,就像镶在忒拜的爱神像翅膀上的金子一样,[①]从精湛的工艺中得到了某种东西。因为您的胜利远超那个马其顿人[亚历山大]的功业,所以需要荷马亲自吹响号角。当我继续使用我一开始采用的讨论方法时,这一点将一目了然。显然,我们的陛下和荷马英雄们的功绩非常类同,我之前声称,某个英雄仅在某项功绩上胜过其他英雄,但我们的陛下在所有功绩上胜过所有英雄。

[54d]如果你们记得,我在前面的序言中证明,我们的陛下比阿伽门农更有王者风范,后面的讲述将一再证明这一点。如果你们愿意,我们先来看陛下的战役和战斗。荷马对希腊人和野蛮人的何种赞美超过他们的同伴?我给你们读一下荷马最切题的诗句:

> [55a]缪斯啊,请给我指点跟随阿特柔斯的儿子们
> 前来的人马中,哪些战士最英勇,马最好。
> ……
> 最英勇的战士是特拉蒙王之子埃阿斯,
> 阿基琉斯却还在生气,他本是最强大。[②]

荷马在《奥德赛》中又这样描述特拉蒙之子:

> 论相貌或是论功绩他都超越所有的

① [译注]忒拜的爱神像由普拉克西特列斯(Praxiteles)创作。普拉克西特列斯,古希腊古典后期杰出的雕塑家,雅典人,主要创作年代为公元前370—前330年。他善于把神话传说中的人物纳入日常生活加以表现,风格柔和细腻,充满抒情感,确立了公元前4世纪希腊雕塑的艺术特征。普拉克西特列斯的代表作有《牧羊神》、《赫尔墨斯和小酒神》、《尼多斯的阿芙洛狄忒》等。

② 荷马:《伊利亚特》,2.761以下。

达那奥斯人，除了高贵的佩琉斯之子。[①]

[55b—c]荷马说，这两人是远征特洛伊的希腊人中最英勇的人，特洛伊一方则是赫克托尔和萨尔佩冬(Sarpedon)。你们是否希望我选出他们最辉煌的功绩，评判一番？事实上，阿基琉斯在河边的战斗在某些方面与我们陛下的某些功绩相似，阿凯亚人保卫城墙的战斗也是如此。埃阿斯在保护船只的战斗中，不得不站上甲板战斗，也与我们陛下的某些功绩类似。现在，我将向你们描述我们陛下不久前在德拉维(Drave)河边的战斗。你们都知道战争爆发的原因，陛下获胜，不是出于贪得无厌，而是正义在他这边。我没有理由不简略提醒你们下述事实。

[55d]一个鲁莽且不忠之徒[玛格嫩提乌斯(Magnentius)]试图夺取他无权享有的大权，谋杀了陛下的兄弟和同僚[君士坦斯一世(Constans I，323—350，337—350年在位)]。然后，玛格嫩提乌斯陶醉于他的美梦，振奋不已，仿佛他打算效仿波塞冬，证明荷马的故事不是虚构而是绝对真实存在过的。荷马这样描述这位神，"他向前跨了三大步，第四步便到达埃盖"。然后，荷马描述波塞冬如何从那里穿上盔甲，给战马套上挽具，驾驭战车踏浪飞驰：

[56a—b]大海欢乐地分开，战马飞速地奔驰，
甚至连青铜车轴都没有被海水沾湿。[②]

没有什么东西挡路，所有东西都靠边，欢快地为他让路。那位篡位者认为，身后已无敌人，没有什么东西能阻止他在底格里斯河

① 荷马：《奥德赛》，11.550—551。[译按]《奥德赛》诗句的中译皆用王焕生译本，后文不再注出。

② 荷马：《伊利亚特》，13.29—30。

口占据优势位置。他身后跟着一支包含重装步兵和骑兵的大军，的确，士兵皆是善战者，是来自莱茵河和西部海岸边的高卢人、伊比利亚人和日耳曼人。我不确定该将那个海洋称为大洋还是大西洋，兴许它有更恰当的名称。我只知道，它的岸边居住的蛮族部落不容易被征服，他们比其他民族更好战。我不是仅从传闻知晓这一点，因为传闻从不可靠，而是从亲身经历知晓这一点。

[56c]玛格嫩提乌斯从这些部落中召集一支大军，他们跟随他从家乡一路行军。或者说很多士兵之所以愿意追随他，是因为他们是他的族人，与他同属一个种族。但是我们的臣民——我们必须这样称呼他们，我指的是他手下的罗马人军团之所以追随他，是出于被迫而非自愿选择，就如同雇佣军，他们的角色类似于众所周知的卡里亚人(Carian)。[①]

[56d]对于一个野蛮人和异族人在醉醺醺的放荡时刻萌发窃取统治权的想法并且发动叛乱，罗马人天然感到厌恶。而玛格嫩提乌斯是那种可以从这样的描述就预料到的领袖。他亲自统领他们，不过，他不像赫西俄德在他的诗篇中告诉我们的提丰(Typho)——大地盖亚(Gaea)在愤怒中孕育提丰以反抗宙斯。而是像智慧的普罗狄科(Prodicus)在他的寓言中创造的那位邪恶女神，她试图与美德女神竞争，以赢得宙斯之子赫拉克勒斯的青睐，妄想赫拉克勒斯会看重她而非美德女神。[②]

[57a]当玛格嫩提乌斯带领部下战斗时，比卡帕纽斯(Capaneus)更胜一筹，[③]就像野蛮人那样，陷于麻木不仁的愚蠢中。尽管他像卡帕纽斯那样，不信任自己灵魂或身体的活力，而是只相信他的蛮族追随者的人数。他夸口，他要把一切都交给他们去劫掠，他的每个将军、每个队长、每个士兵都要劫掠相应等级敌人的财物，他

---

① 众所周知，卡里亚士兵一文不值。

② 色诺芬：《回忆苏格拉底》，2. 1. 2。

③ 埃斯库罗斯：《七将攻忒拜》，440；欧里庇得斯：《腓尼基妇女》，1182。

将奴役所有物主。

[57b]我们的陛下巧妙的策略更加坚定了玛格嫩提乌斯的这种态度,他对真相一所无知,兴高采烈地率军从狭窄的隘口直下平原。玛格嫩提乌斯就这样不知不觉被捉住,像一只鸟或一条鱼落入网罟。因此,他抵达派奥尼亚(Paeonia)平原,认为在那里决战似乎有利,在此之前,我们陛下已将骑兵分列战阵两翼。

[57c]这些骑兵部队手持长矛,身着铁制的盔甲和头盔。护胫甲保护小腿,护膝甲保护膝盖,大腿上也有同样的护甲。他们骑在马背上,稳如雕塑,无需盾牌。这些骑兵背后是轻骑兵,他们手持盾牌,用弓箭在马上战斗。重装步兵方阵位于阵线中央,以支持两翼骑兵作战。步兵方阵背后是投石兵、弓箭手和其他投射标枪的部队,他们既无盾牌,又未穿铠甲。这是我方战阵的序列。

[57d]我方左翼轻松击溃敌人,敌军因此陷入混乱,阵线崩溃。当我们的骑兵发起冲锋顽强攻击时,可耻地篡夺皇权的玛格嫩提乌斯抛弃他的骑兵将军、无数千夫长和百夫长逃之夭夭,后者则在这场可怕且邪恶的闹剧的真正幕后人物马塞林努斯(Marcellinus)的指挥下,继续勇敢战斗。正是这位马塞林努斯首先劝诱玛格嫩提乌斯称帝,僭取我们的皇权。

[58a]有一段时间,玛格嫩提乌斯享受着僭取皇权的胜利,第一次攻击没有遇到抵抗或失败,但是在那一天,他招致正义对他的恶行的惩罚,不得不承负难以置信的惩罚。因为所有怂恿玛格嫩提乌斯篡位的人在那次战役中,要么被杀,要么公然临阵逃跑,其余的人则公开忏悔罪行。由于许多士兵恳求饶恕,并且所有俘虏都得到宽恕,所以陛下的宽宏大量超过忒提斯之子。

[58b]帕特罗克洛斯被杀后,阿基琉斯拒绝出售捕获的所有俘虏。在他们挽住他的膝盖恳求怜悯时,阿基琉斯将他们全部杀死。我们的陛下宣布赦免放弃叛乱的人,不仅让他们免于死亡、流放或其他惩罚,而且屈尊恢复他们的地位,完全不计较过往,仿佛

他们追随那位篡位者是由于某种意外事故或不幸的错误。后面有机会我再提到这一点。

[58c]我现在要讲的是,训练和教导篡位者的那个人[马塞林努斯]既不在阵亡者之列,也不在逃亡者之列。当然,他本不应该指望得到宽恕,因为他的阴谋是那么邪恶,他的行为是那么臭名昭著。他应该为杀害那么多无辜男女负责,其中很多是普通公民,几乎所有人都与皇室有关系。

[58d]他这样做既不是出于畏缩,也不是出于对让自己的人民流血之人的憎恶,更不是出于罪恶感、恐惧和警惕复仇者以及那些将进行血腥清算的人。而是基于一种闻所未闻的净化考虑,他洗去手上第一批受害者的鲜血,然后一个接一个杀掉男人,再杀掉他们的孩子,最后杀掉女人。所以,他自然放弃了求饶的念头。

[59a]但他可能是这样想的,也可能不是。事实是我们不知道他在从我们的视线消失前,做过什么,遭受过什么。是不是某个复仇神把他抓走,就如荷马提到的潘达瑞奥斯(Pandareos)的女儿们的命运,直至现在仍在将他带到世界的边缘惩罚他的恶行,或者是德拉维河将他吞噬,把他去喂鱼。但是,直到战役开始,双方大军列阵,他仍信心满满,在他们阵线的中央来回奔走。

[59b]但是,战斗结束,他却消失得无影无踪,我不知道是哪位神或哪种超自然力量将他从我们的视线里带走,不过可以肯定,等待他的命运绝不令人羡慕。不管怎样,侮辱我们却没受惩罚,他注定不会再露面,注定不会安然无恙地过上好日子。他注定要被完全抹去,遭受一种对他来说致命的惩罚,但这种惩罚对许多其他人有益,因为它给了他们一个重获新生的机会。

[59c—d]尽管我的演说有必要花更多篇幅在这个人身上,他是整场叛乱的幕后主使,但这样做会破坏战场最紧张的气氛。所以,我必须搁置这个主题,返回我离题的地方,继续描述整场战斗如何结束。因为尽管敌人的将军怯懦至极,士兵的勇气却丝毫没

有减弱。敌方阵线大乱后，这不是由于他们的怯懦而是由于统帅的无知和无能，士兵们各自形成团体，继续战斗。战场接下来的进展超乎所有人的预料：敌方士兵拒绝屈服，我方士兵则尽最大努力想夺取辉煌的胜利，由此导致最疯狂的混乱。喊叫声和兵器碰撞的喧嚣混杂在一起，刀剑和头盔撞击，盾牌和长矛撞击。

[60a]这是一场近身搏斗，敌人士兵扔掉盾牌，只用剑砍杀，对自己的命运漠不关心，尽最大的热情给我方造成严重损失。他们甚至准备战死，只要能使我们的胜利显得可疑，代价高昂。不仅敌方步兵这样对待追击他们的人，而且骑兵也是如此，以致他们的长矛折断，毫无用处。敌人骑兵的矛杆很长，打磨得锃亮，矛杆折断后，他们便下马变身重装步兵。因此，有段时间，他们顶住了我方的巨大压力。

[60b]但是，我方轻骑兵在远处不停射箭驱赶他们，重甲骑兵则频繁冲击，这在平坦毫无障碍的平原上很容易做到。最后，由于黑夜降临，敌人最终得以逃走，我方士兵则紧追不舍，一直追到敌人营地，用强攻占领，夺取敌人的辎重、奴隶和驮兽。正如我描述的，敌人开始溃败，在我们穷追不舍的打压下，他们被挤向德拉维河岸边，这条河位于我方的右侧。

[60c]在那里发生了最大规模的杀戮，河面上漂满尸体和战马，数不胜数。德拉维河与斯卡曼德罗斯河不同，它对逃亡者一点也不友好。它没有把身着铠甲的死者推到岸边，也没有用旋涡救护那些活着的逃亡者。而斯卡曼德罗斯河就是这样对待特洛伊人，[1]也可能不是出于友好，兴许只是因为那条河太小，人们可以轻易徒涉而过。

[60d]事实上，只要往那条河里扔一段杨木，就能架起一座

① 荷马：《伊利亚特》，21.325 以下。

桥，[①]整条河流奔腾而起的水花拍打着阿基琉斯的肩膀。[②] 若我们真的相信这一点，那么斯卡曼德罗斯河从未做过比这更暴烈之事。有一点小火烤灼，它就立刻放弃战斗，发誓不再做特洛伊人的盟友。不过，这也可能是荷马开的玩笑，他发明出这种奇怪且不合自然的决斗。

[61a]在这部史诗的其他部分，荷马也明显偏爱阿基琉斯，他让整支希腊大军作旁观者，却将阿基琉斯当作唯一无敌的战士派上战场，让阿基琉斯杀死他遇到的所有敌人。无论是战斗开始时还是在斯卡曼德罗斯河边的战斗，阿基琉斯仅用喊声、举止和眼神，就让每个敌人逃跑，直到逃跑者高兴地聚集在城墙内。

[61b]荷马用了大量诗句叙述这一点，然后他发明出诸神之间的战斗，通过这样的故事修饰他的史诗，荷马腐化了他的批评者，使我们无法给予公正和诚实的评价。但是，如果有人拒绝被荷马史诗的言辞之美和虚构之美欺骗……，[③]即便他像战神山议事会的成员那样严苛，我也不惧怕他的决定。因为我们被这部史诗说服相信佩琉斯之子是一位勇士，他杀死二十名敌人后：

> 从河中跳出十二个青年把他们活捉，
> 为墨诺提奥斯之子帕特罗克洛斯之死做抵偿。[④]

[61c—d]但是，尽管他的胜利对阿凯亚人的命运有一定影响，却不足以在敌人心中激起巨大的恐惧，也没有让敌人对自身的事业完全绝望。关于这一点，我们无需将荷马放在一边，另外寻求证人，仅回想荷马描述普里阿摩斯如何带着赎金来到希腊人的船

---

① 荷马：《伊利亚特》，21. 242。
② 荷马：《伊利亚特》，21. 269。
③ 原文缺漏 8 个单词。
④ 荷马：《伊利亚特》，21. 27。

上就足矣。因为在与普里阿摩斯达成协议后，忒提斯之子问普里阿摩斯：

> 你给神祥的赫克托尔举行丧葬仪式，
> 想花多少天？我自会停战，制止军队。[①]

普里阿摩斯不仅告诉他丧葬时长，而且告诉他恢复战斗的期限："第十二天，如有必要，我们就重新开战。"[②]

[62a]你们看，普里阿摩斯毫不犹豫地宣布，停战之后将重新开战。但是，那个胆小懦弱的篡位者却躲在高山之后，在山上筑起堡垒。即使如此，他也不相信地利的优势，反而请求我们陛下饶恕他。要不是他在许多场合通过一桩又一桩罪行来证明自己的背信弃义和傲慢，他本可以得到饶恕。

[62b]关于这场战役，如果有人不愿意听取我的叙述所表达的看法或那些令人钦佩的诗句，而是更看重事实，就让他依据事实来评判。因此，如果你们愿意，我们接下来将比较埃阿斯为保卫船只的战斗和陛下在那座名城取得的功绩。我指的是迈格多尼乌斯(Mygdonius)河赋予其名称的那座城，尽管它也以安提俄库斯国王(King Antiochus，前324—前261，前293—前261年任塞琉古帝国国王)的名字命名。[③] 不过，它还有一个野蛮人的名称，即尼西比斯(Nisibis)，你们中与那个地区的野蛮人有交往的人很熟悉这个名称。

[62c]当我们的陛下准备讨伐篡位者玛格嫩提乌斯时，尼西比斯遭到帕提亚大军及其印度盟友的围攻。就如人们所说，赫拉克

① 荷马：《伊利亚特》，24.657。
② 荷马：《伊利亚特》，24.667。
③ 尼西比斯，塞琉古帝国时名为迈格多尼乌斯边的塞琉西·安提阿(Seleucid Antioch on the Mygdonius)，即现在土耳其的努赛宾(Nusaybin)。

勒斯起航攻击水怪许德拉(Hydra)时,那只巨型海蟹跑出与赫拉克勒斯交战,帕提亚人的那位国王率大军渡过底格里斯河,[1]用堤坝包围了尼西比斯。沙普尔二世引迈格多尼乌斯河流入堤坝,将尼西比斯周边变成一片汪洋,尼西比斯城看起来就像一座岛屿,只有城墙略高于水面。

[62d]然后,沙普尔二世用船只搭载攻城机发起攻城。这不是一天做到的,而是在将近四个月内做到的。但是,城内守军通过发射火箭焚烧敌人的攻城机,不断击退野蛮人。守军在城墙上拖拽起许多敌方船只,另一些船只则被攻城机发射时的力量和我方投掷物的重量震得粉碎。

[63a]因为我方投掷的部分石块的重量达 7 阿提卡塔兰同。这样的战斗持续很多天后,一部分堤坝坍塌,河水大量涌入,冲垮了部分城墙。沙普尔二世立即以波斯人的方式列阵。他们一直效仿波斯人的习俗,我认为,其原因是他们不愿意被视作帕提亚人,所以伪装成波斯人。这也解释了他们为何喜欢波斯服饰。

[63b]当他们行军作战时,看起来就像波斯人,他们以身穿与波斯人一样的铠甲和用金色与紫色装饰的衣服为傲。他们企图用这样的方法逃避真相,以显得他们没有反叛马其顿,只是在恢复昔日属于他们的帝国。因此,他们的国王效仿薛西斯(Xerxes,前519—前 465,前 485—前 465 年在位),坐在一座人造的小山上,他的大军则在战象的陪同下前进。这些战象来自印度,背部负载着装满弓箭手的铁塔。

[63c]战阵最前面是身着铠甲的骑兵和弓箭手,之后是数量庞大的轻骑兵。因为发现步兵在他们的战斗类型中毫无用处,他们不重视步兵。事实上,他们也不需要步兵,因为他们所居住的整个地区一马平川。军队的价值,自然与它在战争中的实际作用成正

---

① [译注]指萨珊波斯帝国皇帝沙普尔二世(Shapur II,309—379 年在位)。

比。因此,既然基于他们国土的自然状况,步兵无甚用处,他们的法律也就不重视步兵。

[63d]这也发生在克里特和卡里亚,无数邦国都有类似于他们的军事装备。例如,忒萨利平原证明适于骑兵战斗和训练。我们的帝国曾不得不面对各种各样的对手,凭借良好的判断和运气赢得卓越地位,自然适应了各种盔甲和装备。

[64a]但是,那些将撰写颂辞的规则奉为金科玉律的人,可能会说上述这些与我的演说无关。我前述内容是否部分与你们相关,我会在适当的时候加以考虑。但是,无论如何,我能轻易摆脱这类人的指控。因为我没有自称颂辞能手,一个不同意遵守某些规则的人有权忽视它们。兴许我会证明我有别的令人信服的理由忽视它们。但是,没有必要时,不值得打断我的演说和偏离我的主题。现在,我将回到刚才偏离的那一点。

[64b]当帕提亚人全军全副武装、在印度战象的支持下进攻城墙时,他们满怀信心地以为一次攻击即可拿下尼西比斯。一接到信号,他们就开始向前冲锋,因为每名敌军都渴望成为第一个爬上城墙的人,赢得那份荣誉。他们无所畏惧,不相信被围困者会抵抗他们的攻击。

[64c]然而,被围困者在城墙的缺口处列阵,在仍然完好无损的那部分城墙上配置城中所有非战斗人员,并分给他们同等数量的士兵帮助抵御攻击。当敌人策马前奔,城墙上却没有任何投掷物向他们掷来,他们就更有信心彻底摧毁这座城市。他们不断抽打马、用马刺催马狂奔,以致它们的腰上满是鲜血,直到他们将堤坝远远甩在后面。

[64d]帕提亚人早先修筑这些堤坝拦阻迈格多尼乌斯河的河口,那里的污泥很深。事实上,由于树木……,[1]又由于土壤肥沃,

① 原文有缺漏。

泉水就在地表之下，所以地表非常松软。此外，那地方还有一条很久以前修筑的、很宽的护城河，用来保护尼西比斯城，现在已被相当深的泥沼填满。

[65a]当敌人抵近这条护城河，正准备跨过时，被围困者派出大规模兵力发起攻击，其他人则在城墙上向敌人投掷石块。很多进攻者被杀，其余的人一致调转马头逃跑，仅从他们的姿势就可以看出他们打算逃跑。他们调转战马时，马摔倒在地，将骑手压在身下。尽管盔甲让他们行动不便，他们仍在泥沼中挣扎着陷得更深。随之而来的屠杀在任何同类围攻战中都前所未有。

[65b]由于敌人的骑兵遭遇这种命运，他们派出象队，认为能用这种新奇的战斗方式吓倒我们。因为他们肯定没有瞎到看不出一头战象比战马重得多，一头战象驮的不是两匹或几匹马驮的重量，而是多辆战车才能承负的重量，我指的是象背上的弓箭手、标枪手和铁塔。

[65c]考虑到地面由于人为的缘故已是一片沼泽，这一切都是严重的负担。这件事已经证明这一点。因此，敌人派出战象很可能不是要战斗，而是为了恐吓被围困者。象队以相同的距离排成战线，事实上帕提亚人的战阵就像一堵墙，战象驮着塔楼，重装步兵填满战象之间的空隙。但是，这样的阵型对野蛮人并无多大益处。

[65d]然而，对城墙上的守军来说，这是一场奇观，守军感到赏心悦目并开怀大笑。他们饱览这一场面时，就像观看一场富丽堂皇的游行。守军用投石机向敌人投掷石头，发射箭矢，挑衅野蛮人攻击城墙。帕提亚人天性急躁，无法忍受别人的嘲笑，不攻击就带领这支大军撤退。所以，得到国王的命令后，他们攻击城墙，遭到守军石块和箭矢的密集攻击，部分战象受伤，部分战象因陷入泥沼而死。于是，因担心其他战象殒没，敌人率领战象退回营地。

[66a]第二次攻城失利后，沙普尔二世将他的弓箭手分成数

队,命令他们互相支援,继续向城墙的缺口射箭,意图阻止守军修复城墙,从而确保尼西比斯的安全。沙普尔二世希望用这一策略,要么攻占这座城,要么用少量部队压垮守军。

[66b]但是,我们陛下的战备清楚表明,这位野蛮人国王的计划徒劳无功。因为在我方重装步兵的后面,正在建造第二堵城墙。沙普尔二世以为守军计划用原先的城基重建城墙且尚未着手时,守军已不停地忙碌一个昼夜,新城墙已高达4腕尺。[1] 第二天天亮时,新城墙已清晰可见,一条引人注目的新城墙已挺立在那里。

[66c]此外,守军没有一刻屈服,而是一直互相鼓舞,不停向攻击城墙缺口处的敌人投掷标枪,这让野蛮人沮丧不已。然而,沙普尔二世没有立即撤走他的军队,而是再次使用相同的策略。但是,当再次攻击仍像前一次那样被击退,由于饥饿损失许多部族,在堤坝和围城中牺牲许多士兵后,沙普尔二世撤走了他的军队。

[66d]沙普尔二世又以各种罪名,接连处死许多官员:要么是指控某个官员没有将堤坝建得足够牢固,而是中途坍塌被迈格多尼乌斯河冲垮;要么是指控某个官员在城墙下战斗时表现不够卓越。还有其他官员是因这样或那样的罪行被处决。实际上,这是亚洲野蛮人的惯例,将失败的罪责推到臣民身上。沙普尔二世如此行事后,率军离开。在那之后,他一直与我们保持和平,从未要求签订盟约或条约,而是待在国中,只要我们的陛下不攻击他,不为他的鲁莽和愚蠢而向他复仇,他就谢天谢地了。

[67a]现在,我可以将这场战斗与那些为保卫希腊船只和护墙而战的战斗进行比较吗?接下来,请注意观察二者的相似点和不同点。第一,当时,两位埃阿斯、拉庇泰人(Lapithae)和墨涅斯透斯从护墙撤退,无助地眼看寨门被赫克托尔捣毁,萨尔佩冬登上雉

---

① [译注]腕尺(πῆχυς)是西方古代的度量单位,指从肘尖到中指尖的长度,一希腊腕尺约46.38厘米,一罗马腕尺约44.37厘米。

堞。在城墙坍塌时,我们的守军则没有放弃,继续战斗,击退了有印度盟友协助的帕提亚人。

[67b]第二,赫克托尔冲到船上,在甲板上徒步作战,仿佛是从一处堡垒后面战斗。我们的守军首先是在城墙上打一场海战,其次赫克托尔和萨尔佩冬不得不从雉堞和战船撤退,我们的守军则不仅击溃携船只攻击的部队,也击溃了地面部队。

[67c]由于某种巧合,我在演说中提及赫克托尔和萨尔佩冬,以及我所谓的他们的功绩之冠是合适的,我指的是他们二人摧毁阿凯亚人那条护墙的功绩。荷马告诉我们,那条护墙仅在前一天才刚建好。阿凯亚人遵循皮洛斯(Pylos)那位高贵演说家涅斯托尔的建议建造了那条护墙,意在让它成为"船只和我们自己的坚不可摧的屏障"[1]。我认为,摧毁那条护墙是赫克托尔最光辉的功绩,他不需要格劳库斯的技艺帮助,也无需别的更明智的策略,因为荷马坦率地说,阿基琉斯出现的时刻,"赫克托尔立即退进人群"[2]。

[67d]此外,当阿伽门农攻击特洛伊人,将他们压迫到城墙下时,宙斯将赫克托尔引开,让他避过敌人的攻击。[3] 荷马嘲笑赫克托尔的怯懦,他说正当赫克托尔站在坚固的战车里,已经抵近城门时,伊里斯(Iris)来到他身边,带来宙斯的话:

> [68a]当你看见士兵的牧者阿伽门农
> 仍在阵前奔突,冲杀战士阵列,
> 你就暂时退避。[4]

---

① 荷马:《伊利亚特》,14.56。
② 荷马:《伊利亚特》,20.379。
③ 荷马:《伊利亚特》,11.163。
④ 荷马:《伊利亚特》,11.202。

宙斯给出这样卑鄙怯懦的建议，尤其是对一个甚至没有参加战斗而是悠闲站在那里的人，这可能吗？正当提丢斯之子不断杀人，雅典娜在他头上点燃强大的火焰，迫使所有留下来与他对抗的人逃跑时，赫克托尔却站在远离战场的地方。

[68b]尽管赫克托尔不得不忍受许多嘲弄，但是仍对抗击阿凯亚人感到绝望，于是找了个似是而非的借口，去城里劝他的母亲和特洛伊妇女一起去安抚雅典娜。如果他亲自与老人们一起去神庙恳求雅典娜，他本会有很好的理由。因为恰当的做法是：一位将军或国王依照约定的仪式像一位祭司或先知服务神。他既不应忽视这一职责，也不应把这项服务交给他人去完成，否则仿佛认为这项服务有失尊严。

[68c]在这里，我认为我稍微借用一下柏拉图的话不算冒犯。柏拉图说，一个人，尤其是君王，为此生准备得最好的境况是在所有与幸福有关的事情上依靠神而不依靠他人，他人的行为无论好坏都可能会迫使他和他的事业远离正道。[1]

[68d]尽管没人会允准我修改这句话和替换那个词，尽管我被告知必须让它保持原样，[2]就像被实践赋予神圣的事物那样。即使如此，我也要坚持这就是那位圣人的意思。因为当他说“依靠自己”时，无疑不是指一个人的身体或他的财产，也不是指后代或杰出的祖先。

[69a]因为这些东西是人的所属，而不是人本身。人真正的自己是他的精神、他的理智，一言以蔽之，是寓于我们身上的神。至于这个神，柏拉图在其他地方称为“我们灵魂的最高形态”，说“神把它赐给我们每个人，作为引路的精灵，甚至我们可以说，它住在

① 柏拉图：《默涅克赛努斯》（*Menexenus*），247e。

② [译注]柏拉图的原文是“依靠自己（εἰςέαυτὸνἀνήρτηται）”，尤利安将之改为“依靠神（τὸνθεὸνἀνήρτηται）”。

我们身体的顶部，把我们从地上提升至天上”。[1] 正是基于这一点，柏拉图清楚指出每个人都应依靠自己，而不是依靠他人，当后者想在其他方面伤害和阻碍我们时，往往会成功。

[69b]事实上，以前发生过这样的事，即使没有这种欲望，人们也剥夺了我们的某些财产。但是，仅这样做不能阻碍或伤害人，因为“上天不允许恶伤害比它更好的事物”[2]。这个说法也是出自柏拉图。但是，也可能我正用我自己的话把柏拉图的教诲传授给你们，就像撒上盐或金粉。因为盐让我们的食物更可口，金子能强化对眼睛的影响。

[69c—d]柏拉图的教诲有两种效果。我们聆听他的教诲时，它们带来的快乐超过盐之于味觉的快乐，它们还有一种奇妙的力量，能甜蜜地滋养和洁净灵魂。因此，如果有人责备我贪得无厌、什么都想掌握，就像参加宴会的人贪婪地品尝每一道菜，不能使他们的手停留于他们面前的菜肴，我会毫不犹豫进行反驳。因为这种事似乎就发生在我身上，我同时表达对陛下的赞颂并谈及哲学理论，我尚未谈完我原来的主题，就中途中断去阐述哲人们的说法。此前，我曾有机会回应那些这样批评我的人，也许我还得再回应一次。

[70a]然而，我将继续我的论述，回到我的出发点，就像参与田径比赛的选手一旦比赛开始，就会跑向终点线。我刚刚说，柏拉图宣称一个人真正的自己是他的精神和灵魂，他的身体和财产不过是他的所属。这是柏拉图在他那部奇书《法义》中做出的区分。所以，如果有人回到开始，说“为此生做了最佳准备的人，就是在所有与幸福相关的事务上依赖他的精神和理智而非外在于他自己的东西的人，后者无论好与坏都会迫使他远离正道”。他没有改变或

① 柏拉图：《蒂迈欧》，90a。
② 柏拉图：《申辩》，30d。

歪曲柏拉图的原义,而是进行了正确的阐述。

[70b]如果柏拉图用“神”这个词替换“精灵”这个词,他完全可以这样做。如果柏拉图把我们生命的掌控权交给寓于我们身上的精灵,这个精灵天生不受感觉的影响且类似于神,但由于它与身体的联系必须遭受和忍耐诸多痛苦,这样就会给人们一种印象:精灵也受制于感觉和死亡。如果他说这是每个渴望幸福之人的真实,我们该如何设想他关于不与物质混杂的纯粹理智的观念,这种纯粹理智实际上与神是同义词?

[70c]关于这一点,我认为每个人,不管他是平民还是君王,都应该自己统治自己。我所谓的“君王”是指真正配得上这个名称的人而非假冒者,他知道神,由于他与神的亲缘性,他能识别自己的天性。真正的智慧者会向神的权威低头,顺服于神。

[70d]因为那些培育美德却不尽可能彻底顺服于神的人,是愚昧自大之辈。我们必须相信这是神所喜悦的,高于一切。此外,任何人都不应忽视传统的敬拜形式,或轻视这种向更高存在表示敬意的方法,而应认为一丝不苟的虔敬是美德。因为虔敬是正义之子,凡讨论这类问题的人都晓得,正义是更神圣的灵魂类型的典型特征。

[71a]正是由于这个原因,虽然我称赞赫克托尔由于手上的血迹而拒绝奠酒,但如我之前所说,由于战斗在进行,他本没有权利返回城中,因为他要执行的任务不是一位将军或君王的任务,而是一位使者和部下的任务,并且他已准备接受一项属于伊代俄斯(Idaeus)或塔尔提比俄斯(Talthybius)的任务。① 不过,如我一开始所说,这似乎只是一个赫克托尔逃离战场的似是而非的借口。事实上,当他听从先知的命令与特拉蒙之子决斗,他已经做好了与埃阿斯谈判并互赠礼物的准备,并为逃脱死亡而高兴。

① [译注]伊代俄斯是特洛伊一方的传令官;塔尔提比俄斯是阿伽门农的传令官。

[71b]总而言之,赫克托尔作为一位统帅,他在追击撤退的敌人时很勇敢,但在任何情况下,他都没有取得能导致战争获胜或扭转战局的功绩,他最大的功绩是与萨尔佩冬"首先冲进阿开奥斯人的壁垒"[①]。

[71c]因此,我是应从竞赛中退缩,仿佛我不能代表陛下提出任何这样的功绩,并因此避免拿琐碎之事与重要之事相比,拿微不足道之事与值得严肃看待之事相比,还是应冒险继续比赛,以对抗如此著名的功绩?希腊人的那条护墙旨在保护海滩,是我们习惯建造的那种栅栏,不到一个上午就可建成。但是,阿尔卑斯山上的城墙是一座古老的堡垒,玛格嫩提乌斯逃跑后占据它,将其变成一座坚固的防御工事,仿佛是新建的一般,并留下一支经验丰富的部队驻守。

[71d]但是,玛格嫩提乌斯本人没有一直行军到那里,而是待在附近的城市阿奎莱亚(Aquileia)。这是一个位于意大利海岸一侧的商业中心,非常繁荣和富有,因为米西亚人、派奥尼亚人和内陆的意大利居民都从那里购买货物。我认为,这些部族过去被称为海内蒂人(Heneti),罗马人占据这些城市后保留了原初的名称,但在词首添加了一个字母。

[72a]它的符号是一个单一字母"ν",常用它来替换字母"β",以进行换气,这代表他们发音的某种特点。整个部族都叫这个名字,但是在建城之时,来自宙斯的一只老鹰从城市右侧飞过,于是基于这只鹰的征兆赐予这个地方名称。[②]

[72b]阿奎莱亚位于阿尔卑斯山脚。阿尔卑斯山是一连串巍峨的高山,悬崖峭壁耸立,几乎没有空间让那些试图通过隘口的人使用哪怕一辆马车或一对骡子。阿尔卑斯山始于我们所谓的伊奥

---

① 荷马:《伊利亚特》,12.438。

② 由于这个吉兆,这座城被命名为"Aquileia",意即"鹰之城"。

尼亚海，在意大利、伊利里亚和高卢之间形成一道屏障，并延伸至伊特鲁里亚海。罗马人征服这个地区后——这个地区包括海内蒂人部族、部分利古里亚人和相当数量的高卢人——没有禁止他们保留古老的名字，但强迫他们承认这个意大利共和国的统治。

[72c—d]在我们的时代，所有位于阿尔卑斯山以南、被伊奥尼亚海和伊特鲁里亚海包围的领土都被称为意大利。阿尔卑斯山北侧，西边居住着高卢人，莱茵河与多瑙河发源地那里居住着莱蒂人。如我前面所说，在东面，阿尔卑斯山保卫着整个地区，玛格嫩提乌斯在那里留有守军。这样，意大利被四面包围，一部分是被难以翻越的群山包围，另一部分是被无数溪流汇入的浅海包围，这些溪流形成了像埃及三角洲那样的沼泽地。但是，陛下凭借高超的技巧控制整个沿海地区，并向内陆强行挺进。

[73a]我将叙述阿奎莱亚城如何被攻占，以免你们认为我描述地势的艰难是在浪费时间；我将叙述在阿奎莱亚附近安营扎寨根本不可能，甚至修筑一道栅栏也不可能，也不可能使用攻城机或其他攻城设备，因为这个地区严重缺水，甚至没有小水塘。如果你们想用几句话抓住我叙述的要点，请记住亚历山大对印度人的远征，他们住在那块著名的岩石上，[①]即使最轻的鸟也飞不上去。记住亚历山大如何攻占它，就不必再听我的叙述。

[73b—c]然而，我只补充一点，亚历山大在攻占那块岩石时牺牲了众多马其顿士兵。而我们陛下在攻占阿奎莱亚时，则没有损失哪怕一个千夫长，甚至没有召集一个军团，就获得没有污点的和无需流泪的胜利。赫克托尔和萨尔佩冬无疑在护墙边杀死很多希腊人，但是当他们遇到帕特罗克洛斯时，萨尔佩冬被杀死在战船附近，赫克托尔却没有带回朋友的尸体就逃走，这是他的耻辱。因

---

① [译注]公元前327年，巴克特里亚长官奥克赛亚提斯(Oxyartes)在索格底亚那(Sogdiana)一处高山要塞对亚历山大进行最后的抵抗。参德罗伊森：《希腊化史：亚历山大大帝》，陈早译，上海：华东师范大学出版社，2017年，第304—305页。

此,他们二人不是凭借智慧,而是仅倚仗力气冒险攻击希腊人的护墙。但我们的陛下,当需要力量和勇气时,会结合使用武力和良好的建议,从而赢得胜利。但是当只需要良好的判断时,他就会凭良好的判断指导他的事业,从而取得连铁都无法抹去的胜利。[①]

[73d]既然我的演说自然而然抵达这一点,且我一直渴望赞美陛下的智慧和明智的策略,那么接下来我将这样做。事实上,我不久前简单谈过这个主题,讨论过在我看来荷马的英雄们与陛下类似的所有情形。基于这种相似性,我拿大的东西与小的东西进行了比较。只要考虑到希腊联军和陛下的军队的规模,这一点就一目了然。彼时,整个希腊都出动了,色雷斯和派奥尼亚的一部分,普里阿摩斯的所有盟友:

> 从海外到累斯博斯——马卡尔居住的国土,
> 上至弗里吉亚和无边的赫勒斯滂托斯。[②]

[74a]但是,若试着统计最近跟随陛下行军、在战争中支持他的部族的数目,纯属多余。很自然,军队越庞大,取得的功绩越重大。因此,必然地,在这个方面,陛下的军队远远超过荷马的英雄们。请问,仅就人数而言,如何公正地比较他们?希腊人一直为一个城市而战,特洛伊人则在占据优势时也无法赶走希腊人;希腊人也不够强大,他们没有通过一次胜利攻陷城池,掀翻普里阿摩斯家族的王权,而是在这事上花了十年之久。

[74b]我们的陛下从事的战争则数不胜数。他一会儿渡过莱茵河发起对日耳曼人的战争,一会儿又在底格里斯河搭桥。他揭

① [译注]这里指的是君士坦提乌斯二世对维特拉尼奥(Vetranio)的胜利。350年,君士坦斯一世被弑,玛格嫩提乌斯在高卢叛乱称帝,维特拉尼奥在伊利里亚叛乱称帝。君士坦提乌斯二世跟维特拉尼奥谈判,后者取消帝位。

② 荷马:《伊利亚特》,24.544。

露了帕提亚人的权力和傲慢，这可不是小事。当他率军蹂躏他们的国土时，他们不敢抵御，只能眼睁睁地看着底格里斯河与吕库斯河之间的土地遭到蹂躏。

[74c]讨伐篡位者的战役结束后，陛下又远征西西里和迦太基。事先控制波河河口的策略，剥夺了篡位者的全部兵力。最后一步则是控制科蒂安阿尔卑斯山，它为陛下带来必胜的喜悦，使陛下无需再担忧未来。这些措施迫使那位战败者给自己一个完全符合他的罪行的公正惩罚。

[74d]我已经简要叙述陛下的丰功伟绩，既没有添加丝毫奉承，也没有夸大并不特别重要之事；既没有掺杂牵强附会之事，也没有过分强调与那些功绩类似的事情。就像那些解释诗人神话的人，将神话解析成似是而非的版本，以便掺入他们自己的编造，尽管他们是从非常细微的类比开始，诉诸非常模糊的基础，试图让我们相信这就是诗人们的真意。

[75a—b]在这种情况下，如果有人从荷马的史诗中拿掉英雄们的名字，将陛下的名字插入其中，那么《伊利亚特》就会被认为是为纪念他而作，而非为纪念那些英雄而作。但是，如果你们只听了陛下在战争方面的功绩，绝不能认为陛下在更崇高和更重要的事情上毫无建树，我指的是公共演说、深思熟虑以及那些需要判断力、理解力和审慎相结合的事务。例如奥德修斯和涅斯托尔，他们在史诗中受到高度称赞。如果你们有谁发现皇帝在任何方面弱于他们，应归咎于颂辞作者，但是我们应公正承认他要比他们卓越得多。

[75c]例如，当希腊人因布里塞伊斯争吵时，涅斯托尔试图说服阿伽门农和忒提斯之子，但是只达到这样的效果：阿基琉斯愤然离开会场，阿伽门农不等完成对阿波罗的赎罪祭，而是在仍举行赎罪仪式、圣船仍在眼前时，派传令官到阿基琉斯的营帐。在我看来，阿伽门农仿佛害怕他忘记自己的愤怒，一旦摆脱愤怒，他就会

后悔并避免他的错误。

[75d]那位离家远游的伊塔卡演说家,试图说服阿基琉斯打消怒气,给了阿基琉斯许多礼物并允诺甚多,竟激怒阿基琉斯。阿基琉斯尽管没有打算起航返家,现在却开始收拾行装准备返航。[1]这就是他们的智慧、他们战斗劝勉的绝妙证据。涅斯托尔建造护墙的建议,是一种怯懦的想法,的确与他年老的身份相配。事实上,阿凯亚人并没有从这个策略得到多少好处。

[76a—b]因为,显然,正是在他们建造完护墙后,他们才被特洛伊人击败。此前,他们认为他们本身就像一堵高贵的屏障,足以保护船只。但是,当他们发现面前有一堵护墙,且有一条很深的壕沟,每隔一段插着尖桩时,就开始放松警惕,勇气松弛。因为他们信赖这个防御工事。然而,并非任何责备他们并表明他们有错的人,都是赞美我们陛下的合适人选。真正称职的赞美者,应以一种相称的方式,叙述陛下的事迹。那些事迹不是懒散或自动地完成,也不是出于一种盲目的冲动完成,而是事先精心谋划并得到贯彻执行。只有如此,他才是充分称赞了陛下敏锐的才智。

[76c]但是,向你们背诵陛下对军队、平民和内阁做的公开演说,需要花很长的篇幅,不过,你们听一听其中一段也不过分。请再想想拉埃尔特斯(Laertes)之子,当希腊人正准备返航时,他制止他们,又将他们的热情转移到战争上来。[2] 陛下正在伊利里亚驻扎时,维特拉尼奥受一些年轻人蛊惑生出愚蠢的想法,忘记他的责任和义务,成为他的庇护者和恩主的敌人,反与陛下正向之发起战争攻击的那位篡位者结成盟友。维特拉尼奥不仅率领一支大军前来,而且来到边界与陛下会面,因为他急于阻止陛下向前推进。

[76d—77a]两军会面后,需要当着重装步兵的面举行会议。

---

① 荷马:《伊利亚特》,9.260。
② 荷马:《伊利亚特》,2.188。

于是建起一座高台,周围是层层士兵和飘扬的军旗。陛下在随从的护送下抵达高台,然后独自登上高台,没有携带剑和盾牌,也没有穿铠甲,而是身着平常的服饰。陛下没有带一名卫兵,独自一人挺立在高台上发表恰切的演说。因为陛下本人也是演说高手,尽管他不像那些巧舌如簧的修辞学家,修饰和润色他的辞藻,也不精雕细琢句式,而是力求庄重和简洁,用词准确。结果不仅让那些自称有教养的博学之士的灵魂沉醉,而且让许多目不识丁的人也能听懂,愿意聆听他的演说。

[77b]结果,陛下通过演说赢得一万重装步兵、两万骑兵和大多数好战部族的心。没有费一兵一卒,也没有抓获一个俘虏,而是凭借他们心甘情愿遵从他、热心遵守他的命令,就占据了一个非常肥沃的地区。我认为,陛下的这一胜利远超斯巴达人取得的那次著名胜利。[①]

[77c]因为斯巴达人的那次胜利只是"无需流泪的"胜利,我们陛下的胜利甚至没有让战败者流泪。陛下从高台下来后,那位僭称皇帝的维特拉尼奥向陛下供认他的野心,将紫袍交给陛下,仿佛归还祖上的债务一般。然后,陛下对维特拉尼奥赏赐众多,远远超过居鲁士给他祖父的赏赐,并为维特拉尼奥安排了荷马给那些过了盛年之人推荐的生活方式:

> 理应沐浴、用餐,
> 舒适地睡眠,这些是老年人应得的享受。[②]

[77d]就我本人而言,我很愿意复述陛下的言辞给你们听,传达如此高贵的言辞我也不会感到害怕。但是,谦虚制止了我,不让

---

① 指斯巴达国王阿奇达慕斯对阿卡狄亚取得的胜利,参色诺芬:《希腊志》,7. 1. 32。
② 荷马:《奥德赛》,24. 253。

我改变或解释他的话。因为擅自改动它们是不对的。如果有人聆听过陛下的演说且已牢记,不仅向我索取陛下演说的思想,而且索取演说的所有长处,那么我会因为暴露我的无知而感到无地自容,尽管它们是用我们祖先的语言创作而成的。[①]

[78a]无论如何,荷马无需担忧这一点,因为他是在很久之后讲述英雄们的演说,而英雄们在会议上的演说没有留下任何记录。此外,我认为,他对自己能以各种更好的风格讲述英雄们曾说的话信心十足。

[78b]但是,制造低劣的复制品是荒谬的,与一个慷慨而高贵的灵魂不相称。至于他的功绩中不可思议的部分,以及那些有广大民众见证并因此铭记且赞扬的功绩,由于它们视结果好与坏而定,称赞它们无需用高雅的语言。关于这类功绩的赞美,我想说,你们经常能从聪明的智术师和受缪斯激发的诗人那里听到。若是把这些功绩也一一讲述,就会讲得太长,从而让你们厌烦。

[78c—d]因为这类称赞,你们已经听得太多。因为总会有这样的写手,用演说吟唱战斗,用嘹亮的声音宣告胜利,就像奥林匹克竞技会上的报信人那样。你们本身喜欢听这样的歌颂,所以制造出众多这类写手。这不足为奇。因为这类写手的善恶观念与你们的类似,他们不过是复述你们自己的观念,以华丽的辞藻描述它们,就像一件色彩斑斓的服装,将它们打造成悦耳的节奏和形式,然后呈现给你们,仿佛他们发明出某种新东西。你们呢,你们狂热地欢迎这类东西,认为这才是赞颂的正确方式,说这类功绩得到了应有的赞颂。这可能是对的,但也可能不是,因为你们并不知道真正正确的赞颂方式是什么。

[79a]我注意到雅典人苏格拉底——你们肯定听说过这个人,

---

① [译注]这里指君士坦提乌斯二世的演说是用拉丁语发表的,尤利安只懂一点拉丁语。4世纪的智术师满足于掌握希腊语,一般不通拉丁语。忒米斯提乌斯(Themistius)完全不懂拉丁语,利巴尼乌斯需要翻译才能看懂拉丁语信件。

他智慧的名声由皮提亚的神谕宣扬——没有赞颂过那类事情,也不认为那些主宰大片领土和许多邦国的主人是幸福之人,[1]不管他们是希腊人还是野蛮人。这些人只要愿意,能在阿托斯山开挖运河,能用船将两个大陆连接起来,能征服邦国,能通过将居民扫入网中来减少岛屿,[2]能提供价值一千塔兰同的乳香。[3]

[79b—c]因此,苏格拉底从未称赞过薛西斯,或者波斯、吕底亚、马其顿的任何国王,也没有称赞过希腊将领,仅称赞过极少数他所认识的以美德为乐、珍重勇气和节制、热爱智慧和正义的人。对于那些狡猾的,或仅仅是聪明的,或将军们,或有才干者,虽然每个人都可以声称拥有一小部分美德,苏格拉底也不会毫无保留地赞扬他们。他的判断为许多敬畏美德的智慧者所遵循,但对于我所描述的这类奇人,有人说他们价值寥寥,有人说他们一文不值。

[79d]如果你们和这些人的看法一致,我对我刚说的话和我自己感到万分不安,唯恐你们可能会说我的话天真幼稚,我是荒谬无知的智术师,自命不凡。尽管我承认我不擅长智术,实际上我必须向你们承认,我背诵的颂辞是那些真正有价值的颂辞,是真正值得一听的颂辞,即使在你们大多数人看来,它们似乎有些粗野,远不如当今所流行的。但是,如我之前所说,如果你们认可这另类颂辞的作者,那么我的恐惧就一扫而光。

[80a—b]因为那样我就不会显得格格不入,尽管我承认还弱于其他作者,但照我自己的标准来判断,既非完全不得体,亦非不合时宜。事实上,你们很难不相信那些有智慧和受神启发的人,他们有很多话要说,他们每个人都有自己的方式,不过他们言辞的本质是赞颂美德。他们说美德寓于灵魂之中,美德让灵魂幸福和有王者气。凭宙斯起誓,有政治家风度,有真正的将帅天赋、慷慨且

---

① 柏拉图:《高尔吉亚》,470d。

② 柏拉图:《法义》,698d;希罗多德:《原史》,6. 31。

③ 希罗多德:《原史》,1. 183。

真正富有之人，不是因为他们拥有科洛弗尼亚人（Colophonian）的黄金财宝，不是因为“福波斯·阿波罗在多石的皮托的白云石门槛围住的财宝”，[①]不是因为希腊人尚未到来“之前的和平时光”，[②]不是因为价值不菲的服饰和产自印度的珍奇异石，不是因为万顷良田，而是因为优于所有这类东西、令诸神喜悦的美德。即使遭遇船难，在市场上、人群中、家中、沙漠中，在强盗中间，在暴君的暴力之下，美德都能保全我们。

[80c]没有什么比美德更优越，没有什么能约束和控制它，也没有什么能从曾经拥有它的人那里夺走它。事实上，我认为美德同灵魂的关系犹如光与太阳的关系。常有人偷盗太阳神的祭品，毁坏他的庙宇，然后溜走。有些人受到惩罚，另一些人则被认为不配受那种可以让犯错者改过自新的惩罚。

[80d]但是，没有人能从太阳神那里夺走他的光，甚至连月亮也不例外。当发生日食，月亮遮盖太阳时，那时看起来月亮取走了太阳的光线。但是，正如俗语所说，月亮这样做恰恰将正午变成了夜晚。当太阳照亮与他相对的月亮并与月亮分享自己的本性时，他的光也不会被剥夺；当他照亮这个伟大而美妙的宇宙时，他的光也不会被剥夺。

[81a]所以，任何一个将自己的善给予他人的好人，都不曾被认为拥有的美德少于他所赠予的对象。所以，美德才是神圣且卓越之物，最正确的说法是雅典陌生人的说法，不管是哪位神激发了那个男人，他这样说：“所有地下和地上的金子都不足以交换美德。”[③]让我们大胆地称有美德的人才是真正的富人，是的，我还要说，这样的人才是真正出身高贵的人，是所有人中唯一的王者。

[81b]正如出身高贵强过出身卑微，美德也胜过一种在各方

① 荷马：《伊利亚特》，9.404。
② 荷马：《伊利亚特》，22.156。
③ 柏拉图：《法义》，728a。

面都不令人敬佩的品质。从通常的用词来看,没有谁会说这种说法有争议和太过激烈。因为大多数人认为,有钱人的儿子出身高贵。某个厨师、鞋匠、陶匠凭靠自己的手艺或其他手段变得富有,既不会被认为出身高贵,也不会拥有富人的名号。但是如果这个人的儿子继承了他的财产,然后又传给他的孙子,他们就开始摆架子,与佩洛皮达斯和赫拉克勒斯后裔争夺高贵出身的名号,这不是很奇怪吗?

[81c]即使一个人有高贵的祖先,但自己却堕落到卑微的阶层,他也不能正当地声称与这些祖先有亲属关系,因为一个人的肩膀上要是没有那个家族的印记,①就不可能被列入佩洛皮达斯家族。据说在波俄提亚,寒冷大地养育的武士身上有一个长矛印记,②因此这个民族长期保留着这一明显的印记。

[81d]难道我们以为人的灵魂不会刻有类似印记,可以准确告诉我们灵魂的父亲是谁并证明他们的出生合法吗?据说,凯尔特人那里有一条河,③它是不可收买的审判他们后代的法官,母亲们无法用哀哭说服那条河掩盖她们的过错,父亲们也无需担忧那条河对妻儿审判的公正,那条河是一个从不偏离真实、从不给出错误裁断的裁决者。

[82a]但是,我们却因财富、壮年的体力和强大的祖先而堕落,这种来自外部的影响遮蔽了我们,不能让我们清楚地看透和识别灵魂。因为我们不同于这个世界的其他生物,我们应该凭灵魂而非别的任何东西来决断出身高贵与否。

---

① 佩洛皮达斯家族肩膀上有一个白色的象牙型印记。

② [译注]典出希腊神话,腓尼基王子卡德摩斯(Cadmus)奉命寻找被宙斯掳走的妹妹欧罗巴(Europa),没有找到,无颜回归故里。后来,卡德摩斯遵照阿波罗的神谕,跟随一头母牛行走,在它卧倒之地创建一座新城。但是,在建城之前,卡德摩斯不得不和原先统治该地的一条巨龙搏斗。卡德摩斯杀死巨龙后,雅典娜嘱其拔下龙牙种到地里。结果,地里长出一批凶悍的武士。

③ [译注]指莱茵河。

[82b]在我看来,古人有一种天然的睿智,他们的智慧不像我们的智慧是后天习得,他们天生就是哲人。他们能感知到这种真理,所以他们称赫拉克勒斯为宙斯之子,勒达的两个儿子也是,他们认为立法者米诺斯、克诺索斯的拉达曼图斯也配得上同样的殊荣。他们也称其他人是其他神的孩子,因为他们超越了他们终有一死的父母。古人只看灵魂和功绩,既不看重堆积如山的财宝和年龄的增长,也不看重从祖父或曾祖父传下来的权力。甚至,有些人的父亲并不完全光彩。

[82c]正是由于他们身上有人所敬重和珍爱的美德,他们才被奉为诸神之子。至于另一些人,古人虽然不认识他们的自然祖先,却授予他们神的尊号,以酬报他们的美德。我们不应说古人上当被骗,不应说他们由于无知编造出关于诸神的谎言。

[82d]因为即使在其他神灵那里,当他们穿上人的衣服、被形塑为人的形态时,古人自然也会被骗,虽然那些神灵拥有一种人无法感觉到、只能凭靠纯粹理智才能认知到的本性。然而,就可见的神而言,古人不可能被骗,例如当他们授予埃厄忒斯(Aeetes)“赫利俄斯之子”、授予门农(Memnon)“厄俄斯之子”等等。

[83a]如我之前所说,在这类事情上我们必须相信古人,相应地据此探究高贵出身。一个人的父母有德行,他本人也类似于他们,我们可以称他为出身高贵。若父母无德,本人却拥有美德,我们必须假定,养育他的父亲是宙斯。我们对他的尊敬一定不能少于对那些父母有德且效仿父母的儿子的尊敬。

[83b—c]若是一个坏人有一双有德父母,我们应将他视作私生子;至于那些出身于劣等血统且与父母同属一丘之貉的人,我们绝不能称他们出身高贵。即便他们家财万贯,或祖先出过无数统治者或僭主,或在奥林匹亚竞技会和皮托竞技会上赢得过胜利,或是在战争中取得过远超凯撒的胜利,即便这样的胜利在各个方面远超竞技会上的胜利,或是能完成挖掘河道让幼发拉底河流经巴

比伦城，[1]或是能建造巴比伦城墙或埃及金字塔——对其他人来说，这都是家财万贯、富可敌国、奢华的证据，也是其灵魂野心勃勃却不知道如何使用财富，只会在这类东西上挥霍财富的证据——我们绝不可称这类人为出身高贵。

[83d]你们都知道，不是财富，也不是祖先或新获得的东西让一个人成为王者；不是紫袍、权杖、王冠和王座让一个人成为王者；更不是数以万计的重装步兵和骑兵让一个人成为王者。即便所有人聚在一起承认某人是王者，他也不是，因为这些东西并不能给予他美德，只能给予他权力。没有德性却接受这一权力实际上是不祥的，对授予这一权力的人更不祥。因为他一旦接受这种权力，简直就如飘在云端，与传说的法厄同（Phaethon）的命运不会有丝毫不同。

[84a]不需要其他事例让我们相信这个说法，因为我们的生活到处是这类不幸和关于它们的故事。下述说法兴许会让你们惊诧：如此尊贵、受诸神青睐的王者头衔不能给予很多现实的君王，尽管他们统治着辽阔的疆土、多如牛毛的百姓，却凭靠专断解决种种问题，毫无智慧和美德可言。相信我，他们甚至算不上自由人。

[84b—c]我并不是仅仅指他们拥有已有的财富，拥有无人妨碍他们的权力，而且指，即便他们征服所有敌人，显得战无不胜、天下无敌，也不能被称作真正的王者。如果你们中有谁质疑我的观点，我并不缺少著名的证据：希腊人和野蛮人曾进行过很多激烈的征战，成为万民的主人，迫使他们纳贡，但希腊人却在更可耻的程度上成为享乐、金钱、放纵、傲慢和不义的奴隶。没有哪个有智慧的人会称他们为强者，虽然伟大本应照亮他们取得的所有成就。因为只有受美德之助成为勇敢和宽宏大量的人，才是真正的强者。

---

① [译注]传说亚述女王塞米勒米斯（Semiramis）让幼发拉底河流经巴比伦城，在巴比伦地下建造了一座宫殿。参尤利安：《欧西比娅皇后颂》（*Oration* 3），126；参希罗多德：《原史》，1.184。

[84d]那个屈服于享乐、无法控制他的种种脾气和欲望，被迫向无价值事物屈服的人，既非勇敢，也不算上强大，尽管他可能会像一头公牛、狮子或豹子那样为自己的蛮力兴奋无比。如果他还保有这种力量，像一只雄蜂，只是监督其他人劳作，他本人就是一个虚弱的战士，懦弱且放荡。如果这就是他的品性，那么他不仅缺乏真正的财富，而且缺乏人们高度看重、敬畏和渴望的那种财富。

[85a]各种人的灵魂都渴望这种财富，以致他们为了每日能有财富进账，能承受无数辛苦和劳作，愿出海去贸易，甚至愿意抢劫和当僭主。他们的生活从来都富足但始终处于匮乏状态，我不是指生活必需的吃穿，因为这类财富的界限由自然明确界定，没人能剥夺它，甚至连鸟、鱼、野兽的这类东西都不能剥夺，更不用说要剥夺那些节俭之人的。

[85b]但是，那些被金钱的欲望和致命激情折磨的人，必将遭受终生的饥饿，[①]会比那些每天缺乏食物的人更悲惨地死去。对于后一种人来说，一旦填饱肚子，就可以从痛苦中解脱，享受甜蜜的宁静；对于前一种人来说，没有哪一天是甜蜜的，只要那天没有获利。夜晚虽然赐予人们能放松四肢解脱忧虑的睡眠，也无法让他们对钱财的疯癫得到丝毫缓解，只会让他们在数钱的时候激动不已。

[85c—d]即使让这类人拥有塔塔罗斯和米达斯的财富，即使让他们拥有“天下最强大、最可怕的权力”，[②]也无法让他们摒弃对钱财的焦渴和免除内心的折磨。难道你们没有听说过，波斯帝国的君主大流士，一个未必低贱的人，却对金钱贪得无厌，甚至挖掘坟墓盗取昂贵的陪葬品？[③] 大流士因此获得举世闻名的“小商贩”

① 柏拉图：《法义》，832a。

② 参欧里庇得斯：《腓尼基妇女》，506行。

③ 大流士挖掘过尼托克丽丝（Nitocris）女王的墓葬，参希罗多德：《原史》，1.187。

称号。[1] 波斯贵族称呼大流士的这个绰号，被雅典人送给萨拉波斯(Sarambos)。[2]

[86a]但是，我的论述仿佛在急剧下降，充满严厉的谩骂，对这类人的责骂超过了适当限度，所以我不再继续。接下来，我将论述那个美好、有王者气、灵魂崇高的人。首先，他虔敬，不忽视对诸神的礼敬；其次，无论在父母生前还是去世后，他都孝敬父母、友爱兄弟、敬重家族守护神，温和地款待求助者和陌生人；最后，他渴望令好公民满意，用正义治国，造福民众。

[86b]他热爱财富，但不是金银之类的财富，而是友人们发自真心的善意和毫无谄媚的爱。尽管他天生勇敢，却不热衷战争。若是遇到内乱，即便民众攻击他，不管是出于偶然还是出于民众的邪恶，他都勇敢地抵抗，保护自己，将自己的事业坚持到底，在摧毁敌人、迫使敌人屈服之前绝不气馁。

[86c—d]但是，他用武力取胜之后，就不会再杀戮，因为他认为杀戮和折磨那些不能自卫的人会招致败坏。由于天性热爱劳作、灵魂伟大，他主动分担所有劳作，要求承担大部分劳作，然后高兴地与其他人分享他冒险得到的报酬。他这样做，并不是因为他有更多的金银和奢华的宫殿，而是因为他愿意对他人行善，愿意赠予其他人可能缺少的东西。这就是真正的王者对自己的要求。

[87a]由于他热爱城市和士兵，[3]一方面他像牧人照看牧群那样照看民众，思虑如何让幼崽茁壮成长，有丰富的食物和不受干扰的牧场；另一方面他监督管理他的士兵，将他们训练成勇武仁慈之辈，就像训练有素的狗，成为牧群高贵的护卫者。让他们成为他建立功勋的伙伴，民众的保护者，绝不能让他们像狼和不纯的狗那样

---

① 参希罗多德:《原史》,3.89。

② 萨拉波斯是雅典的一个卖酒商，参柏拉图:《高尔吉亚》,518b。

③ 金嘴狄翁:《第一王政演说》,28。

劫掠牧群，遗忘自身的天性，变成牧群的劫掠者而非保护者。

［87b—c］他绝不会允许士兵懒散萎靡，以免护卫者需要其他人来监视他们；也绝不允许士兵藐视官长，因为他知道服从命令胜过一切，在战争中，有时只有服从命令能挽救纪律。他将训练士兵吃苦耐劳、不惧任何艰辛、永不懒散，因为他知道一个逃避任务、不能忍受疲劳的护卫者没有多大用处。他不仅通过规劝，或者通过随时准备称赞应受赞美的行为，或者通过奖赏和严厉无情的惩罚，让士兵们做到这一点。而且他还要让他们明白，是他本人让他们成为应该成为的样子。因为他禁绝一切享乐，丝毫不渴望钱财，从不掠夺臣民的钱财；因为他憎恶懒散，很少休息。

［87d］事实上，嗜睡者是无用之辈，他们醒着的时候类似于睡着的人。我认为，他能成功地让士兵们乐于服从他自己和长官，因为他本人就是遵守最明智的法律的典范，始终按照正确的观念生活。一言以蔽之，他始终受灵魂中天生有王者气、居于领导地位的那部分引导，而非受激情或没规矩的那部分引导。除了让士兵清楚看到他本人吃苦耐劳的能力，还有什么更好的方法能说服士兵们吃苦耐劳，使他们不仅在战斗和行军中做到吃苦耐劳，而且在平时的训练中做到吃苦耐劳？

［88a—b］因为对于一个士兵来说，最令人愉悦的景象就是，当他艰苦战斗时，他的指挥官是一位积极掌控战争事务的谨慎统帅。这样的统帅热烈地鼓舞他的士兵，在危急时刻保持镇静，但是当士兵们傲慢自满时，他则异常严厉。因为在谨慎和大胆方面，部下自然而然会效仿他们的统帅。他必须谋虑周全，确保士兵们补给富足，不缺少任何生活必需品。因为即使牧群最忠诚的护卫者和保护者，也常常因为饥饿劫掠牧群，那时他们远远看到牧群，就会狂吠，丝毫不怜惜牧群。[1]

---

① 柏拉图：《王制》，416a。

[88c]这就是军队的好君王。对于民众而言,他是救主和保护者。他不仅要通过击退野蛮人的攻击或侵入野蛮人的土地,让民众免于外部敌人入侵的危险,而且要平息内乱,净化道德堕落、奢靡和放荡之风,让民众从最大的恶中解脱出来。通过清除傲慢、无法无天、不公正和对无尽财富的贪婪,他决不会允许这些原因引发的不和与以灾难告终的倾轧有些许显露的迹象。如果有所显露,他会尽快根除它们,把它们赶出他的城邦。没有哪个违法之徒会逃过他的眼睛,他会像紧盯正在破坏防御工事的敌人那样,紧盯违法之人。

[88d]不过,尽管他是一位法律的卓越护卫者,若时机允许,他还更擅长制定法律。任何计谋都无法说服他的某项品质在已有法律上添加任何虚假、卑鄙的法律。因为他始终关切正义和正当,不管是父母还是亲属抑或朋友,都不能说服他偏私和背叛正义。

[89a—b]他把国家视作所有人共有的家灶和母亲,对他来说,国家比父母更可敬,比兄弟朋友更珍贵。他把违背祖国母亲的法律视作比盗窃神庙钱财更大的不虔敬。因为法律是正义之子,是至高无上之神的神圣附属物。有智慧的人永远不会轻视它,绝不会让它化为乌有。由于他的一切措施皆着眼于正义,所以他将荣耀好人,像一位优秀的医生那样,尽一切努力治疗恶人。

[89c]有两类恶人:第一类恶人身上可以隐约看到救治的希望,因此不会反对治疗;第二类恶人则不可救药。对于后者,法律制定出死刑以让他们从恶中解脱。这种惩罚不仅有益于罪犯,而且也有益于其他人。因此,必然需要两类审判。对于那类并非不可救药的恶人,君王认为调查和治疗这类恶人是他的职责。但是,对于那类不可救药的恶人,君王会坚决拒绝干预,决不会愿意参与审判,既然死刑是法律规定的对这类恶人的惩罚。

[89d]在为这类犯罪制定法律时,他将远离暴力、严厉和残忍的惩罚,他会通过投票建立一个由沉稳持重之士组成的法庭来审

判它们。这类沉稳持重之士一生始终对自己的美德进行最严格的审视,绝不会轻率或受某些非理性的冲动影响。他们只需花一点时间深思熟虑,甚至无需讨论,就能为罪犯投下黑色的判决票。但是,君王本人不应该杀死任何一个公民,考虑到大自然不赋予蜂后毒刺,君王的灵魂也不应潜藏弑杀的毒刺。

[90a]但是,我们应寻找的类比对象不是蜜蜂,而是诸神之王,真正的统治者应是他的先知和副手。因为无论善在哪里存在,都完全不会被它的对立面玷污。为了人类和整个宇宙的益处,为了善的益处,诸神之王始终是唯一的创造者。

[90b]但是,这位创造者没有创造恶,也没有令它被造,[①]而是将它从天上驱逐。恶降到地上,选择我们的灵魂为居所,而灵魂也是由天上降到地上。诸神之王吩咐他的子孙审判人、洁净人,让他们脱离恶。诸神之王的子孙中,有些是人类的朋友和保护者;有些则是冷酷无情的法官,在罪犯生前身后,对人类的恶行施以严厉而可怕的惩罚。这后一类子孙仿佛执行判决的刽子手和复仇者,是一群低等且愚蠢的精灵。

[90c]作为诸神宠儿的仁慈王者,必须效仿这个范例,与臣民分享他的卓越。由于他爱护他们,他承认这种伙伴关系。他必须把适合每个人品质和道德原则的职位托付给他们。将领必须勇敢、大胆和生气勃勃,又必须小心谨慎,这样当君王需要时,他可以运用将领的精神和活力。

[90d]那些公正、善良、仁慈、富有同情心的人,应承担与订立契约事务相关的职位,让他们保护老弱穷人,使其免受孔武有力者、骗子、恶人和富人的伤害,富人受财富鼓动,总是企图违背和蔑视正义。

[91a]对于兼有上述两类品质的人,君王必须授予他们更大的

---

① 柏拉图:《泰阿泰德》,176a。

荣誉和权力。如果君王委托这种人审讯案件,会是一种公正且智慧的办法。为了补偿受害者,这种人会对罪犯施加公正的痛苦和惩罚。这种人与他的同僚会给出公正的、不偏不倚的判决,然后交给行政官员执行判决。这种人不会因为过度愤怒或心肠柔软而缺乏基本的正义。

[91b]我们国家的统治者就有点像这样,只拥有这些品质中好的方面,且在我前面提到的每一种品质上都能避免过度。虽然君王会亲自监督、指导和治理整个国家,但他也会确保那些负责最重要的工作和管理的官员,以及那些为共同福佑与他一同商议的官员,都是有德之人,并尽可能让他们跟他一样。

[91c—d]他绝不会随意地挑选官员,他会让自己成为比宝石鉴赏家或金子成色、紫色染料的检验员还要严格的人。这类人不满足于只用一种方法进行检验。由于他们知道那些试图欺骗他们之人的各种各样的诡计,他们会尽可能面对这些诡计,用他们的手艺进行各种各样的测试以揭穿它们。我们的统治者也很清楚,恶善于变化面目进行欺骗,它做的最残忍的事就是它常常披着美德的外衣欺骗人,蒙骗那些目光不够敏锐之人,或那些随着年龄增长对无休止的探究感到厌倦之人,因此我们的统治者必须警惕这种欺骗。但是,一旦他选出最贤明的官员,就会把挑选下属的权力交给他们。

[92a—b]这就是君王对法律和官员的政策。至于那些生活在城市中的普通百姓,他不会允许他们游手好闲,也不会让他们缺乏生活必需品。至于住在乡间、为他们的护卫者和保护者提供食物的农民,作为回报,他会使他们得到金钱和需要的衣物。他不会役使普通百姓修建亚述式的宫殿和奢靡的公共建筑,他们将在最大限度的和平中度过一生。他们将自己的好运归于君王,仿佛他就是仁慈的神。当他们向诸神祈祷时,会因他而赞美神,不是虚情假意的赞美,也不是嘴上说说,而是发自内心祈求诸神赐福给他。

[92c]但是,诸神从不等待他们的祈祷,就不假思索地给予他属天的赏赐。当然,诸神也不会让他缺乏人的福佑。如果命运迫使他陷入任何不幸,我指的是那些无法救护的灾难,诸神就让他成为他们的侍从和密友,让他的美名传遍天下。

[92d]所有这些说法都是源于智慧之人,我对他们的这些说法坚信不疑。我已经把它们复述给你们,就这个场合来说也许有点冗长,但就这个主题而言,我仍觉得太短。聆听过这些论述并有所反思的人会懂得,我讲的是真理。我的演说还有一个余论,尽管不太有力,但我认为更切近眼下的论述。也许你们不应该错过。

[93a—b]首先,让我帮助你们简短回顾一下我之前的说法,当时我为了这个离题话中断了我的讲辞。在那里,我说的是,严肃认真之人应聆听真诚的颂辞,他们不应该关注那些即使是恶人也经常得到命运赐予的东西,而是应该关注君王的品质和美德,只有品质和美德属于那些天性卓越、天生可敬的人。接着这个观点,我继续我的论述,就像受规则和度量法则的引导,认为应该校正好人和好君王的颂辞。只有与我描述的理想君王完全一致且没有丝毫变异时,君王自己才会感到真正的幸福,被他统治的人才会幸福。那些近似于他的君王要比那些达不到的君王更好、更幸福。那些完全不像他或拒绝效仿他的君王,是不幸的、无知的和邪恶的,会给他们自己和别人带来最大的灾难。

[93c—d]如果你们认同我的观点,现在是时候检验那些我们所钦佩的壮举,以免有人认为我的论述是在单独竞跑,就像竞赛中的一匹马,因缺少竞争者而赢得比赛和奖品。接下来,我将表明我的颂辞在哪些方面不同于聪明的智术师们的颂辞。智术师们非常尊敬一个人的祖先是否有权力或是否是国王,因为他们认为富裕和幸运之人的儿子们最幸福。但是,问题在于,他们从未深思也未探究,这些人如何在一生中运用他们的优势。毕竟,这才是他们获得幸福和几乎所有额外好处的原因,除非有人反对下述说法:只有

智慧地运用财富，财富才有益，若是愚蠢地运用，财富有百害而无一利。所以，与智术师的看法相反，作为一个富有且拥有大量黄金的国王的后代，并不是什么了不起的事；真正了不起的是，在美德上超过祖先，在各个方面都无可指责地超过父母。

[94a]你们是否想知道，我们的陛下是不是这种君王？我将为你们提供值得信赖的证据，我很清楚你们不会指控我搞伪证。我只是要提醒你们已经知道的事情。也许你们现在已经明白我指什么，如果还不清楚，你们也马上就会明白，当你们想到我们陛下的父亲爱他超过其他兄弟，尽管他的父亲一点也不溺爱孩子，因为他看重品质而非血缘。

[94b]我认为，他是被我们陛下的孝顺折服，他没有什么可以责备我们陛下的地方，所以喜爱我们陛下。他这种喜爱的证据，首先，他为我们陛下选择帝国版图中他以前认为最适合他自己的那一部分；其次，他驾崩时，忽略我们陛下的两位兄弟，尽管他们当时有闲暇，却单独将我们陛下召到床前将整个帝国交给他管理，而我们陛下彼时事务繁忙。

[94c]我们陛下成为帝国的主人后，对待两位兄弟非常公正与温和。他的两位兄弟彼此争吵和攻打时，他们既没有怨恨我们陛下，也没有谴责他。而当他们的不和达到致命的程度，尽管我们陛下本可要求帝国更大的份额，却自愿放弃。因为他认为，不管领地多大，都要求践行同样的美德，而一个人需要照看和操心的越多，他的焦虑就会越大。

[94d]我们陛下不认为君主大权是一种获取奢侈生活的手段，也不认为应像那些拥有财富却耽于饮酒和其他享乐的人，将心思花在挥霍和增加收入上，更不认为应随意发动战争，除非是为了臣民的福利。所以，他允许他的弟弟拥有帝国更大的份额，认为若能体面地占有较小的份额，他就有最值得拥有的优势。

[95a]我们陛下之所以选择和平，并不是害怕他弟弟的势力，

后来爆发的战争能清楚地证明这一点。后来,他的确发动战争攻击他弟弟的军队,但那是为了给他弟弟报仇。在座的人中兴许有人仅仅因为我们陛下赢得了那场战争的胜利而钦佩他。我更钦佩他的是,他发动那场战争纯粹是出于正义。他以极大的勇气和本领克服难关,命运赐给他一个有利的结果,他以温和的、帝王式的方式赢得胜利,表明自己完全配得上胜利。

[95b]你们希望我就像在法庭上一样,把见证人也传唤到你们面前吗? 即使是小孩子也很清楚,没有哪场战争有过这样好的理由,希腊人远征特洛伊、马其顿人远征波斯的理由都不如这场战争的好。尽管这些战争无论如何被认为是正当的,因为后一场战争是在更晚近的时代对非常古老的罪行进行报复,报复的对象也不是犯有罪行之人的儿子或孙子,而是大流士三世(Darius III,前380—前330,前336—前331年在位),他抢夺了那些罪犯的后代的统治权。[1] 阿伽门农则是为"海伦痛苦的哀叹和呻吟"报仇,[2]他想为一个女人报仇,所以对特洛伊人发动战争。

[95c—d]但是,那位篡位者玛格嫩提乌斯对我们陛下的恶行则是新的。他不像大流士三世或普里阿摩斯那样,出身皇家,从而有权凭借他的出身或家族索取帝国统治权,相反他是一个无耻的蛮族,不久之前,他还是蛮族战俘中的一员。[3] 他所做的一切和如何统治,我既不愿意讲,也不适合讲。你们已经明白我们陛下对他

① [译注]大流士三世的祖父是阿塔薛西斯二世(Artaxerxes II,前404—前358年在位)的兄弟,本名叫阿塔沙塔。阿塔薛西斯三世(Artaxerxes III,前358—前338年在位)统治后期,大宦官巴古阿(Bagoas)把持朝政,阿塔沙塔作为重臣虚与委蛇,逐渐获得巴古阿信任。前338年,巴古阿毒死阿塔薛西斯三世,拥立阿塔薛西斯四世(Artaxerxes IV,前338—前336年在位)继位。公元前336年6月,阿塔薛西斯四世试图铲除巴古阿,被后者毒死,他的所有子女被杀。巴古阿随即拥立作为王室旁支的阿塔沙塔即位,是为大流士三世。

② 荷马:《伊利亚特》,2.356。

③ [译注]玛格嫩提乌斯是日耳曼族,于君士坦丁大帝时期被俘,参尤利安:《君士坦提乌斯皇帝颂》(*Oration I*),34a。

的征战是正当的，我前面所说也充分证明陛下的勇气和本领，不过，事实比言辞更有说服力。

[96a]但是，战争胜利之后，陛下就宝剑入鞘，拒绝再杀戮。陛下不仅宽恕那些犯有严重罪行之人或篡位者的朋友们，甚至宽恕了那些求宠于篡位者，为了得到散播谣言者的酬金不惜堕落到诽谤我们陛下的人。想想看，凭友谊之神宙斯之名起誓，这些人没有因他们的胆大妄为而受到惩罚，除非他们犯有其他罪行。

[96b]诽谤是多么可怕的事！它吞噬心灵，伤害灵魂，远超刀剑对身体的伤害。正是这个原因促使奥德修斯用言辞和行动为自己辩护。无论如何，正是这个原因导致他与他的东道主争辩，当时他自己的身份是流浪者和客人，尽管他很清楚：

> 这样的人准是没有头脑的糊涂人，
> 如果他同盛情招待他的主人争辩。[1]

[96c]腓力之子亚历山大、忒提斯之子阿基琉斯以及其他并非卑贱之辈也是这样。我认为，只有苏格拉底和少数效仿他的人，才有脱掉人应丢弃的最后一件衣服的力量，即对荣耀的爱。因为对诽谤的怨恨出自对荣耀的热爱，因此对诽谤的怨恨扎根在最高贵的灵魂中。

[96d]他们将诽谤视作最致命的敌人，他们对诽谤他们之人的憎恨，远超用剑或阴谋攻击他们的人。他们认为诽谤者与自己完全不同，不仅习惯不同，本性也不同。他们热爱称赞和荣耀，而诽谤者不仅盗取称赞和荣耀，而且针对他们编织虚假指控。据说，甚至赫拉克勒斯和其他英雄也被这些激情左右。

[97a]但是，我不相信这种说法。至于我们陛下，我亲自见到

---

① 荷马：《奥德赛》，8.209。

他用极大的克制赶走诽谤，在我看来，这项成就绝不亚于攻取特洛伊或击溃一个强大方阵。如果有人不相信我，认为陛下以极大克制赶走诽谤，算不上伟大的成就，也不值得被称赞。那就让他本人观察，当他遭遇这种不幸，他会怎么办。我确信，届时他就不会认为我说的是蠢话。

[97b]这就是陛下在胜利后的行为，他自然而然受到友人的爱戴和"憧憬"。他承认他们中的许多人享有荣誉、权力和言论自由，赐予他们巨量金钱，允许他们自由运用财富，甚至对他的敌人，他也是如此。下述内容可以作为这一点的明确证据。第一，那些在声誉、财富和智慧上超过他人的元老院成员，将家灶、家庭和孩子抛下，蜂拥到他身边请求庇护，仿佛他就是港湾，比起罗马更喜欢派奥尼亚，将他看作最亲的人。

[97c]第二，一支最精锐的骑兵连同军旗和指挥官，选择与他共同面对危险而不是选择帮助篡位者谋取胜利。所有这些都发生在德拉维河战役之前，前面我描述过这场战役。那场战役之后，他们开始拥有极大信心，尽管在那之前，篡位者的事业似乎占据优势。当时篡位者在对陛下的侦察方面占据些微优势，这一优势让篡位者高兴得忘乎所以，也使那些不能掌握或判断战争技艺的人激动不已。

[97d]我们陛下却泰然自若，无所畏惧，就像一位好舵手，风平浪静的海面突然风暴大作，海神震动着深海和海岸。然后，一种可怕的惊慌笼罩着那些无经验之人，好舵手则欢欣鼓舞，因为他现在可以期待一种无风无浪的平静。

[98a—b]据说，波塞冬在摇晃大地时，能使海浪平静下来。命运女神总是通过给予小恩惠，在更重要的事情上欺骗蠢人。但是，对智慧之人来说，命运女神激发他们对更重要的事务坚定信心，即使她在那些不怎么重要的事务上让他们感到焦虑时，也是如此。这就是拉栖代梦人在温泉关的情形，他们既不绝望，也不害怕

波斯人的进攻，尽管他们已经丧失三百勇士和他们的国王。这种情形在罗马人身上经常发生，但随后往往取得更重要的胜利。既然陛下懂得这些，他就不会动摇他的目标。

[98c]考虑到我的演说顺其自然地抵达此处，我正在描述陛下在普通民众、官员、驻守各地保卫帝国驱逐敌人的守军身上激发出的对他的爱戴，你们是否愿意我为此提供一个不久之前的证据？驻守加拉太行省的将军西尔瓦努斯（Silvanus）——你们都了解这个人和他的品质——将其子当作人质留在陛下身边，以表明他对陛下的爱和忠诚，尽管这不是出自陛下的要求。

[98d]但是，后来证明他要比“与人之间不可能有任何信誓”的狮子还要奸诈。[①] 他劫掠城市的财富，分给侵入国境的野蛮人，将之作为一种赎金。虽然他有能力采取措施，以剑而非用钱赢得安全，却试图用钱来赢得入侵者的好感。最后，他竟身着从女人房间弄来的紫色服装，显示出他是一个僭主和不幸之人。

[99a]士兵们恨他的背叛，无法容忍他身着女人的服装，把这可怜的家伙撕成了碎片。他们既不能忍受他月牙型的服装，也不能忍受他统治他们。正是驻军对陛下的爱戴，让陛下得到这个报偿，这是对他公正且无可指责的统治的极好回报。但是，你们兴许更想听这事之后陛下的所为。

[99b]陛下既没有惩处西尔瓦努斯之子，也没让他的友人们疑心重重、恐惧不已，而是尽可能仁慈对待他们。虽然有很多人想通过诬告，挑起毒刺打击那位无辜者。尽管许多人的确卷入他们所涉嫌的罪行，但陛下仁慈对待所有人，只要他们没有被定罪，没有被证明参与西尔瓦努斯骇人听闻的阴谋。

[99c]难道我们还有必要宣称，陛下对一位违背法律、践踏忠诚和誓言之人的儿子的宽容，是真正的王者且像神一样？难道我

① 荷马：《伊利亚特》，22.262。

们应赞成阿伽门农，他不仅把愤怒和残忍发泄在那些陪同帕里斯前往希腊、触怒墨涅拉奥斯的家灶的特洛伊人身上，而且发泄在帕里斯与海伦通奸时不仅本人尚未出生甚至他们的母亲也未出生的人身上？

[99d]因此，任何认为残忍、残暴和不人道之人不配成为王者，认为宽容、善良和仁慈适合不以复仇为乐，却为臣民的任何不幸——不管那些不幸是由臣民本身的恶和无知引起，还是命运偶然所致——都悲痛不已的君王的人，显然会授予我们的陛下一片棕榈叶。

[100a]请记住，我们陛下对西尔瓦努斯之子比对他的父亲更仁慈、更公正，对西尔瓦努斯的朋友们比对承认友谊纽带的人更忠诚。西尔瓦努斯抛弃了友人，陛下却挽救了他们。如果西尔瓦努斯知道陛下这种品质的这些表现，因为他曾有很长一段时间能观察到这种品质，他就会完全相信他的儿子和朋友们会安然无恙，这样他就做到确实了解陛下。但是，他多次犯罪，他卑鄙和可憎，竟然想与这样一个君王为敌，恨一个他知道是如此优秀和温和之人，竟密谋反对他和企图夺走那令他羞愧的东西。

[100b]如果西尔瓦努斯从未奢望过儿子会安然无恙，从未认为他的朋友和亲属的安全可能得到保证，他就不会选择背叛。这又一次证明西尔瓦努斯比野兽还要邪恶、糊涂和残忍，我们的陛下则温和、宽厚和宽宏大量，因为他同情西尔瓦努斯那个无助的儿子，怜悯那些没有被证明有罪的人，蔑视西尔瓦努斯的罪行。

[100c]凡赐予仇敌所不指望东西的人，因为他们良心的罪恶感甚大，毫无疑问会获得美德的奖赏：因为当他用更高贵、更仁慈的东西调和正义时，在自我克制方面，他胜过那些复仇适度的人；在勇敢方面，由于认为没什么敌人值得注意，他显得出类拔萃；通过克制敌意，不以正义的借口将敌意传给儿子和后代，或希望抹去恶的种子，就像抹去松树的松子，他展示了他的智慧。因为松树就

是这样生长的,结果一个古老的故事制造了这个比喻。[1]

[101a—b]我们密切效仿神的仁慈陛下,知道即使岩石上也会飞出成群的蜜蜂,即使最苦的树也会长出甜蜜的果实,例如美味的无花果、荆棘上的石榴,还有其他一些例子,有些物产完全不像生养它们的父母。因此他认为,我们不应在他们成熟前毁灭他们,而是应等待时间流逝,相信他们能抛弃祖先的愚昧和疯狂,成为善良且节制之人。如果证明他们最后效仿他们的父亲,他们迟早会受到惩罚,但他们不会因别人的不幸而被无谓地牺牲。

[101c]你们是否认为我的颂辞足够真诚和彻底?还是说你们还想听陛下的忍耐力和威严的举止?他不仅不能被敌人征服,也从未屈服于任何卑贱的欲望,从不觊觎奢华的住所和宫殿或珠宝饰品,进而通过暴力或说服从主人手中夺走;他从未垂涎自由的女人或女仆,从不追求任何卑贱的激情;他甚至不过分贪吃四季出产的佳肴,不会在夏天要求冰块,也不随季节变换住所,而是忍耐极端的严寒和炎热,随时帮助帝国中那些陷入困境的地区。

[101d]如果你们要求我提供这些品质的证据,我只会讲大家都熟知的事,我并不缺乏证据。但是,那样做会让这篇演说变得冗长。此外,我也没有闲暇侍奉缪斯到那个程度,现在是处理我自己的事务的时候了。

---

① [译注]西方有一则谚语:松树被砍,不会再长。

诸皇帝

《诸皇帝》(*The Caesars*)是一篇对话作品,361年写于君士坦丁堡农神节期间。在尤利安的时代,"凯撒"是罗马皇帝最尊荣的头衔,为一般野蛮人在提到皇帝时使用。这篇对话的主题仍是理想君王,不过,与《君士坦提乌斯的英雄事迹或论王权》相比,本篇形式轻松风趣。从风格来说,这篇对话作品属于讽刺作品,模仿的是路吉阿诺斯的《亡灵对话》。尤利安以农神节为背景,让罗慕路斯举办宴会,邀请天神和罗马帝国历代帝王前来,宴会转变成谁是最佳帝王的竞赛。最后,奥勒留皇帝获得头名。

在抄件中,这篇对话也名为《会饮》或《农神节》,可能是写给他的好友撒路斯特(Sallust),[①]对话中的对谈者几乎可以确定就是撒路斯特。原文开头的对话环节并无对话者,为了便于阅读,译者将尤利安和撒路斯特定为两位对话者。

[306a]凯撒:眼下是农神节,在此期间,农神允许我们喝点酒。但是,我亲爱的朋友,正如我没有逗趣或娱乐的天赋,我想我得尽力不说废话。

撒路斯特:凯撒,有谁会笨得连开玩笑也要费一番心思?

---

① [译注]尤利安:《慰藉》,载马勇编译:《尤利安文选》,北京:华夏出版社,2017年。

我始终认为，这样的乐子是精神的放松，是对痛苦和忧虑的缓解。

[306b]凯撒：是的，无疑你的看法正确，但这不是问题的症结所在。因为我天性不擅逗趣、戏仿和讲笑话。但是，既然我必须遵从农神节的习俗，你是否想让我以娱乐的方式向你讲述一个也许值得一听的神话(myth)？

[306c]撒路斯特：我愿意带着极大的愉悦听，因为我并不是一个轻视神话的人，我绝不排斥那些有正当癖好的人。实际上，我与你看法相同，与你所尊敬的或广受尊敬的柏拉图的看法一样。他常常通过神话来传达严肃教诲。

凯撒：凭宙斯起誓，确实如此。

撒路斯特：但是，你的神话是什么？属什么类型？

[307a]凯撒：不是伊索的那种老式神话。[①] 但是，不管你是否称我的神话是赫尔墨斯所作——因为，我即将告诉你的话正是从他那里听来——也不管我的神话是真实的，还是夹杂着真理与虚构，总之，正如俗语所说，结果决定一切。

撒路斯特：这确实是你创作的神话而非一篇演说的优美序言。不过，不管它的类型是什么，请给我讲这个神话吧！

凯撒：好，请听。

[307b]在农神节期间，罗慕路斯要举办一个宴会，不仅邀请所有的神，而且邀请所有皇帝列席。已经在高处为诸神备好躺椅，也就是在天空，[②]因为“传说奥林波斯是神明的居所，永存不朽”。[③]据说，赫拉克勒斯之后，奎里纳斯(Quirinus)也上升到那里，因为我们必须遵从神意，赋予罗慕路斯奎里纳斯之名。[④]

---

① 意思是接下来讲的神话既非道德寓言，也非动物寓言。

② 柏拉图：《斐德若》，247b。

③ 荷马：《奥德赛》，6.42。

④ 对照尤利安：《赫利俄斯王颂》，149b、154d。

[307c]那时诸神的宴席已经在那里备好。但是,罗慕路斯决定在月亮下面的高空招待皇帝们。诸神身体的轻盈和月亮的旋转支撑着他们。高处有四张躺椅是为最高贵的神准备的。克罗诺斯的躺椅由闪闪发光的黑檀木制成,黑色下面隐藏着一种强烈而神圣的光泽,没人能忍受凝视它。

[307d]在我看来,凝视它时,眼睛会遭受躺椅的强烈光泽造成的痛苦,正如一个人太专注地凝视太阳时遭受的痛苦。宙斯的躺椅比银色更亮,但比金色稍暗。是应称之为合金(electron),[①]还是给它取别的名字,赫尔墨斯没有准确告诉我。两边分别是一对母女的黄金宝座,宙斯旁边是赫拉,克罗诺斯旁边是瑞亚(Rhea)。

[308a]至于诸神的美,赫尔墨斯甚至没有试着描述。他说,那种美不可言说,只能用精神之眼理解。因为言辞很难描述那种美,也不可能将之传达给凡人。确实,从未有哪个演说家有此种天赋,能描述诸神脸上闪耀的那种超然之美。

[308b]同时,依照其他神的职级,为他们备好躺椅或宝座。对此没有产生任何争议,但正如荷马所说,缪斯毫无疑问会准确告知他们,每个神都有自己不可更改的座位,必须一动不动地坐在那里。尽管当父王宙斯进来时,他们会站起来,但他们从不打乱或改变座位次序,也不侵犯彼此的座位,因为每个神都知道他的指定位置。

[308c]诸神坐成一个圆圈后,据我看来,多情的西勒诺斯(Selinus),紧挨着永远年轻美丽的狄奥尼索斯坐下——后者紧挨着他的父王宙斯坐着——托词说是他把狄奥尼索斯养大,是他的导师。由于狄奥尼索斯爱打趣和欢笑,是美惠女神的赐予

① 对照马提亚尔:《隽语集》,8.51.5:"Vera minus flavo radiant electra metallo."不确定 electron 是指琥珀,还是指金与银的混合物。

者,西勒诺斯用一连串讥讽、笑话和其他方式转移狄奥尼索斯的注意力。

[308d]皇帝们的宴席备好后,尤利乌斯·凯撒第一个进入,他对荣耀的渴望如此强烈,以致他似乎准备与宙斯争夺统治权。西勒诺斯看着他说:“宙斯,要当心,恐怕这人贪恋权力,存心要夺去你的王国。你看,他高大英俊,如果说他在其他方面都不像我,那他的头四周很像我。”

[309a]西勒诺斯如此打趣时——诸神根本没注意他——屋大维进入会场,脸色不断变化,就像变色龙一样,脸色由苍白变红,表情一会忧郁、阴沉、愁闷,一会又放松下来,显示出阿芙洛狄忒和美惠女神的全部魅力。此外,他的目光很类似强大的赫利俄斯,因为他不愿意任何人走近他、与他的目光对视。

[309b]西勒诺斯叫道:“天啊!这是一个多么善变的怪物!他会对我们做什么坏事?”阿波罗说:“别轻佻,等我把他交给此处的芝诺(Zeno),我会径直将他变成不含杂质的金子。”阿波罗叫道:“芝诺,来,照顾我的孩子。”[1]芝诺遵命照做,让屋大维以那些默念扎莫克西斯(Zamolxis)咒语之人的方式,[2]背诵他的一些学说,[3]从而将屋大维变得明智而节制。

[309c]第三个急着进入会场的皇帝是提比略(Tiberius),他的表情庄严而肃穆,既严肃又威武。但当他转身坐下后,却见他背上布满数不清的伤疤、灼伤、疮、疼痛的伤痕和瘀伤,溃疡和脓肿像是烙在背上,这是他生活放纵和残酷的结果。[4]

---

① 指廊下派哲人芝诺。[译注]这意味着,哲人与诸神同在天穹之处,哲人比皇帝在天界的地位高。

② [译注]扎莫克西斯,色雷斯人的一位神。据说他曾是毕达哥拉斯的奴隶。对照希罗多德:《原史》,4.94;柏拉图:《卡尔米德》,156d;尤利安:《慰藉》,244a。

③ 尤利安可能在影射廊下派哲人雅典诺多罗斯(Athenodorus)对屋大维的影响。

④ 对照柏拉图:《高尔吉亚》,525d;《王制》,611c;塔西佗:《编年史》,6.6;路吉阿诺斯:《过渡》(*Cataplus*),27。

[309d]西勒诺斯于是大声叫道:“朋友,你的样子和以前大不一样。”[①]西勒诺斯似乎比他惯常更严肃。狄奥尼索斯说:“请问,亚父,为何这么严肃?”西勒诺斯答道:“这就是个老色狼,他让我震惊,让我目瞪口呆,我要向他介绍荷马的缪斯。”狄奥尼索斯说:“要当心他会撕掉你的耳朵,据说他曾这样对待一个语法学家。”[②]西勒诺斯说:“瘟疫把他带到他的小岛。”——他在影射卡普里——“让他抓破了那位可怜的渔夫的脸。”[③]

[310a]诸神大笑时,进来一个凶猛的怪物。[④]于是,诸神扭头不看他,接下来正义女神把他交给复仇女神,后者把他扔进塔尔塔罗斯。所以,西勒诺斯没机会讥讽他。

[310b]但是,当克劳狄乌斯(Claudius,41—54年在位)皇帝进来时,西勒诺斯开始唱阿里斯托芬《骑士》(*Knights*)中的一些诗句,[⑤]似乎那些诗句是在奉承克劳狄乌斯而非德莫斯(Demos)。然后西勒诺斯望着奎里努斯,说道:“奎里努斯,邀请你的后代参加一个没有自由人纳克索斯(Narcissus)和帕拉斯(Pallas)参加的宴会,[⑥]可不太好。”他继续说道:“来,邀请他们,请把他的妻子梅莎莉娜(Messalina)也叫来,因为如果没有他们,这个家伙就像悲剧中的模型,几乎可以说没有生命。”[⑦]

[310c]西勒诺斯说话中间,尼禄进入会场,手拿七弦琴,头戴月桂花冠。西勒诺斯转身对阿波罗说:“你瞧,他在模仿你。”阿波罗回答说:“我马上就摘掉他的花冠,因为他不是在所有事情上模仿我,即便他在模仿我时,也做得很糟糕。”随后,尼禄的花冠被摘

---

① 荷马:《奥德赛》,16. 181。

② 即塞琉库斯(Seleucus),对照苏维托尼乌斯:《罗马十二帝王传·提比略传》,56,70。

③ 苏维托尼乌斯:《罗马十二帝王传·提比略传》,60。

④ [译注]指皇帝卡利古拉(Caligula,37—41年在位)。

⑤ 《骑士》行1111以下。

⑥ 他们的富有众所周知,对照朱文纳尔:《讽刺集》,1. 109;14. 32。

⑦ 塔西佗:《编年史》,11. 12;朱文纳尔:《讽刺集》,10. 330以下。

掉,科塞特斯(Cocytus)立即将他赶走。

[310d]尼禄之后,各种皇帝一起拥入会场,他们是温德克斯(Vindex)、加尔巴(Galba)、奥托(Otho)和维特里乌斯(Vitellius)。西勒诺斯大声叫道:"诸神,你们在哪里找到这样一群帝王? 我们要被他们的硝烟熏得透不过气了,因为这类畜生连神庙也不放过。"①

[311a]然后,宙斯面对他的兄弟塞拉皮斯(Serapis),指着维斯帕芗(Vespasian)说:"立刻把这个小气鬼从埃及赶出去,让他去灭火。至于他的儿子们,让长子②与阿芙洛狄忒·潘德摩斯嬉戏,把小儿子③像西西里的那个怪物那样锁起来。"④

[311b]接着进来一位老人,⑤长得很美,因为即使老年人也会散发出美的光芒。他的举止非常温和,施政最正义。西勒诺斯对他也感到敬畏,沉默不言。赫尔墨斯说:"怎么! 关于这个人,你对我们没什么可说的?"西勒诺斯回答道:"是的,凭宙斯起誓,我谴责你们的不公正,竟然允许那个嗜血残忍的怪物统治15年,只让这个人统治1年。"

[311c]宙斯说道:"不,不要责备我们。因为我将让很多有德之君继承他。"于是,图拉真毫不犹豫进入会场,肩上扛着他与盖塔人(Getae)和帕提亚人作战的战利品。⑥ 西勒诺斯一看到他,就低

---

① 部分是影射内战的硝烟,部分是影射维特里乌斯治下朱庇特神庙被烧毁。维斯帕芗重建了神庙。塔西佗:《编年史》,4.81。

② [译注]指提图斯(Titus,79—81年在位)。

③ [译注]指图密善(Domitian,81—96年在位)。

④ [译注]指阿格里真托的法拉里斯(Phalaris of Agrigentum),西西里阿格里真托城的僭主。

⑤ [译注]指涅尔瓦(Nerva,96—98年在位)。

⑥ [译注]盖塔人属色雷斯族,居住在多瑙河下游及附近平原地区。盖塔人最早出现于公元前6世纪,当时隶属于斯基泰王国。盖塔人长于骑射。公元前342年,盖塔公主嫁给马其顿国王腓力二世为妻。7年之后,亚历山大大帝统率大军越过多瑙河,将盖塔王国首都付之一炬。图拉真皇帝时期,彻底征服盖塔人所在的达西亚地区。下文凯撒会说到,亚历山大大帝跨过多瑙河与盖塔人作战的事情。

声(同时想让其他神听到)说:“现在是我们的主人宙斯该注意的时候了,如果他想把伽倪墨得斯(Ganymede)据为己有。”[1]

[311d]接着进来一个面容严肃、留着长胡子的人,[2]他精通所有艺术,尤其是音乐,总是凝望着天空,窥探隐藏的东西。西勒诺斯一看到他就说:“你们觉得这个智术师怎么样?他在此能找到安提诺乌斯(Antinous)吗?[3] 你们应该有人告诉他,那个年轻人不在这里,让他停止他的疯狂和愚蠢。”

[312a]然后,一个性情温和的人进入会场,[4]我不说他的情事,只谈他的国事。西勒诺斯一看到他就惊叫:“呸!一个斤斤计较之徒!在我看来,这个老人是那种会把茴香种子劈开之人。”[5]

[312b—c]接着进来一对兄弟,维鲁斯(Verus)和卢修斯(Lucius Verus)。[6] 西勒诺斯皱起可怕的眉头,因为他不能嘲笑他们,尤其是不能嘲笑维鲁斯,但他不能忽视维鲁斯对儿子康茂德(Commodus)和妻子福斯缇娜(Faustina)的误判。[7] 他对后者的哀悼太过,尤其是考虑到她算不上一个有德的女人。他也没有看到儿子会毁灭帝国,尽管维鲁斯有一个卓越的女婿,后者本来会把帝国治理得更好。此外,维鲁斯的女婿会比康茂德本人更好地约束

---

① [译注]传说特洛伊人的王特罗斯(Tros)生下三个儿子,其中一个就是伽倪墨得斯,以美貌著称。一天,宙斯从奥林匹斯山俯瞰人间,发现正在克里特伊达山草地上嬉戏的伽倪墨得斯,被后者举世无双的美貌吸引。宙斯掳走伽倪墨得斯,后者成为诸神的侍酒童。这里隐射图拉真嗜酒。

② [译注]指哈德良(Hadrian,117—138 年在位)。

③ [译注]安提诺乌斯是哈德良的男宠,比哈德良小 25 岁,21 岁时溺死。哈德良在他死后,将他封神,并为他造了无数雕像。据说,安提诺乌斯对希腊艺术无不精通,还是罗马第一个蓄胡的人。1951 年,法国作家玛格丽特·尤瑟纳尔以哈德良为第一人称,写出历史小说《哈德良回忆录》,成为同性恋文学史上的名著。

④ [译注]指安东尼(Antoninus Pius,138—161 年在位)。

⑤ 表示小气的俗语。对照忒奥克利特(Theocritus):《牧歌诗集》(*Idylls*),10. 50。

⑥ [译注]Verus 指马可·奥勒留(Marcus Aurelius,161—180 年在位)。Verus 是马可·奥勒留的姓氏。卢修斯是马可·奥勒留的共治皇帝,161—169 年在位。奥勒留与卢修斯的共治,是罗马帝国历史上第一对共治皇帝。

⑦ [译注]康茂德,180—192 年在位。

他。西勒诺斯尽管拒绝忽视这些错误,但他仍敬重维鲁斯的崇高美德。不过,西勒诺斯认为维鲁斯的儿子甚至不值得嘲笑,所以就让他过去了。事实上,康茂德本人从天上坠落,因为他没有能力站上天空,也没有英雄陪伴。

[312d]然后,佩蒂纳克斯(Pertinax)来到会场,[①]仍在悲叹他悲惨的结局。正义女神怜悯他,说道:"不,这一恶行的罪魁祸首不会长久欢欣鼓舞。但是,佩蒂纳克斯,你也有罪,因为至少就推测而言,你对针对马可·奥勒留之子的阴谋是知情的。"接着进来的是塞维鲁(Septimius Severus),[②]一个脾气极其暴躁,喜欢惩罚的人。西勒诺斯说:"关于他,我没什么可说的,因为我已被他令人生畏和无情的神情吓到。"他的两个儿子本来跟他一起到来,但米诺斯让他们保持一段距离。当米诺斯清楚辨认出他们的品性,他让小儿子过去,将长子送走以赎罪。[③]

[313a]接着进来的是马克里努斯(Macrinus),[④]一个暗杀者和逃犯,他之后是来自埃梅萨(Emesa)的那位被赶出神圣居所的漂亮男孩。[⑤] 但是,叙利亚人亚历山大·塞维鲁(Alexander Severus)坐在最底层的某个地方,大声哀叹自己的命运。[⑥] 西勒诺斯取笑他,大声说道:"多么愚蠢和疯狂的人!你虽尊贵,却不能管理自己的家,竟把你的税收交给你的母亲。你也不认为把它们送给你的朋友要比囤积起来好得多。"

---

① [译注]佩蒂纳克斯,192年12月31日—193年3月28日在位。

② [译注]塞维鲁,193—211年在位。

③ [译注]211年2月4日,塞维鲁皇帝驾崩,指定长子卡拉卡拉(Caracalla,211—217年在位)和次子盖塔(Geta)为共治皇帝。当年12月19日,盖塔被兄长卡拉卡拉谋杀。

④ [译注]217年4月8日,卡拉卡拉被卫士暗杀,马克里努斯受军团拥戴称帝。218年6月8日,马克里努斯被士兵暗杀。

⑤ [译注]指埃拉伽巴路斯(Elagabalus,203—222,218—222年在位),登基时仅15岁。

⑥ [译注]亚历山大·塞维鲁(208—235,222—235年在位),235年3月18日被军队领袖马克西米努斯(Maximinus Thrax,235—238年在位)谋杀。

[313b—c]正义女神说:“我要让他去折磨所有害死他的人。”然后,这位年轻人平静地离开。接着进来的是伽里恩努斯(Gallienus,253—268 年在位)和他的父亲,[1]后者仍拖着囚禁他的锁链,前者穿着女人的衣服,步履蹒跚。看到瓦勒里安(Valerian),西勒诺斯喊道:“谁戴着白色的羽毛,领着军队行军?”[2]然后他边向伽里恩努斯打招呼,边说:“是他全身装饰着金子,像少女一样娇艳。”[3]不过,宙斯命令这一对父子离开会场。

[313d]接着进来的是克劳狄乌斯(Claudius II,268—270 年在位),[4]诸神都凝视着他,敬重他灵魂的伟大,将帝国授予他的后代,[5]因为他们认为,这样一个热爱国家之人的后代应尽可能长久地统治。

[314a]这时,奥勒良(Aurelian,270—275 年在位)冲了进来,仿佛要从那些要把他押往米诺斯审判台前的人手中逃脱似的。由于对他提出很多不合理的谋杀指控,他逃跑了,因为针对这些指控,他无法为自己辩护。但我的主人赫利俄斯(Helios)以前也曾帮助过他,[6]现在也来帮助他,在诸神前为他脱罪,赫利俄斯说道:“他已经遭到惩罚,或许你们忘记了德尔斐的那个神谕,说‘如果遭受的惩罚与罪行相符,正义就得到了伸张’。”[7]

[314b—c]跟奥勒良一起进来还有普罗布斯(Probus,276—282 年在位),他在不到 7 年的时间里恢复 70 座城市,在很多方面

---

① [译注]指伽里恩努斯的父亲瓦勒里安(Valerian,253—260 年在位)。260 年,瓦勒里安率军东征萨珊波斯时被俘,最后卒于萨珊波斯。

② 欧里庇得斯:《腓尼基妇女》,行 120。

③ 对《伊利亚特》,2.872 处的改写。

④ 对照尤利安:《君士坦提乌斯皇帝颂》(*Oration*1),6d。

⑤ [译注]指君士坦丁家族。君士坦提乌斯一世(Constantius I)的父亲尤特罗庇乌斯(Eutropius)娶了克劳狄乌斯二世的侄女克劳迪娅(Claudia)。

⑥ 对照尤利安:《赫利俄斯王颂》,155b。

⑦ 据亚里士多德说,这条神谕归于拉达曼图斯(Rhadamanthus),参《尼各马可伦理学》,5.5.3;也被认为出自赫西俄德(残篇 150,Goettling);这句神谕后变成一个俗语。

都是一位明智的统治者。由于他遭到渎神之人不公正的对待,诸神赐予他荣耀,并向暗杀他的人施加惩罚。尽管如此,西勒诺斯仍试图拿普罗布斯开涮,而很多神督促他闭嘴。西勒诺斯无视他们,叫道:“让追随他的人从他的榜样中学习智慧。普罗布斯,你知道吗,当医生开苦药时,会把苦药和蜂蜜混在一起。[①] 可是你一向太严厉,太苛刻,从不显示过宽容。所以,你的命运尽管不公正,但很自然。因为没有人能管好马、牛或骡,更不用说管人了,除非他有时屈从于它们,满足它们的愿望,就如医生在小事上迁就病人,使他们在更重要的事情服从。”狄奥尼索斯喊道:“亚父,你现在怎么成了我们的哲人?”

[314d]西勒诺斯答道:“我的孩子,为什么我不能成为你的哲人?你难道不知道,苏格拉底[②]——他很像我——从他的同代人那里获得哲学奖,至少你应相信你的兄弟说的是实话吧?[③] 所以,你必须允许我在有些时候严肃,而不总是打趣逗笑。”

[315a]西勒诺斯和狄奥尼索斯说话间,卡鲁斯(Carus,282—283年在位)和他的儿子们试图溜进宴会,但正义女神把他们赶走了。接下来,戴克里先(Diocletian)着盛装抵达,与他同来的还有马克西米安(Maximians)和我的祖父君士坦提乌斯(Constantius)。两人手拉手走在戴克里先后面,像一个合唱队。当他们想跑到戴克里先前面以护卫他时,戴克里先阻止了他们,因为他不认为自己比他们有更大的特权。

[315b]但是,当他意识到自己越来越疲惫时,就把肩膀上的所有重负交给马克西米安和君士坦提乌斯,好走路轻松些。诸神敬重他们的和谐,允许他们坐在他们诸多前辈皇帝的前面。马克西米安太过放纵,西勒诺斯没有拿他逗趣,他也不被允许参加皇帝

---

① 柏拉图:《法义》,659e。
② 对照柏拉图:《会饮》,215;尤利安:《驳无教养的犬儒》,187a。
③ 指阿波罗的一则神谕,那则神谕说苏格拉底是他的时代最智慧的人。

们的宴席。因为马克西米安不仅沉湎于各种邪恶的激情,还爱管闲事、不忠,常常在那首和谐的四重奏中插入不和谐音。因此,正义女神毫不犹豫将他赶走。于是马克西米安去了我不知道的地方,我忘了问赫尔墨斯这一点。

[315d]不过,这四人的和谐交响曲中,夹杂着一种可怕的刺耳和不和谐的调子。由于这个原因,正义女神不让这两人[①]接近众英雄集会的大门。至于李锡尼(Licinius,308—324 年在位),由于他的罪行众多,且骇人听闻,一走到门口就被米诺斯赶走。然后,君士坦丁进入会场坐下,过了一会,他的儿子们[②]也到了。玛格嫩提乌斯(Magnentius)被拒绝进入,因为他从未做过值得称赞的事,虽然他取得的成就表面来看有价值。诸神认识到这些成就并非基于任何道德原则,将他打发走,这让他非常懊恼。

[316a]宴席如我描述的准备停当,诸神不缺任何东西,因为万有皆属他们。然后,赫尔墨斯建议一个一个审查众英雄,正合宙斯之意。奎里努斯于是请求说,他可以把他们中的一个叫到他身边来。

[316b]赫拉克勒斯说:"奎里努斯,我不参加。你为什么不邀请我最爱的亚历山大? 宙斯,如果你想把这些皇帝中的任何一个介绍给我们,我恳求你,介绍亚历山大。如果我们要一般地审查皇帝们的优点,为何不把竞争机会给更好的人?"宙斯认为阿尔克曼娜之子的话正当。所以亚历山大加入英雄行列,但是凯撒和其他人都不愿让位置给他。

[316c—d]然后,亚历山大找到一个空位,那是塞维鲁之子[③]的位置——后者由于谋杀兄弟,已被赶走。然后,西勒诺斯开始团

① [译注]指马克西米安及其子马克森提乌斯(Maxentius)。

② [译注]君士坦丁二世(Constantine II,337—340 年在位),君士坦斯(Constans,337—350 年在位)和君士坦提乌斯二世(Constantius II,337—361 年在位)。

③ 指卡拉卡拉。

结奎里努斯,说道:"现在看看,所有这些罗马人能否比得过这个希腊人。"[①]奎里努斯反驳道:"凭宙斯起誓,我认为,他们中的很多与这个希腊人一样好!我的后代们非常尊敬他,以致他们将他视作唯一值得赋予'大帝'称号的异族将军。但是,这不意味着他们认为亚历山大比他们自己的英雄更伟大,这可能出于民族偏见,但他们兴许是对的。不过,我们很快就会通过审查这些人得出结论。"奎里努斯这样说时,脸都红了,显然他非常担心自己的后代,担心他们会被比下去。

[317a]然后,宙斯问诸神,是把所有皇帝召集起来更好,还是遵从体育竞赛的惯例更好。依照后者,只需战胜已经击败很多人的胜利者即可。他只击败一个竞争者,就可证明他比之前所有被击败的人都要优秀。尽管之前被击败的人没有与最终的胜者较量,却可表明他们弱于最终的胜者。

[317b]诸神全都同意这是一种非常恰当的审查方法。赫尔墨斯把凯撒叫到诸神面前,然后是屋大维,再是图拉真,他们三个被视作最伟大的战士。在随后的沉默中,克罗诺斯转身面对宙斯,说他非常震惊只有尚武的皇帝被召来比赛,而没有一个哲人参与。克罗诺斯补充说道:"就我而言,我也喜欢哲人,所以让马可·奥勒留也来。"

[317c]于是,马可被召来,他显得非常庄严,从他的眼睛和皱着的眉头可以看出他研究哲学的结果。他的外貌美得难以形容,因为他对自己的外表毫不在意,也没有经过修饰。他留着很长的胡子,穿着朴素而庄重。由于缺乏营养,他的身体非常光亮而透明,就像最纯净、最纯洁的光一样。

[317d]当他进入诸神的会场,狄奥尼索斯说:"克罗诺斯王和父王宙斯,诸神会有缺陷吗?"当他们回答说诸神中不存在缺陷,狄

① 对照柏拉图:《法义》,730d;尤利安:《憎恶胡子的人》,353d。

奥尼索斯继续说:“那让我们也召来某个享乐的崇拜者。”宙斯回答说:“不,这里禁止任何不模仿我们的人进入。”狄奥尼索斯说:“既然如此,就让他们在门口接受审查。请在你留下的皇帝中召唤一个,他绝非不好战之人,同时也是快乐和享乐的奴隶。让君士坦丁到门口来。”

[318a]这一点达成一致意见后,诸神就如何比赛的问题提出自己的看法。赫尔墨斯认为,每个人应该轮流陈述,然后诸神投票。但是,阿波罗不同意这个方案,因为他说诸神应该检验真理,而不是检验似是而非的修辞和演说家的伎俩。

[318b]宙斯想让他们都满意,同时延长宴会时间,说道:“如果我们用水漏(water-clock)控制他们的陈述时间,让他们陈述并无坏处,然后我们可以盘问他们,检验他们的性情。”

[318c—d]西勒诺斯讥讽道:“要当心,图拉真和亚历山大会认为水漏是甘露,会喝光所有的水,不给别人留下一丁点儿。”波塞冬反驳道:“那不是我的水,但这两人喜欢你的葡萄藤,所以你最好操心你的葡萄藤,而非我的泉水。”西勒诺斯非常不满,尚未准备好如何回答,然后把注意力转向各位选手。

[319a]赫尔墨斯宣布:

审查马上开始,
奖品属于今天最公正的胜者,
瞧,时间已到,
你们快来。快来!
别再拖延。
你们这些君王要
听传令官的呼召。
许多民族都曾臣服于你们!
你们多么沉迷于战争!

但是,现在轮到智慧;
让对手们知道你们的言辞多么犀利!
[319b]有人认为智慧是极乐,
是短暂一生中的不朽之物。
其他人也同样认为。
禁止或祝福的力量是人之幸福。
但有人看重快乐,懒散、宴乐、爱情。
[319c]所有这些快乐都是过眼云烟,
他们的衣服又软又美,
手戴珠宝;
他们认为这就是极乐。
但是,谁能赢得胜利,
唯有靠宙斯裁决!

[319d]赫尔墨斯如此宣布后,进行抽签,碰巧第一签是凯撒,恰好满足他当第一的愿望。这让他比以前更得意、更骄傲。但是,这对亚历山大的影响是他几乎退出比赛,要不是赫拉克勒斯鼓励他,并阻止他离开。亚历山大抽到第二签,其他四位君王的签与他们的在世顺序一致。

[320a]然后,凯撒开始演说:"宙斯和诸神,我很幸运地跟在众多伟人之后,出生在一个如此显赫的城市,她统治的臣民比任何其他城市都多。事实上,其他城市也很高兴排在她之后。"

[320b]"试问,有哪个城市,能以3万人口,在不到600年之内,将她无往不胜的大军带到世界的尽头?有哪个民族曾诞生过如此多勇敢的善战之士和立法者?有哪个民族像他们一样荣耀诸神?请注意,尽管我生于这样一个强大显赫之城,我的功绩不仅超越我那个时代的所有人,而且超越曾经的一切英雄。"

[320c]"至于我的同胞,我很自信没有人能挑战我的优势。

亚历山大如此狂妄,他的哪个功绩可以与我相比?他对波斯人的征服可能算一个,但是他从未见过我击败庞培时缴获的战利品!此外,谁是更好的将军,大流士还是庞培?他俩谁率领着最勇敢的大军?"

[320d]"庞培的大军中有曾臣服于大流士的最勇敢的民族,但他认为他们不比迦太基人强多少。他率领着欧洲人的军队,这些军队常常击败进入欧洲的亚洲军队,他有最勇敢的士兵:意大利人、伊利里亚人和凯尔特人。由于我刚提到凯尔特,比较一下亚历山大征服盖塔人和我征服高卢的功绩。他越过多瑙河一次,我越过莱茵河两次。征服日耳曼人是我的功劳。"

[321a]"没人攻击亚历山大,但我必须与阿利奥维斯塔(Ariovistus)争战。[①] 我是第一个冒险航往外海(outer-sea)的罗马人。[②] 兴许这一成就并不那么精彩,尽管它是一个可能会赢得你们赞誉的大胆举动。我还有一件更光荣的事,即我比别人先从船上跳上岸。[③] 至于赫尔维西亚人(Helvetians)和伊比利亚人(Iberians),我没什么可说。迄今我还没说我在高卢的征战,我在那里征服超过三百个城市,不少于两百万人!这是我的伟大功绩,接下来要说的功绩更伟大、更勇敢。"

[321b]"因为我曾不得不跟我的同胞角逐,制服了无敌的、不可征服的罗马人。此外,若从我们作战的次数来看,我和亚历山大都打过三次大战,即使把那些美化他功绩的算上也是如此。若是统计被攻陷的城市,我的数字最多,不仅在亚洲,在欧洲也是如此。"

[321c]"亚历山大只到访过埃及,而我在安排酒会时征服了

---

① [译注]阿利奥维斯塔,日耳曼苏比族国王,骁勇善战。公元前58年,凯撒击败阿利奥维斯塔。

② [译注]内海是地中海。外海指大西洋。

③ 凯撒:《高卢战记》,4.25。那里将这一行为归于第十军团的军旗手。

埃及。你们想知道,谁在胜利后表现得更仁慈吗?我甚至宽恕我的敌人,我在他们手里所受的痛苦,正义女神已经替我复仇。而亚历山大甚至不宽恕他的朋友,更不用说敌人。"

[321d]"亚历山大,你还能与我争第一吗?既然你像其他人一样,不愿把第一给我,就是在强迫我说,我仁慈对待赫尔维西亚人,而你残忍对待忒拜人。你把忒拜城夷为平地,而我恢复了很多那些被它们自己的居民焚毁的城市。事实上,征服1万希腊人和抵挡15万人的进攻根本不能相提并论。"

[322a]"我还可以补充很多,但我没闲心发表演公共演说。所以,你们诸神应赦免我,应从我已提及和尚未说到的功绩,做出公正和公平的决定,把第一授予我。"

[322b]当凯撒说到这里,还想继续说下去。亚历山大一直在尽力克制自己,此刻终于失去耐心,有些激动和杀气腾腾地说道:"宙斯和诸神,面对这个人的无礼傲慢,我得在沉默中忍耐多久?如你们看到的,他对自己的称赞和对我的贬低毫无限制。他本不应该这样做,因为它们毫无根据,尤其是对我功绩的贬低,而他一直效仿我。"

[322c]"他厚颜无耻到如此地步,竟敢嘲笑他自己偶像的功绩。凯撒,你应该还记得,当你看到那些为我的丰功伟绩而奉献的纪念碑时,流下的眼泪。[①] 从那时起,庞培让你变得自高自大,尽管庞培是他的同胞的偶像,但庞培无足轻重。"

[322d]"例如他在阿非利加的胜利,那不是什么大功绩,而是执政官们的软弱无能使它显得光彩夺目。著名的奴隶战争(Servile War)不是针对自由人,[②]而是针对最卑劣的奴隶,那场战争的胜

---

① 凯撒在加的斯(Gades)看到亚历山大的一个雕像;对照苏维托尼乌斯:《罗马十二帝王传·凯撒传》,7。

② 斯巴达克斯领导的奴隶战争(前73—前71);阿庇安:《罗马史·内战史》,I,116—120。

利要归功于其他人，我指的是克拉苏(Crassus)和卢修斯(Lucius)，[①]尽管庞培因此而声名远扬。此外，亚美尼亚和邻近省份是被卢库卢斯(Licinius Lucullus，前117—前56)征服的，庞培因此也得到荣耀。然后，庞培成为民众的偶像，称他为'大帝'，试问，他比之前的哪个英雄更伟大?"

[323a]"他的哪些功绩可以与马略相比，或是能与两位斯基皮奥或卡米卢斯的功绩相比，卡米卢斯仅次于奎里努斯，他在罗马几乎毁灭的时刻重建了奎里努斯的城市。这些前代英雄不像用公共资金建造的公共建筑那样，以他人为代价获得荣誉，我的意思是，一个人奠基，另一个人完成建造，最后一个官员尽管只是粉饰一下表面，就将他的名字刻在建筑上。"[②]

[323b]"我强调一遍，那些前代英雄不是因别人的功绩而得到赞扬。他们自己就是这些伟业的创造者和设计者，理应享有显赫的头衔。所以，凯撒，难怪你击败了庞培，庞培过去常常用指尖拂头，[③]从各方面看，他更像一只狐狸，而非狮子。当他被长久以来一直偏爱他的命运女神遗弃后，你轻而易举地击败了孤立无援的庞培。"

[323c]"显然，你的胜利不是由于你有什么过人的能力。你缺乏粮草[④]——对一个统帅来说，这不是一个小错——却发动一场战役，然后被击败。庞培，无论是出于轻率，还是出于缺乏决断，或没有能力控制他的同胞，当拖延战役于他有益时他没有拖延，当他获胜后，没有谋取更大的胜利，他的失败源于他自己的错误，而不是你的战略。"

---

① 指卢修斯·格利乌斯·波普利科拉(Lucius Gellius Poplicola)；普鲁塔克:《对比列传·克拉苏传》。

② 对照尤利安:《致哲人忒米斯提乌斯》，267b。

③ 描述柔弱、娇气的俗语。对照普鲁塔克:《对比列传·庞培传》，48；朱文纳尔:《讽刺集》，9.33；路吉阿诺斯:《修辞术指南》(*The Rhetorician's Guide*)，11。

④ 在底耳哈琴(Dyrrhachium)；普鲁塔克:《对比列传·凯撒传》。

[323d]“相反，波斯人尽管在各个方面装备精良，也不得不屈服于我的勇猛。因为一个有德之人和一个君王，不仅要为自己的功绩骄傲，而且要为这些功绩的正义性骄傲。我远征波斯是代表希腊人向波斯人复仇，而我对希腊人的战争，不是因为我想伤害希腊，只是惩罚那些试图阻止我去找波斯人算账的人。”

[324a]“而你在征服日耳曼人和高卢人的同时，却准备向你的祖国开战。还有比这更坏、更不光彩的吗？既然你无礼地提到‘一万希腊人’，我很清楚，你们罗马人也是希腊人的后代，意大利的大部分原先都是希腊人的殖民地。然而，在这个事实上，我不会坚持。”

[324b]“无论如何，你们罗马人难道不认为拥有一个微不足道的希腊部族作为朋友和盟友很重要吗，我指的是我的邻居部族埃托利亚人。你无论曾出于何种缘故与他们争战，你难道不是大费周章让他们听从你？在希腊晚期，你都不能征服整个民族，而是只能征服一个微不足道的部族，而这个部族几乎没有听说过鼎盛时期的希腊，如果你不得不与活力四射、万众一心的希腊人争战，会发生什么？”

[324c]“你清楚，当皮洛士越过大海侵略你们时，你们有多恐慌。既然在你看来，我征服波斯如此光辉的成就微不足道，那么告诉我，为何在三百多年后，你们罗马人从未能越过底格里斯河征服一个小省份，底格里斯河仍由帕提亚人统治？”

[324d]“要我告诉你原因吗？是波斯人的弓箭阻挡了你们。让安东尼(Antony)给你解释一下，因为他的战争技艺是你训练出来的。而我，在不到十年的时间里，不仅征服波斯，而且征服了印度。你还敢跟我争第一？我从小就指挥大军，那支大军的功绩如此辉煌，以致对它们的纪念——尽管它们不值得史家们重新叙述——将永远鲜活，就像不可战胜的英雄赫拉克勒斯的功绩那样，我就是他的追随者，我始终在效仿他。”

[325a]“我始终在跟我的先辈阿基琉斯争高下,但是,就一个凡人追随一位神的脚步而言,我永远敬重赫拉克勒斯,永远追随他。诸神,我不得不为自己辩护,以反对这个人,尽管事实上忽视他更好些。”

[325b]“如果我做的某些事看起来很残忍,我从未觉得无辜,但只是针对那些在许多方面阻挠我、没有恰当利用他们的机会的人才残忍。即便是我对这些人犯下的过错,我也追随懊悔神(Remorse),他是那些犯错之人明智、神圣的保护者。至于那些存心不断对我展示敌意、阻挠我的人,我认为我惩罚他们实属正当。”

[325c]亚历山大以勇武的风格发表完演说后,波塞冬的侍者将水漏拿给屋大维,但只给了他一点水,部分是因为时间宝贵,更多是因为他为屋大维对自己不敬而怀恨在心。[①] 屋大维以他一贯的睿智清楚这一点,所以没有浪费时间说任何与自己无关的话。

[325d]他开始说道:“宙斯和诸神,我不会贬低其他人的功绩,只说我自己的功绩。像高贵的亚历山大一样,我被拣选统治我的国家时,还很年轻。像我的父亲那边的凯撒一样,我成功取得针对日耳曼人的一连串胜利。”

[326a]“卷入内战后,我在阿克提姆海战中征服埃及;我在腓利比(Philippi)击败布鲁图斯和卡西乌斯;击败庞培之子塞克图斯(Sextus)仅是一个插曲。对哲学的引导,我表现得十分温和,甚至容忍雅典诺多洛斯(Athenodorus)的直率批评。”[②]

[326b]“我非但不憎恨他的批评,反而喜欢它,把他尊为我的导师,或更确切地说,把他当作我的父亲来尊敬。我把阿雷乌斯

① 苏维托尼乌斯:《罗马十二帝王传·奥古斯都传》,16;在与庞培之子的战役期间,屋大维的舰队毁于一次风暴,屋大维发誓,就是没有海神的帮助,他也会打败庞培之子。

② 一个廊下派哲人。对照伪路吉阿诺斯(pseudo-Lucian):《传记》(*Long Lives*),21、23;苏维托尼乌斯:《罗马十二帝王传·奥古斯都传》;金嘴狄翁:《演说辞三十三》,48。

(Areius)视作我最亲密的朋友和伙伴,[①]总而言之,我丝毫没有冒犯哲学。但是,由于我看到罗马不止一次由于内部争端而濒临毁灭的边缘,所以我管理她的事务,让她永远坚如磐石,除非你们诸神要让她毁灭。”

[326c]“我并没有屈从无限的野心和不惜一切代价扩大帝国,而是为她指定两条边界,这两条边界是自然设定的,即多瑙河和幼发拉底河。在征服斯基泰人和色雷斯人后,我没有利用你们诸神赐予我的长期统治,策划一场又一场战争,而是致力于立法和消除战争引发的罪恶。”

[326d]“就这个方面而言,我一点也不比我的前辈差,如果我说得大胆些,我要比任何曾统治这样一个庞大帝国的人都优秀。就那些统治大帝国的人而言,当他们本应止息干戈,马放南山时,却不断寻找借口发动战争,就像那些喜欢吵架和打官司的人,所以他们在战争中灭亡。”

[327a]“还有的人,当面临战争时,就会放纵自己,为了未来的荣耀和个人安全,他们宁愿这种卑劣的放纵。反思这一切时,我不认为自己最差。但是,诸神,你们以为怎样好,我都坦然接受。”

[327b]图拉真下一个发言。尽管他有些演说才干,但非常懒惰,竟让苏拉为他写大部分演说辞。所以,他是在喊叫,而不是在演说,同时向诸神展示他夺自盖塔人和帕提亚人的战利品;还说他的年纪阻止了他扩展对帕提亚人的胜利。西勒诺斯说道:“图拉真,你骗不了我们。你统治 20 年,而亚历山大仅统治 12 年。你为什么不把它归结为你贪恋安逸,而是抱怨你的时间有限?”

[327c]西勒诺斯的奚落刺痛了图拉真,由于他并不缺口才,虽然酗酒常常使他显得比实际更愚蠢。图拉真又开始说道:“宙斯和

---

① 尤利安:《书信 51》,434a;《致哲人忒米斯提乌斯》,265c;忒米斯提乌斯:《演说辞》,63d。

诸神，在我接过帝国统治权时，由于国内长期盛行的专制和盖塔人的无礼行动，帝国处于昏睡状态，非常混乱。”

[327d]“我越过多瑙河攻击盖塔人，征服了他们，这是过去最好战的民族，部分是由于是他们身体的勇武，部分是他们从他们的神扎莫克西斯(Zamolxis)吸收的学说。[1] 因为他们相信自己不会死，只会改变住所，从而比其他民族更容易面对死亡。然而，我只花5年左右就征服了他们。”

[328a—b]“所有皇帝中，我被认为对待臣民最温和，我认为这显而易见，凯撒和其他人都无法与我相比。与帕提亚人的战争，我认为在他们犯错之前，我不应该发起进攻，但是当他们犯错之后，我没有被我的年纪吓倒，而是亲率大军攻击他们，尽管法律允许我退休。如我刚刚说的，由于这些事实，难道我不应该在所有皇帝中最受尊敬吗？首先因为我对待臣民温和，其次因为我比其他皇帝更让帝国的敌人感到恐惧，最后我崇敬你们的女儿神圣的哲学。”图拉真讲完这番话，诸神认为他比其他人都仁慈；显然这是诸神特别喜欢的一种美德。

[328c]马可·奥勒留开始演说时，西勒诺斯悄悄对狄奥尼索斯说：“让我们听听廊下派会产生什么样的悖论和奇妙的学说。”但是，奥勒留转身对宙斯和诸神说道：“宙斯和诸神，在我看来，我没有必要发表演说与他们竞争。如果您不知道与我有关的一切，我倒是应该告诉您。但是，由于您知晓它们，没有什么是瞒着您的，请您依照您的意愿授予我应得的荣誉。”奥勒留令人钦佩，正如他在其他方面也比其他人智慧，因为他知道“何时该说，何时该沉默”。[2]

[328d]君士坦丁接下来发言。起初进入发言名单时，他信心十足。但是，当考虑到其他人的功绩时，他看到自己的功绩完全微

---

① 对照309c;《慰藉》,244a。

② Euripides, *fr.* 417 Nauck.

不足道。他击败过两位僭主,但是说真的,其中一位在战争方面毫无素养,且娇弱不堪;另一位是一个可怜人,由于年老已经很虚弱;那二人都是神和人憎恶之人。

[329a]此外,君士坦丁针对野蛮人的战役只会让他遭到嘲讽。因为他向野蛮人纳贡,同时把全部注意力放在享乐女神身上,后者站在离诸神较远的地方,靠近月亮的入口。他对享乐女神如此着迷,以致毫不关心别的事,也丝毫不在意胜利。不过,已经轮到他说,他必须说点什么。

[329b]君士坦丁说道:"与罗马人、日耳曼和斯基泰人而非与亚洲野蛮人作战方面,我优于亚历山大;凯撒和屋大维针对勇敢且善良的市民发动叛乱,我与他们不同,我只攻击最残忍、最邪恶的僭主。至于图拉真,我当然应处于更高的位置,因为我也有反对僭主的光荣功绩;在为帝国增加领土方面,我和他平起平坐才公正,因为我恢复了他曾实现的帝国边境,如果再次得到比初次得到更光荣的话。"

[329c—d]"至于奥勒留,他自己什么也没说,放弃竞赛。"西勒诺斯说道,"但是,君士坦丁,你难道不是把功绩当作阿多尼斯(Adonis)的花园呈现给我们?"君士坦丁问:"你说阿多尼斯的花园是什么意思?"西勒诺斯说:"我的意思是,那些妇女为了纪念阿芙洛狄忒的情人,把花种在花盆里,将一小块地拼凑成一个花坛。它们只开一小会儿就凋谢。"听到这话,君士坦丁脸红了,因为他意识到这很像他自己的功绩。

[330a]随后宣布肃静,皇帝们认为他们只能等待诸神决定谁得第一。但是,诸神们一致同意,他们必须审查每个皇帝的动机,而非仅仅评判他们的行动,因为命运女神在行动方面的作用很大。那位女神站在近旁,不停责备他们,只有屋大维例外,因为她说,屋大维总是感激她。

[330b]因此,诸神决定委托赫尔墨斯质询诸位皇帝,他被告

知先从亚历山大开始,质询他认为什么是最美之物,他所做的一切和所受的苦,目的是什么。亚历山大回答:"征服世界。"赫尔墨斯继续问:"你认为你实现这一目标了吗?"亚历山大说:"我做到了。"听到这话,西勒诺斯露出恶意的笑,大声说道:"但是,你总是被我的女儿们征服!"

[330c]西勒诺斯指的是他的嗜酒,影射亚历山大好酒和不节制的性情。但是,亚历山大有很多逍遥学派的托词,反驳道:"没有生命的东西无法征服;我们也不会与它们竞争,而是在与整个人类和兽类竞争。"西勒诺斯说道:"看看!强词夺理!告诉我,你把自己放在哪个等级,是无生命物还是有生命物?"

[330d]听了这话,亚历山大似乎很窘迫,说道:"嘘!我的灵魂如此伟大,以致我相信我应该成为神,或我已经是神。"西勒诺斯说道:"无论如何,你总是被自己击败。"亚历山大反驳道:"不,征服自己或被自己征服,是同一件事。我谈论的是我对其他人的胜利。"西勒诺斯喊叫道:"别再讲你的逻辑!你多么巧妙地识破了我的诡辩!当你在印度受伤,佩科塞特斯(Peucestes)躺在你的身边,[①]在你奄奄一息之际,士兵们将你抬出城,你被伤害你的人征服,还是你征服了他?"

[331a]亚历山大说:"是我征服了他,更重要的是我洗劫了那座城!"西勒诺斯说:"你当然不是不朽的,因为你躺在那里,就像荷马的赫克托尔在昏迷中奄奄一息。是你的士兵在战斗和征服。"亚历山大说:"但是,是我在统领他们。那又如何?难道在几乎要死的时候,还不被抬离战场?"

[331b]然后西勒诺斯吟诵欧里庇得斯的一段诗句:[②]"唉!当

---

① 佩科塞特斯也受伤了,但救了亚历山大的命。普林尼:《自然史》,34.19。

② 欧里庇得斯:《安德洛玛刻》,行693以下;接下来的诗句:不是那些作战的人赢得荣誉,而是将军赢得所有荣誉。在一次宴会上,克莱图斯(Cleitus)因为与亚历山大争论这些诗句,被亚历山大杀死。[译按]下文马上就会提到克莱图斯。

希腊军队战胜敌人时，希腊人的习俗多么不义！——”但狄奥尼索斯打断他，说道：“亚父，闭嘴，别再说了。否则亚历山大会像对待克莱图斯(Cleitus)那样对待你。”这时，亚历山大脸红了，他的双眼噙着泪水，没再说话。因此，他们的对话结束。

[331c—d]赫尔墨斯接着质询凯撒，问道：“凯撒，你生活的目标和目的是什么？”凯撒答：“在我的国家争第一，绝不做第二，也不被别人认为我是第二。”赫尔墨斯说：“还不是很清楚。告诉我，你是在智慧方面想成为第一，还是在演说技艺、军事技艺或政治技艺上成为第一？”凯撒说：“我的本心是想在所有这些方面成为第一，但是我做不到，所以我想成为同胞中最强大之人。”

[332a—b]西勒诺斯问：“你有没有变得非常强大？”凯撒答道：“当然，我成了他们的主人。”西勒诺斯说：“是的，你做到了。但是你的同胞不爱你，尽管你扮演善人的角色，仿佛是在演戏，无耻地奉承他们。”凯撒喊道：“什么！我不被民众爱戴，当他们惩罚布鲁图斯和卡西乌斯的时候！”西勒诺斯说：“你的民众那样做不是因为布鲁图斯和卡西乌斯刺杀你，要知道他们选举这两人出任执政官！[①] 所以，他们不是爱戴你才惩罚那两人，仅仅是因为你留给民众的钱。当他们听到你的遗嘱，他们意识到那是多么大一笔钱，因而才憎恨谋杀你的人。”

[332c]对话结束后，赫尔墨斯对屋大维说：“现在轮到你，你是否愿意告诉我们，你认为这个世界上最美之物是什么？”屋大维说：“统治得好。”赫尔墨斯说：“奥古斯都，你说的一定是你所谓的‘好’。统治得好！——最邪恶的僭主们也如此宣称。甚至狄奥尼修斯(Dionysius)[②]也认为他统治得好，阿加托克勒斯(Agathocles)[③]也如此认为，而后者是一个更大的罪犯。”

---

① 这不是史实。元老院授予布鲁图斯和卡西乌斯在他们的行省享有总督权力。

② 叙拉古僭主，前405—前367年在位。

③ 叙拉古僭主，前317—前289年在位。

[332d]屋大维说："但是,诸神,你们知道,当我和我的外孙分别时,我祈祷你们赐予他凯撒的勇气、庞培的聪明和我自己的好运。"西勒诺斯喊道："那么多需要真正的救赎之神的事情被这位偶像制造商搞得一团糟!"屋大维问："你为何要给我这个讽刺的名称?"西勒诺斯答道："为什么? 正如他们模仿女神一样,你奥古斯都和这里的凯撒,难道不是在模仿诸神?"[1]听到这话,屋大维窘迫不已,没再说话。

[333a]然后,赫尔墨斯对图拉真说："你告诉我们,指引你行动的原则是什么?"图拉真答道："我的目标与亚历山大的一样,但我行事更谨慎。"西勒诺斯说："不,你是很多卑贱激情的奴隶。亚历山大的弱点是易怒,而你的弱点则是沉迷于最卑劣、最臭名昭著的享乐。"

[333b]狄奥尼索斯大声说："你这个讨厌鬼! 你不停责骂他们,不让他们为自己说一句话。不过,对他们而言,你的讽刺有道理。现在想想你在奥勒留身上能找到什么来批评。因为在我看来,用西蒙尼德的话来说,他是'一个十全十美之人'。"[2]

[333c]然后,赫尔墨斯对奥勒留说："维鲁斯,你认为人最高贵的抱负是什么?"奥勒留以低沉的声音谦虚地说："模仿诸神。"诸神立刻同意这个回答非常高贵,事实上,这是最好的回答。赫尔墨斯不准备进一步质询奥勒留,因为他相信奥勒留能恰切地回答每个问题。其他神也是同样的看法。

[333d]只有西勒诺斯叫道："凭狄奥尼索斯起誓,我可不会轻易放过这个智者。奥勒留,你为何吃面包、喝酒,而不是像我们一样餐风饮露?"奥勒留答道："不,在饮食上,我没想过模仿神。但我滋养我的身体,我相信——尽管可能是错的——你们的身体也

---

① 尤利安指皇帝被神化的做法。

② Simondes, *fr.* 5 Bergk.

需要牺牲的气味来滋养。”

[334a]“我不认为我应该在这个方面模仿你们,而是应模仿你们的精神。”西勒诺斯不知所措,仿佛遭到一位优秀拳击手的一记重击,[①]然后他说道:“你说的也许有些道理。但是,告诉我,你所谓的‘模仿诸神’真正意思是什么。”奥勒留答道:“尽可能少的需求,尽可能多行善。”西勒诺斯问:“你的意思是,你根本没有需求?”奥勒留答道:“我没有,但是我可怜的身体可能有一点需求。”

[334b—c]奥勒留对这个问题的回答似乎非常睿智,西勒诺斯不知所措,但最后纠缠奥勒留对待儿子和妻子的愚蠢行为。我指的是奥勒留将他的妻子神化,将帝国交给儿子统治。奥勒留说道:“在这件事上,我也是在模仿诸神。我遵照荷马的格言,他说‘优秀且审慎之人深爱珍重他的妻子’。[②] 至于我的儿子,我可以引证宙斯的例子,他指责阿瑞斯,他说‘很久之前,我若不是因为你是我的儿子而爱你,我早就应该用一个雷电摧毁你’。[③] 此外,我从未想到我的儿子会如此邪恶。年轻人总是在邪恶与美德之间摇摆不定,即使他最终倾向于恶,但当我把帝国托付给他时,他并不邪恶。只是在他接过统治权后,他被败坏了。”

[334d]“因此,我对待妻子的行为是模仿神圣的阿基琉斯,对待儿子的行为是模仿至高无上的宙斯。在这两件事上,我没有任何新颖之处。把继承权传给儿子是一种习俗,所有人都会这样做。”

[335a]“至于我的妻子,我不是第一个神化妻子的皇帝,在我之前有很多先例。引进这样的习俗兴许荒谬,但剥夺一个人已经长久确立的至亲、至爱,几乎称得上不义。然而,我给出这个冗长

---

① 柏拉图:《普罗塔戈拉》,339e。
② 荷马:《伊利亚特》,9. 343。
③ 荷马:《伊利亚特》,5. 897。

的解释时，有些忘乎所以。宙斯和诸神，你们知晓万有，请原谅我的鲁莽。”

[335b]奥勒留说完后，赫尔墨斯问君士坦丁：“你的抱负是什么?”君士坦丁回答：“积聚巨大的财富，然后随心所欲花掉，以满足我自己和我的友人们的欲望。”听到这话，西勒诺斯发出一阵大笑，说道：“如果你想成为一个银行家，你怎么能如此忘我地过着厨师和理发师的生活？你的头发和盛装表明，[①]你关于你的抱负的说法证明你有罪。”西勒诺斯就这样严厉谴责君士坦丁。

[335c]然后，宣布肃静，诸神进行秘密投票。结果奥勒留得票最多。和父亲商量之后，宙斯命令赫尔墨斯做如下宣布：“你们这些参与这场竞赛的凡人，依照我们的法律和判决，胜者可以欢欣鼓舞，但失败者不能抱怨。然后去你们愿去的任何地方，在诸神的指引下生活。让每个人都选择他的守护神和引导神。”

[335d]如此宣布后，亚历山大毫不犹豫选择赫拉克勒斯，屋大维选择阿波罗，奥勒留选择宙斯和克罗诺斯。凯撒想了很久，挑来挑去，直到强大的阿瑞斯和阿芙洛狄忒可怜他，将他召到麾下。图拉真跑到亚历山大跟前，紧挨着他坐下。

[336a]至于君士坦丁，他在诸神中找不到自己的榜样，但是当看到享乐女神后，她离他并不远，于是他立即跑向享乐女神。享乐女神温柔地接待他、拥抱他，给他穿上五颜六色的衣服，让他看起来更华美，将他引向放纵。君士坦丁发现耶稣也在那里，耶稣跟享乐女神住在一起，耶稣向来者大声喊道：“他是引诱人者，是杀人者，是渎神者，是臭名昭著者，让他无所畏惧地靠近我吧！我要用水为他施洗，使他洁净。他若重犯罪恶，让他捶打胸口，敲他的头，我将再次让他洁净。”

[336b]君士坦丁带着他的儿子们从诸神的集会离开，高高兴

---

① 荷马：《伊利亚特》，3.55。

兴来见耶稣。然而,爱复仇的诸神毫不留情地惩罚他和他的儿子们的不虔敬,惩罚他们谋杀血亲,直到宙斯出于克劳狄乌斯(Claudius II,268—270)和君士坦提乌斯(Constantius I,293—306年在位)的缘故,给了他们一个喘息机会。

[336c]“至于你,”赫尔墨斯对我说,“我已经将你的父亲密特拉(Mithras)的知识赐予你,你要遵守他的诫命,在一生中为自己找到可靠的支撑,当你必须离开这个世界时,你能满怀希望地将他作为你的守护神。”

驳无教养的犬儒

[181a]如一则谚语说:瞧,河水在倒流![1] 这里有一位犬儒诽谤第欧根尼很自负。尽管这位犬儒体格非常强壮,正处于壮年时期,精力充沛,而且现在太阳神正接近夏至,他却拒绝洗冷水浴,因为他担心冷水浴对他身体有害。更过分的是,这位犬儒竟嘲笑吃章鱼,说第欧根尼因这种食物而死,[2]就像服了一剂毒堇(hemlock),[3]为自己的愚蠢和虚荣付出沉重代价。这位犬儒在智慧方面竟取得如此进步,以致他确信死亡是一种恶。

[181b]然而,甚至智慧的苏格拉底也认为,他不知道死亡是否是一种恶,他之后的第欧根尼也如此认为。无论如何,当安提斯泰尼(Antisthenes,前445—前365)正经受长期难以忍受的病痛时,[4]第欧根尼递给他一把短剑,对他说"万一你需要朋友的帮助"。所以,第欧根尼非常确信,死亡既不痛苦也不可怕。但是,继承第欧根尼那支手杖的我们却认为自己有更大的智慧——知道死亡是灾祸。我们还说,疾病比死亡更可怕,冰冷比疾病更难忍受。因为生病之人常常受到悉心照料,以致他的健康不佳直接变成奢

---

① 这则谚语表达的意思是一切都颠倒了,对照欧里庇得斯:《美狄亚》,行413。

② 传统认为,第欧根尼死于生吃了一条章鱼,对照路吉阿诺斯(Lucian):《拍卖学派》(*Sale of Creeds*),10。

③ [译注]毒堇是一种欧洲常见的毒草,相传苏格拉底饮下的毒药就是这种植物的汁液。

④ 安提斯泰尼是苏格拉底的学生,犬儒学派的创立者。

靡的享受，尤其是他如果很富有的话。

[181c—d]凭宙斯起誓，我本人观察到，某些人在生病时要比健康时更奢侈，尽管在健康时，他们也因奢侈而惹人注意。因此，我曾对我的几个朋友说，那些人最好做仆人而非做主人，像他们现在这样富足，不如像野地的百合花那样贫穷和赤身裸体。[①] 因为他们若是保持贫穷，本可能不再陷入疾病和奢侈之中。事实是一些人认为，展示他们的疾病、扮演奢侈的病人是一件美好的事。但是，有人会说，一个不得不忍受寒冷、抵御酷热的人，难道不比病人更悲惨？好吧，不管怎么说，他没有办法减轻他的痛苦。

[182a]来吧，为了公益，让我把从我的老师们那里学到的关于犬儒的东西写下来，好让所有正在选择这种生活方式的人好好思虑我的说法。如果他们信服我的说法，我相信那些正立志成为犬儒的人不会因我的说法而变坏；如果不信服，而是怀有光辉的、高贵的目标，不但在言辞上而且在行为上也胜过我的论辩，那么我的论说无论如何不会妨碍他们。

[182b]但是，倘若其他人已受贪婪或自我放纵的奴役，或简单地用一个短语来概括，倘若这些人受身体快乐的奴役，他们会忽视我的言辞，甚至嘲笑我的言辞——正如狗偶尔会弄脏学校和法庭的前廊，"对希波克莱德斯都是一样的"，[②]实际上我们不会在意狗的这种行为。

[182c]那么，让我依照恰当的次序，从开头在诸标题下展开我的论述，这样通过给予每个问题恰当的处理，我就能更方便地表达我的思想，你们也更容易明白。由于犬儒学派实际上是哲学的一个分支，且堪称最高贵的学派，绝非微不足道或不受尊敬，所以我

① 这是一则谚语，尤利安可能暗指《圣经·马太福音》，6. 28。

② 希罗多德：《原史》，6. 129；当克雷斯忒涅斯（Cleisthenes）告诉希波克莱德斯（Hippocleides），由于他不合时宜的舞蹈已经把他的婚姻毁了，希波克莱德如此回答克雷斯忒涅斯。后来变成一句谚语。

必须首先谈谈哲学本身。

[182d]诸神通过普罗米修斯将源自太阳的炽热火焰赐给人类,[①]同时还有赫尔墨斯给我们带来的福佑,即赐予人类理性和思想。普罗米修斯这位拥有先见之明(the Forethought)的神通过向自然界注入一种炽热的气息作为动力因,引导一切终有一死之物,从而使得万物分得无形的理性。每一事物皆分有它应得的份额:无生命之物仅维持一种存在状态,植物接受生命,动物接受灵魂,人则得到理性的灵魂。

[183a]有些人认为,万物的基础是一个单一实体,另一些人则认为由于万物种类不同,它们在本质上必定不同。但是,不管我们现在能否讨论这个问题,或者根本不能在这篇讲辞中讨论这个问题,我们只需要说,不管某些人是将哲学看作诸技艺之母和诸科学之母,还是将哲学看作人尽其所能模仿神的一种努力,抑或有人如皮提亚神谕说的那样,将哲学视作"认识你自己",对我的论点都不会有任何影响。因为所有这些关于哲学的定义,显然有非常密切的联系。

[183b]不过,还是让我们从"认识你自己"开始,因为这条箴言源自神启。[②] 这条箴言要求,一个人要想认识自己,不仅要认识自己的灵魂,还要认识自己的身体。仅仅认识到人就是灵魂驱使的身体是不够的,还要认识灵魂的本性,探究灵魂的种种能力。甚至进行到这一步也是不够的,他还要探究我们身上比灵魂更高贵、更神圣的存在,还要探究某种我们所有人无需经过教导就相信并视作神圣、所有人认为存在于天上的东西。

[183c]探究身体的首要原则后,需要再次观察身体是复合物还是单一物。然后,系统地观察身体的和谐、影响身体的种种因素

---

① 此处是对柏拉图:《斐勒布》,16c 的模仿。对照忒米斯提乌斯:《演说辞》,338c。

② 对照 188b;朱文纳尔:《讽刺集》,11.27。

和身体的能力。总之,观察身体确保其持久性所需的一切东西。接下来,他需要观察身体凭借它们的帮助才能确保其持久性的某些技艺的原则,如医术、家政术以及类似的技艺。如此,对于那些无用和多余的技艺,他也不会完全无知,因为这些技艺是为了满足我们灵魂的情感部分而发明出来的。

[183d]虽然他会避免对这类技艺进行持久的研究,因为他认为这类研究很丢脸,他也会避免这些技艺中那些似乎需要艰辛劳作的主题。但是一般而言,他不会对这类技艺的表面性质以及对应灵魂的哪些部分一无所知。因此,不仅需要反思自我之知是否统摄每一门科学和每一种技艺,还要反思自我之知是否涵盖普遍性的知识。

[184a]因为,认识神圣之物要凭借我们身上神圣的那部分,认识有死之物要凭借我们身上终有一死的那部分——德尔斐那条神谕宣布,"认识你自己"是介于神圣之物与有死之物之间的生物的职责,也就是人的职责。因为单独来看,人是有死之物,但是整体来看,人则是不朽之物。此外,从单个人来看,人是有死部分与不朽部分的复合体。

[184b]此外,让自己尽可能像神,无非是获得人类所能获得的关于万物本质的知识,这从下面就可以看出。我们之所以认为神的本性是至福,不是因为神拥有很多财产,也不是因为如人们普遍认为的神有许多优势。而是因为如荷马所说"诸神知晓万物",[1]荷马尤其说到宙斯:"不过,宙斯更年长,更聪慧。"[2]

[184c]所以,正是在知识方面,诸神超越我们。对诸神来说,最高贵的知识可能也是自我之知。相应地,由于他们在本质上比我们更高贵,他们的自我之知也就是对更高事物的认识。因此,我

---

① 荷马:《奥德赛》,4.379。
② 荷马:《伊利亚特》,13.355。

认为,不能让任何人将哲学划分为不同的种类,或将哲学切分为各个部分,不能让任何人将哲学理解成复多而非理解成一。因为,若真理是一,哲学也是一。但是,丝毫不值得惊讶的是,我们抵达真理既可以走这条路,也可以走别的路。

[184d]凭宙斯起誓,如果任何旅客或最年老的居民想到雅典去,既可以走海路,也可以走陆路。我认为,如果他走陆路,他既可以走宽阔的大道,也可以走崎岖的捷径。此外,他也可以沿着海岸航行,就如那位皮洛斯老人涅斯托尔所言"破浪前进"。[①] 没有人能反驳我,说有些哲学家沿着已有道路旅行时迷路,在抵达某些地方被基尔克(Circe)或忘忧果(Lotus-Eaters)给迷住,即他们被快乐或意见或某些别的诱惑迷住,没有直接向前走,实现最终的目标。相反,他必须考虑到,所有的哲学派别都获得了最高等级的知识,他会发现所有哲学家的学说都一致。

[185a]因此,德尔斐的那位神要求"认识你自己",赫拉克利特说"我寻找我自己",毕达哥拉斯和他的学派以及直到忒奥弗拉斯图斯(Theophrastus,前371—前287)的追随者,要求我们尽可能变得像神一样,亚里士多德也这样说。因为我们只是暂时的存在,而神永在。因此,若认为神不认识自己,就极为荒谬。

[185b]神如果对自己都无知的话,那么他将一无所知。因为神就是一切,既能看到自己内部又能看到自己近处。神是一切不管以何种方式存在的存在者的原因,既是永恒之物的原因,也是有朽之物的原因,尽管他们本身是永恒者。而不朽的永恒者是有朽世界不断生成的原因。不过,这一论点太高,不适合眼下的语境。

[185c]真理和哲学是一体的,我刚才提及的那些人也是哲学和真理的爱慕者。现在,我应该公正地提到他们的名字,我指的是基提翁人芝诺(Zeno)的弟子们,当他们看到希腊各城市厌恶过着

---

① 荷马:《奥德赛》,3.174。

自由生活方式的犬儒们的正直和简朴时,他们仿佛用屏风把他包围起来,我指的是用齐家和经营商业、与妻子交往、养育孩子的箴言将他包围起来,以让他成为公共福佑的亲密卫士。[1]

[185d]此外,他们也将"认识你自己"这条箴言奉为他们哲学的第一原则,你们若是愿意,不仅可以从他们就这个主题创作的作品中看到,而且可以从他们为他们的哲学教诲设定的目的上看到。

[186a]他们的哲学的目的是遵循自然生活,这对于那些无法认识自己和不知道自己的本性的人是不可能的。因为一个不认识自己的人绝不会知道他该做什么,正如不认识狮子本性的人,也就不知道杀死狮子是否合适,以及如何对待狮子,以让狮子发挥恰当的用处。我前面所说已充分表明哲学是一体,也就是说,所有哲人都有一个单一目标,尽管他们抵达这一目标的道路各有不同。接下来,我们考察犬儒哲学。

[186b]如果犬儒们曾带着严肃而非仅仅出于轻浮的目的创作论文,对我的对手来说,那些论文本可能是恰当的指导,也能反驳我关于这个主题的所有观点。如果那些作品证明与犬儒哲学的原初教诲完美契合,我的对手也不能攻击我作伪证;但是如果那些作品与原初的教诲不一致,那么我的对手本可阻止我的观点参与质询,正如雅典人禁止伪造的文件进入大母节(Μητρώου)。[2]

[186c]但是,正如我所说,那种事根本不存在。因为第欧根尼常被谈论的悲剧作品,据说是某个名为菲利斯库斯(Philiscus)的埃伊纳人的作品,[3]即便它们是第欧根尼所作,智慧者开这样的玩笑也没有出格之处,因为很多哲人都这么做过。因为,我们都知

① [译注]尤利安的意思是,芝诺及其廊下派没有不经修正接受犬儒推崇的生活方式。

② [译注]大母节是庆祝诸神之母库伯勒的节庆,对照尤利安:《诸神之母颂》(*Oration* 5),159b。

③ [译注]菲利斯库斯是第欧根尼的弟子,对照尤利安:《驳犬儒赫拉克勒奥斯》(*Oration* 7),210d,212a。

道,当德谟克利特看到人们严肃对待种种事情时,曾放声大笑。因此,我认为,我们不应留意犬儒们的轻浮之作,不要像有些人根本不想学习任何严肃的东西。

[186d]这类人到达一座富足的、有许多祭物和各种秘仪的城邑,其中还有大量住在圣所中的圣祭司,这些祭司服务于下述目的:为了净化城内一切,驱除一切肮脏、多余和恶毒的东西,毫无例外清除掉公共澡堂、妓院和商店以及此类东西。这类人要是来到这样的地区,他们绝不会进城。

[187a]当然,如果某人渴求那些被驱逐的东西,认为那些东西才是一座城市的本质,如果他立即离开被净化的城市,他就是卑劣之徒。但是,当他只消跨进城门一步就能见到苏格拉底本人时,他却待在更低贱的地区,他就更卑劣。

[187b]我将借用阿尔喀比亚德(Alcibiades)赞美苏格拉底的言辞,[1]并断言犬儒哲学非常类似西勒诺斯(Silenus)的那些雕像,即坐在雕像商店里的西勒诺斯。匠人们用手中的管子或长笛制作这些雕像,当你打开它们,会看到里面包含诸神的雕像。因此,我们不要犯这种错误,认为他的玩笑是出自严肃的热诚——因为尽管这类玩笑有特定的益处,然而如我接下来试图证明的,犬儒哲学本身是某种非常不同的哲学——让我们从它的实际情况出发,以恰切的步伐思考它,就像猎狗追逐野兽那样去追逐它。

[187c]首先,犬儒哲学的创立者是谁并不容易发现,虽然有人认为安提斯泰尼和第欧根尼当享有这一头衔。至少,奥诺玛乌斯(Oenomaus)的说法看起来不无道理:"犬儒哲学既非安提斯泰尼的哲学,亦非第欧根尼的哲学。"[2]更优秀的犬儒代表断言,赫拉克勒斯除了赐给我们的其他恩惠外,他还是犬儒这种生活方式的最

---

① 柏拉图:《会饮》,215。

② 奥诺玛乌斯是一位犬儒哲人,他的生活时间可能是2世纪。对照119a、209b、210d、212a。

高典范。[1] 但是，就我自己而言，当我以敬畏之心敬拜诸神和那些已经成圣的人时，我仍然相信，在赫拉克勒斯之前，不仅在希腊人中间而且在野蛮人中间，也存在实践这种哲学的人。

[187d]因为犬儒哲学某种程度上似乎是一种普遍的哲学，是最自然的哲学，不需要任何专门研究。这种哲学通过渴望美德和远离邪恶就足以成为高尚的人，无需翻阅大量书籍。因为正如谚语所言："学问渊博无助于人明理。"[2]这种哲学也不要求人服从任何一门学科，那些加入别的哲学派的人则必须如此。只要遵从皮提亚的那位神所颁布的两条诫命就够了，即"认识你自己"和"拒绝意见（παραχάραξον τὸ νόμισμα）"。[3]

[188a]因此，犬儒哲学的创立者是谁对我们而言一目了然，我相信他就是希腊人所享有的一切幸福的原因，普遍的领袖，立法者和希腊人的王，我指的是德尔斐的那位神（即阿波罗）。既然不允许阿波罗对任何事无知，第欧根尼的独特性情就无法逃避阿波罗的注意。阿波罗让第欧根尼倾向于犬儒哲学，不是仅仅通过言辞的激励，就如他对其他人做的那样，而是用"拒绝意见"这条诫命象征性地告诉第欧根尼应该怎么做。

[188b]因为"认识你自己"不只对第欧根尼说，而且也对其他人说，这句诫命就刻在他的圣所前面。所以，我们终于发现犬儒哲学的创立者，甚至神圣的杨布里科（Iamblichus）也声明和肯定这一点，我们已经发现犬儒哲学的领袖是安提斯泰尼、第欧根尼和克拉特斯（Crates，前 365—285）。[4] 我认为，他们的人生目标就是认识自己，蔑视空虚的意见，用他们的全部理解力抓住真理，因为真理

---

① 路吉阿诺斯：《拍卖学派》（*Sale of Creeds*），8；第欧根尼在那里说他本人模仿的是赫拉克勒斯。

② 赫拉克利特残篇 16，Bywater。

③ ［译注］παραχάραξον τὸ νόμισμα直译是"以流通货币为假"，引申义为"以多数人的意见为假"。

④ ［译注］克拉特斯，忒拜人，第欧根尼的学生。

对于神和人来说,是一切好东西的开端。①

[188c]我认为,正是由于真理,柏拉图、毕达哥拉斯、苏格拉底和漫步派哲人、芝诺才不辞劳苦,因为他们渴望认识自己,不盲从空虚的意见,而是在万物之中寻求真理。一目了然的是,不是柏拉图追求一个目的,第欧根尼追求另一个,而是他们的目的彼此一致。

[188d]假设有人问智慧的柏拉图:你认为"认识你自己"这一诫命有何价值?我确信,柏拉图会回答说:它是无价之宝,它值得一切。实际上,他在《阿尔喀比亚德》中已经如此说过。神圣的柏拉图,诸神之子,请继续告诉我们,一个人该如何对待民众的意见?柏拉图会给出同样的答案,此外他会建议我们去读他的对话《克力同》。在这篇对话中,苏格拉底告诫我们不要在意民众的意见。

[189a]苏格拉底说:"但是,我亲爱的好克力同,我们为什么如此关心民众的看法?"难道我们要忽视所有这些证据,不假思索地强行把那些因热爱真理、蔑视意见和追求美德而结合在一起的人隔绝开?如果说柏拉图选择通过言辞实现他的目的,而第欧根尼的行为就足以实现他的目的,难道后者因此就应受到你的批评?不,要考虑一下第欧根尼的方法是否在每个方面都出众,因为我们看到柏拉图本人放弃了他的作品。

[189b]柏拉图说:"没有任何作品是柏拉图所作,过去不曾写过,将来也不会写,眼下归于他的作品都是苏格拉底的作品,是一个更公正更年轻的苏格拉底的作品。"②那么,我们为什么不从第欧根尼的行为来研究犬儒哲学的品质呢?

[189c]身体由各个部分组成,如眼睛、脚和手。但是此外还有别的部分,如头发、指甲、粪便,虽然这些是身体的辅助部分,但是

---

① 柏拉图:《法义》,730b。

② 柏拉图:《书信 2》,341c。

没有它们,身体也不能存活。因此,如果一个人关心诸如头发、指甲或粪便以及诸如此类令人讨厌的辅助部分,而不是关心那些最珍贵、最重要的部分,例如感知器官,这不是很荒唐吗?其中更特别的是我们用以理解事物的工具,即眼睛和耳朵。正是依靠这些器官的帮助,灵魂才能理性地思考,无论它是藏于身体深处——这些器官使灵魂能更容易净化自身,运用自身纯洁而坚定的思考能力——还是如某些人认为的,正是通过这些器官,灵魂通过通道进入身体。[①]

[189d]正如我们所知,通过汇集各种感知,凭借记忆将它们联结起来,灵魂让诸科学得以诞生。我认为如果没有这类感知——它本身要么不完整,要么本身完整却受到诸多事物的阻碍,从而引起我们对外部事物的理解——我们想理解感知的对象都不可能。不过,这个论证链与眼下的问题无关。

[190a]我们必须回到犬儒哲学的不同部分。因为,犬儒们似乎也认为,哲学有两个分支。如亚里士多德和柏拉图所说,哲学分为沉思哲学和实践哲学,这显然是因为他们通过观察认识到,人在本性上既适于行动又适于追求知识。尽管人们逃避研究自然哲学,但这不影响这个论点。因为我们知道,苏格拉底和很多哲人尽管致力于沉思,却是出于实践目的。

[190b]因为他们认为,即便是自我之知也意味着准确地知道什么该分配给灵魂,什么该分配给身体。他们自然而然地赋予灵魂主宰地位,赋予身体从属地位。这似乎是他们践行美德、自制、节制和自由的原因,以及避免嫉妒、怯懦和迷信的一切形式的原因。

[190c]但是,你会说,这不是我们对他们的看法,相反我们应

---

① 对照卢克莱修:《物性论》,3.359以下;恩皮里柯(Sextus Empiricus):《驳数学家》(*Adversus Mathematicos*),7.350。

认为他们这样做不是认真的，他们在蔑视身体这件事上是在拿最心爱的东西冒险，[1]正如苏格拉底的言行正确地表明，哲学是为死亡做准备。[2] 你还认为，由于这是犬儒们日常追求的目标，我们无需效仿他们，应认为他们悲惨兮兮，是群蠢货。但是，他们为什么要忍受这些艰辛？如你宣称的，这绝不是出于卖弄。因为，他们吃生肉，怎能得到别人的喝彩？你肯定不会为此喝彩。

[190d]无论如何，当你手提木棍、留着长发模仿犬儒的形象，你会认为这能获得民众赞誉吗？尽管你本人认为这些习惯根本不值得钦羡。实际上，在第欧根尼的时代，仅有一两个门徒为他喝彩。但是绝大多数人因吃生肉而恶心反胃，直到他们的随从用香料、没药和饼将他们救活。

[191a]那位著名英雄[第欧根尼]通过在“在当今的凡人”看来荒谬的行为，[3]令他们震惊不已。[4] 尽管在诸神看来，这种行为绝非不光彩，如果有人依照第欧根尼的意图来解释它的话。因为正如苏格拉底关于他自己的说法，他欣然接受被检省的生活，因为他相信，只有通过检省阿波罗那项关于他的神谕的含义，他才能真正为阿波罗服务。

[191b]我认为第欧根尼也是如此，因为他确信从事哲学是皮提亚神谕颁布的神令，相信他应该通过行为检省一切，不受他人意见的影响，那些意见可能真实的，也可能虚假。因此，第欧根尼不认为毕达哥拉斯的说法或任何类似于毕达哥拉斯的哲人的说法必然正确。因为他认为，是神而非人才是哲学的创造者。你可能会说，请问，这与吃章鱼有什么关系？好，我现在就告诉你。

[191c—d]一些人认为，人吃肉乃是自然而然的事，有的人则

① 柏拉图：《普罗塔戈拉》，314a。
② 柏拉图：《斐多》，81a。
③ [译注]指第欧根尼吃生肉。
④ 荷马：《伊利亚特》，5. 304。

认为这种习惯根本不适合人，这个问题前人有过大量讨论。如果你勤奋些，就会看到关于这个主题的大量著作。第欧根尼认为，他必须驳斥这类著作。无论如何，他的观点如下。如果人吃肉的同时无需花时间去准备肉，就如别的所有动物吃自然分配给它们的食物，并且这样做不会伤害身体或给身体带来不适，或者更确切地说对身体有实际的好处，那么第欧根尼认为吃肉完全与自然一致。但是，如果吃肉对身体有害，那么第欧根尼无疑认为这种习惯不适合人，并且他必定会想尽一切办法戒掉这种习惯。你可能对这个说法颇有微词，尽管这个说法可有些牵强，但它是另一种更接近犬儒哲学的观点。不过我必须首先更清楚地描述这种哲学的目的。

[192a]犬儒们将从激情中解脱出来作为目的，这等同于成为一个神。可能第欧根尼观察到，他对其他所有食物没有特殊感觉，只有生肉让他难以消化和恶心，并将此视作他沉迷于空洞的意见而不是理性的证据。因为不管你烹调多少次或加上各种调味酱，肉仍然是肉。我认为，这就是第欧根尼认为他应该摆脱这种怯懦的原因——你兴许将第欧根尼不敢吃生肉视作怯懦。

[192b]以德墨忒耳(Demeter)的名义告诉我，既然我们习惯吃烹调过的肉，为何就不能吃生肉？除了告诉我们这是一种习惯之外，你不能给出别的回答。显然我们不能说，肉在被烹调之前非常恶心，烹调过的肉要比生肉更纯净。

[192c]请问，一个神所委任、像一位将军那样拒绝普遍的意见、用理性和真理的标准判断一切问题的人，他该怎么做？难道他应该闭上眼睛，被这种普遍意见束缚得如此之深，以致相信肉经过烹调就会变得纯净，适于食用，而如果没有变熟，它就会莫名其妙地令人厌恶和恶心吗？这就是你的那种记忆？这就是你对真理的热情？

[192d]尽管你严厉批评第欧根尼爱慕虚荣，称他生吃章鱼是为了博取荣誉——我却认为他是阿波罗最诚挚的仆人和臣属——

你自己却吃了无数腌制食品,以及“鱼、鸟和其他任何可能出现的东西”。[①] 因为你是一个埃及人,尽管不是祭司阶层,却无所不吃,“连青草都吃”。[②] 我认为,你认可加利利人的教义。

[193a]我几乎忘了说,所有生活在海边的人,即便是那些生活在距离海边有一定距离的人,也会生吃海胆、牡蛎和一般无需弄熟的各种东西。你认为他们值得羡慕,却把第欧根尼视作卑劣和恶心之人,你难道没有认识到,那些贝壳类动物与第欧根尼吃的东西都是生肉?它们唯一的区别是章鱼很软,而贝壳类动物很硬。无论如何,章鱼与坚硬的贝壳类动物一样没有血,而后者与章鱼一样都有生命。至少它们能感觉到快乐和痛苦,这是有生命动物的独特特征。

[193b—c]这里我们一定不要受柏拉图的说法干扰,[③]他说植物也有灵魂,也有生命。但是现在,我认为,对于那些无论如何都能够遵循同一个论点的人来说,显而易见的是,卓越的第欧根尼的行为并不偏离或违背我们的习惯,即我们在这种情形中不是采用坚硬和柔软的标准,而是通过口感的愉悦或厌恶来判断。所以,根本不是吃生肉让你感到恶心,因为你也这样做,不仅吃无血的动物肉,而且吃有血的动物肉。不过,兴许在你和第欧根尼之间仍有不同,即他认为他应该吃那种食物,吃它本来的样子,而你认为必须首先用盐和别的调料烹调它,将它烧制得可被接受,而这样做等同于违背自然。我就这个主题已经说得够多。

[193d]犬儒哲学的目的与每种哲学一样,都是追求幸福,不过幸福在于遵照自然而不依照多数人的意见生活。因为植物被认为是好的,所有动物也被认为是好的,如此每一个存在者都可以不受阻碍地实现自然为它分配的目的。甚至在诸神之间,这也是幸

① 荷马:《奥德赛》,12. 331。

② 《创世记》,9. 3。

③ 柏拉图:《蒂迈欧》,77b。

福的定义,他们的幸福应该依照他们的自然而定,他们应不受任何约束。

[194a]同样,对人来说,我们不应该忙着追求幸福,仿佛它隐藏在我们自己之外。鹰或梧桐树或任何别的有生命者,即无论是植物还是动物,都不徒然为自己的翅膀、金叶子或是银枝芽、铁刺、石叶子烦恼。但在自然起初就用这些东西来装饰它们的地方,它们认为只要它们足够强壮、能确保敏捷或自卫,它们自己的条件就很好,就是幸运的。

[194b]因此,一个人竭力在自身之外寻找幸福,认为财富、出身和朋友的影响力以及一般而言此类东西顶重要,这难道不是很荒唐?然而,如果自然只赐予我们她赐予其他动物的东西,我指的是像其他动物那样的身体和灵魂,那么我们就只需要关心自己,就像其他动物那样,满足于身体的优势并在这一领域追求幸福就足矣。

[194c]但是,我们的灵魂绝不类似于其他动物,不管它们是本质上不同,还是本质上相同而只是人的灵魂在活力方面优于动物的灵魂。就像我认为,纯金优于沙金——有人认为这个理论适用于灵魂——无论如何,我们确切地知道我们比其他动物更有理智。

[194d]依照《普罗塔戈拉》中的神话,[①]自然像一位母亲,慷慨大度地对待其他动物,但是对人的补偿是,宙斯仅仅将理智赐予人类。因此,理智是我们身上最好、最高贵的部分,我们必须说幸福就存在于这个部分。

[195a]现在请思考,第欧根尼是否比所有人更愿意承认这个信念,既然他自由地让身体承受各种艰辛,以便他能将身体变得比本来更强壮。他通过让自己依照理性之光生活,向我们表明我们也应该如此生活;而他根本不在意那些袭击灵魂的、来自身体的烦

① 柏拉图:《普罗塔戈拉》,321a,b;柏拉图说,普罗米修斯盗火拯救人类,之后宙斯赐予人类政治技艺。

恼忧虑,身体这个包裹着灵魂的封笼(envelope)束缚着我们,使我们不得不过分注意它。因此,通过这门学科,这个男人让他的身体变得更精力充沛。我相信,他的活力超过任何在体育竞赛中赢得奖杯之人,同时他的灵魂完全主宰身体,以致他是幸福的,是一位丝毫不亚于大王(Great King)的王——希腊人当时惯于称呼波斯王为大王。

[195b—c]然而,在你看来,第欧根尼这个“无邦、无家,没有一寸土地,没有一个波尔,没有一德拉克马,没有一个奴隶”,①甚至没有一块面包的男人,似乎毫不重要——伊壁鸠鲁说,如果他有足够的面包和钱财,他的幸福就不会比诸神少。并不是第欧根尼要与诸神作对,而是他要比被人们视为最幸福的人更幸福,他常常断言他比这样的人生活得更幸福。如果你不相信我的说法,用行动而非在口头上模仿他的生活,你就会认识到这一真理。

[195d]来,让我们首先用推理来检验它。你是否认为,对人来说,自由是一切善的开端,我指的是人们一般所谓的善?你如何能否定这一点?因为,财产、金钱、出身、身体强壮、美,总而言之一切此类的好东西,一旦与自由分离,肯定不属于那个似乎在享有它们的人,而是属于他的主人。我们难道不是把这样的人视作一个奴隶?我们花很多银币、两米纳或十个斯塔特(Stater)金币买的人不就是这样的人?②

[196a]你可能会说,这种人是一个真正的奴隶。为什么?难道是因为我们为他付过钱给卖家?若是这样,我们赎回的战俘就会是奴隶。但是,一方面法律保证待他们平安回家时赋予他们自由,另一方面我们赎回他们不是因为他们可能会变成奴隶,而是他

---

① 对照尤利安:《致哲人忒米斯提乌斯》,256d;佚名残篇6(*Adespota Fragmenta*),Nauck。第欧根尼·拉尔修:《名哲言行录》,6.38处说,这是第欧根尼最著名的一条引语,其出处未知。

② 一斯塔特或一达里克(Daric,古波斯金币)约等于一金镑。

们可能是自由人。你难道没有看到，为了让一个被赎回的人成为奴隶，仅仅支付大一笔赎金是不够的，而是那个人是一个真正的奴隶，别人有权强迫他做所吩咐的事，如果他拒绝，就惩罚他，用荷马的话来说，就是“给他造成极大的痛苦”？[①]

[196b—c]接着，请思考，我们是否有很多主人，为了避免被他们惩罚而遭受痛苦和烦恼，必须取悦他们？或者你认为唯一的惩罚就是，主人举起棍子打他的奴隶？甚至最严厉的主人也不会这样做，而是一句话、一个威胁就够了。所以，我的朋友，永远不要认为，当你的胃和胃以下的部分主宰着你，你是自由的，因为那样你就会有主人，他们可以为你提供快乐，也可以剥夺你的快乐。即便你能表明你优于这类人，只要你是众人意见的奴隶，你就不可能拥有自由，也不能品尝自由之甘露，“我指着那个在我的胸部放置了四之奥秘的存在者起誓！”[②]

[196d]但是，我的意思不是说我们应该成为无耻之徒，去做我们不应该做的。而是说我们所避免的以及我们要做的，不是出于民众认为它们好或坏，而是要依照理性和我们身上的神性部分做，即依照理智的要求去做。[③] 对众人来说，没有任何理由不应该遵从共同意见，因为这比他们变得无耻更好，实际上人类天生就倾向于真理。但是，一个人若依照理智生活、有能力发现和判断正确的理由，就不应该遵从众人关于好与坏的观念行动。

[197a—b]由于我们的灵魂有一个部分更神圣，我们称之为理智、智力和沉默的理性。它的传令官是我们用词语、词组组成的句子，并通过声音来传达。理智部分与灵魂中另一多变的、多样式

---

① 荷马：《伊利亚特》，5. 766。

② 这是毕达哥拉斯主义者惯用的誓言，他们将 1 到 4 的四个数字视作所有比例和完美的象征；对照阿埃蒂奥斯（Aetios），《学说集》（*Placita*），1. 7；毕达哥拉斯（Pythagoras），《黄金诗》（*Aureum Carmen*），47。

③ 欧里庇得斯残篇，行 1007；杨布里科，《劝勉》（*Protrepticus*），8. 138。

的部分相连，这一部分由愤怒和欲望构成，它是一个多头怪兽，除非我们驯服这头野兽，说服它听从我们身上的神或更确切的说听从我们身上神圣的部分，否则我们应该坚定地、毫不动摇地遵从群众的意见。第欧根尼的很多门徒忽视了这一点，因此变得贪婪、堕落，不比任何粗野的野兽强。

[197c]为了证明这并非我发明的理论，[①]首先我将向你指出第欧根尼的行为，很多人会嘲笑这些事，但是在我看来，这些事最值得敬重。当第欧根尼置身于民众中间，一旦有某个年轻人发出不得体的噪音，第欧根尼就会用木棍敲打他，说道："卑鄙的家伙，虽然你没有做过任何事让你有权在公众面前如此放肆，但你却开始在这里和我们面前蔑视众人的意见？"所以，第欧根尼深信，一个人应该首先抑制快乐和激情，然后与所有人进行接触，再与那些对大多数人来说是万恶之源的意见斗争。

[197d]难道你不知道，人们是怎样通过不断对所有哲人轮番诽谤来引诱年轻人远离哲学吗？毕达哥拉斯、柏拉图和亚里士多德真正的门徒被称为术士、智术师、傲慢之徒和江湖骗子！

[198a]如果这里和别处有一个真正有德性的犬儒，他一定会被看作一个可怜的家伙。例如，我记得有一次我的老师告诉我，他看到我的同学伊菲克勒斯(Iphicles)头发蓬乱，胸前的衣服破烂不堪，穿着一件破烂的斗篷过冬，他说："是什么邪恶的精神让他陷入这种悲惨境地，不仅让他变得可怜，更让精心养育他、尽其所能给予他最好教育的父母变得非常可怜！他这样到处流浪，什么都不顾，比一个乞丐好不了多少！"

[198b]当时我用令他高兴的话回答了他。但是，我保证，民众也是这样看待真正的犬儒。这并不可怕！不过，你有没有看到，民众说服犬儒们要热爱财富，憎恶贫穷，成为肚子的奴隶，为了满

---

① 欧里庇得斯残篇，行488；尤利安：《憎恶胡子的人》(*Misopogon*)，358d。

足身体应忍受一切折磨,将身体养的肥肥胖胖以囚禁灵魂,要拥有奢华的餐桌,绝不要独自一个人睡觉,要在黑夜中做完这些事,且不要被发现?

[198c]这难道不是比塔尔塔罗斯更悲惨?沉入卡律布狄斯和科塞特斯或坠入地下一万尺的深渊,[①]难道不是比落入这样一种生活——成为性欲和欲望的奴隶,不是仅仅像野兽那样,而是我们还要忍受种种痛苦,以致我们必须依靠黑夜的掩护才做这些事——更好?

[198d]从这些痛苦中解脱出来,该是多么幸福!如果这很难做到,那么第欧根尼和克拉特斯关于这些事情的原则就不应受到轻视:"禁绝欲望,如果你做不到,去上吊吧!"[②]难道你不知道,那些伟大人物之所以这样生活,是为了向人们引入一种简朴的生活方式?

[199a]第欧根尼说:"因为,僭主不在那些以面包为食的人中间,而在那些渴求奢侈食物的人中间。"此外,克拉特斯为简朴生活写了一首赞美诗:

> 尊敬的女神,亲爱的智慧者们,
> 简朴生活是光辉的节制之子。[③]

所以,犬儒不要成为像奥诺玛乌斯那样的无耻之辈,或是成为蔑视人和神的一切的人,而是要像第欧根尼那样敬重神圣的东西。

[199b]因为他遵从皮提亚的神谕,从未后悔过。但是,如果有人认为,第欧根尼不拜访神庙或不礼敬神像是不虔敬的表现,他

① 此处是对色诺芬:《上行记》,7.1.29 的模仿。

② 对照拉尔修:《名哲言行录》,6.86;《帕拉丁集》(*Palatine Anthology*),9.497。[译注] *Palatine Anthology* 是 1606 年在海德堡帕拉丁图书馆发现的古希腊诗歌和警句集。尤利安改写了克拉特斯的句子,克拉特斯的原话是:"饥饿能够抑制情爱,如果它不行,时间还可以做到;如果这两者对你都不奏效,那就只有绞绳了。"

③ 《帕拉丁集》,10.104。

就没有正确地思考。因为第欧根尼没有任何财产,所以没有钱财购买东西敬献神灵。只要他关于诸神的看法正确,就够了。因为第欧根尼在用自己的整个灵魂崇拜诸神,因此敬献给诸神的是他最宝贵的东西,即通过他的思考将灵魂献给诸神。

[199c]不要让犬儒成为无耻之辈,而是要通过理性让他首先抑制灵魂的激情部分,如此他就可以完全远离激情,以致他甚至意识不到他已超越快乐。因为达到这样的境界更高贵,我指的是完全忽视自己是否有这样的激情。只有通过艰苦练习才能达到这样的境界。

[199d]没人会认为我是在随意乱说,为你考虑,现在我就从克拉特斯明快的诗句中抽出几行:

> "记忆女神和宙斯伟大的孩子们,
> 即皮埃利亚的缪斯们,请聆听我的祈祷!
> 请赐我食物,不住地填饱我的肚子,
> 因我的肚子总是让我生活节俭,远离奴役……
> [200a]请让我对朋友有益,而不是仅仅讨他们喜欢。
> 至于金钱,我不愿聚敛巨额财富,
> 不愿追逐甲虫或蚂蚁的财富,
> 不,我希望拥有正义,集聚那些易于携带、
> 易于获得、对美德大有裨益的财富。
> 如果我能赢得这些,我将用虔诚的美德
> 而不是奢侈的美味来敬献赫尔墨斯和神圣的缪斯。"①

[200b]如果写这些东西给你有用,我还可以背诵克拉特斯的

① 这些引文可能是对梭伦的祈祷 fr. 12(Bergk)的模仿;对照尤利安:《驳犬儒赫拉克勒斯》,213b。

很多格言。但是，如果你读一下喀洛尼亚的普鲁塔克（Plutarch of Chaeronea），他写有《希腊罗马名人传》，你就没必要从我这里肤浅地了解他的品质。

[200c]让我回到我之前论述的主题，即一个人想成为犬儒，首先应严厉省察自己，以精确的术语毫不自吹地问自己下述问题：是否贪恋昂贵的食物，是否离不开柔软的床，是否是民众的赞美和意见的奴隶，是否有吸引公众注意的野心，尽管那是一种空洞的荣誉，[①]却仍然认为它有价值。

[200d]他不能让自己随波逐流，不能像俗语说的那样，用指尖去触碰庸俗的快感，直到他成功地克服这些快感。否则，如果他触碰这些快感，就会沉迷其中。例如，那些体质弱的公牛常常远离牛群，单独吃草以让身体的各个部分积蓄力量，直到它们以良好的状态加入牛群，然后挑战牛群的头领，相信自己更适合领导牛群。

[201a]因此，想成为一名犬儒哲人的人，不要以为仅仅穿斗篷，夹着一个烂袋子，拿着木棍，头发蓬乱就是犬儒——尽管他会像没刮胡子的文盲，行走在没有理发店和学校的乡村——而是要思考，理性而非木棍，特定的生活目标而非破袋子，才是犬儒哲学的标志。他一定不能一开始就在公众面前大放厥词，而是要首先证明他有多大价值，就如克拉特斯和第欧根尼那样。

[201b]他们一点也不愿意忍受命运的任何威胁，不管这种威胁是反复无常还是肆意侮辱。有一次，第欧根尼被海盗抓住，他还跟他们开玩笑；至于克拉特斯，他将他的财产捐给城邦，由于身体畸形，他还取笑自己的驼背和瘸腿。当他的朋友举办宴会时，不管他是否受到邀请，他都会去，如果他得知朋友们发生争吵，他会使他们和好。他一般不是严厉地责备双方，而是用一种讨人喜欢的方式；不是把那些需要改变的人预先训斥一顿，而是要使他们觉得

---

① 对欧里庇得斯：《腓尼基妇女》行551的模仿。

他对他们和旁观者都有益。

[201c—d]不过,这并不是犬儒的主要目的,如我前面所说,他们的主要关切是获得幸福。我认为,他们之所以帮助其他人,只是因为他们认为,人天然是一种政治动物,所以,他们不仅身体力行地帮助同胞,而且通过劝诫让他们变好。想成为犬儒的人要真诚和热切,首先要模仿第欧根尼和克拉特斯,将所有激情和欲望从灵魂中驱除,将他的一切事务都交给理性和理智,遵从它们生活。因为,在我看来,这才是第欧根尼哲学的本质。

[202a]第欧根尼偶尔拜访妓女——尽管可能只有一次,或连一次都没有——让想成为犬儒的人首先说服我们,他像第欧根尼一样,是一个有坚实价值的人。如果他认为公开地和在众人注视下做这种事是恰当的,我们不应该以此谴责或指控他。然而,我们必须首先看到他有学习能力和第欧根尼那样敏捷的才智,在其他方面他必须表明同样独立、自足、正义、节制、虔敬、感恩,同样极度谨慎,不会胡作非为,不会没有意图地盲目行动。

[202b]因为,这也是第欧根尼哲学的特征。之后,要让他蔑视虚荣心,让他嘲笑那些凭靠黑夜掩盖我们本性的必要功能的人,例如多余的分泌物;要让他嘲笑我们的市场和城市中最粗野、与我们的本性无丝毫类似的行为,例如抢劫、作伪证、不义地控告他人,以及别的无赖行为。

[202c]另一方面,当第欧根尼发出不得体的噪音或遵从自然的召唤,或在市场上做过任何类似的事情,正如他们所说,他之所以这样做,是因为他竭力蔑视我刚刚提到的狂妄之徒,并教导他们,他们的行为比他自己的更卑鄙、更不可容忍。因为他是依照我们所有人的自然生活,而他们所遵从的不是人真实的自然。有人可能会说,这要归因于他们的道德堕落。

[202d]然而,在我们这个时代,第欧根尼的模仿者仅选择模仿他最容易、最轻松的部分,从而再难以看到第欧根尼更高贵的面

相。至于你,你想成为更受敬重之人而非早期犬儒,已经背离第欧根尼的生活理想,以致你认为他是一个可怜人。如果你不相信我关于第欧根尼的这些说法——一个在柏拉图和亚里士多德那一代希腊人中受到敬重仅次于苏格拉底和毕达哥拉斯的人;一个他的学生是最节制、最智慧的芝诺的老师的人,他们不可能全都被你所轻视的这个人欺骗——那么,尊敬的先生,你本应更细致地研究第欧根尼的品质,那样你兴许对这个人的了解会有进步。

[203a]我问你,哪个希腊人不惊讶于第欧根尼的忍耐力和毅力,这是真正伟大的灵魂才有的品质。这个男人常常睡在缸里一张树叶铺的床上,比波斯王在镀金屋顶下的软榻上还要睡得香;他常常吃面包皮,[①]胃口要好过你现在吃西西里菜;[②]他常常洗冷水澡,在户外擦干身体,而不是用你所习惯的亚麻毛巾擦身,我的哲学朋友!

[203b—c]我认为,只有你像忒米斯托克勒斯打败薛西斯,像亚历山大打败大流士,才有资格嘲笑第欧根尼。但是,如果你有像我一样的读书习惯,尽管我是一个政治人物,政治事务缠身,你就会知道亚历山大多么敬重第欧根尼灵魂的伟大。但是,我认为,你丝毫不关心这类事情。你怎么会关心呢?请远离它![③] 你钦羡和模仿的是可怜的女人的生活。

[203d]然而,如果我的论述对你有帮助,那么你的收获超过我。但是,即使我这样匆忙地,像俗语说的那样,一口气就这样一个宏大主题写的东西[④]——因为我仅花了两天中的闲暇来写,正如缪斯或你自己的见证——于你无益,你仍坚持以前的观点,无论如何我永远不会后悔以应有的尊敬谈论那位伟人。

---

① 对照金嘴狄翁:《演说辞六》(*Orations 6*),12。

② 一则谚语,西西里以美味的烹饪而著名;对照柏拉图:《王制》,404d;贺拉斯:《颂歌集》,1.1.18。

③ 德摩斯梯尼:《论金冠》(*De Corona*),47。

④ 德摩斯梯尼:《论金冠》,308;对照尤利安:《诸神之母颂》,178d。

致祭司

尤利安的文明-宗教复兴运动的重要内容即复兴异教。他认为,基督教之所以能吸引百姓,是因为基督教教士的道德品质和慈善事业。实际上,基督教的慈善事业也是道德品质的体现。所以,异教要想得到复兴,必须效仿基督教。尤利安认识到,异教复兴的关键是效仿基督教确立异教的普世建制,其中最关键的环节是提升异教祭司的道德品质,从而让祭司成为百姓的道德榜样。尤利安的这一见识符合政治常识。所以,尤利安一登基就着手规范异教祭司的生活方式和道德品质。他写给各地祭司的信件中,多次论及祭司的生活方式和道德品质。

这封信是残篇,写作时间不详。从尤利安为祭司规定的生活方式和道德标准来看,做一名祭司意味着成为新柏拉图主义的追随者,意味着成为异教文明的担纲者和守护者。从尤利安对祭司的期许来看,如果他的文明复兴运动持续下去,很可能发展出类似于基督教的修道院制度。这类修道院负责成建制地培育祭司人员。实际上,杨布里科的叙利亚学派已经有这种修道院味道。若是那样,尤利安基于新柏拉图主义体系,很可能打造出一个政教合一的政体。

[288a—c]……他们只要看到谁反对他们的王,都会当场惩

罚。恶灵被分派去惩罚那些不敬诸神者,许多基督徒受这些恶灵的逼迫,被诱导去追求死亡。因为他们相信,他们以暴力结束自己的生命,就会飞入天堂。还有一些基督徒隐居沙漠,尽管人是一种政治动物。因为他们已被恶灵控制,受恶灵引诱产生对同类的憎恨。他们中的很多人甚至设计镣铐戴在身上。他们背叛不朽的、作为救主的诸神后,恶灵凡事以各种方式唆使他们,竟至这样的程度。但是,关于这一点,我已经说得够多,接下来我将回到我之前谈论的主题。

[289a]尽管遵守帝国法律的公正行为显然是各级行政长官操心之事,但是,你也应恰当地劝诫信徒不要逾越诸神的法律,因为那些法律是神圣的。此外,祭司生活应比政治生活更神圣,你必须引导和教导信徒认识到这一点。这样,更好的人就会自然而然地追随你的教导。我祈祷所有人,至少我希望那些天然的好人和正直之辈会这样做,因为他们会认识到你的教诲特别适合他们。

[289b]你必须首先践行仁德(φιλανθρωπία·),因为仁德是其他各种福佑之源,是一切福佑中最珍贵者——诸神的善意之源。正如那些在友善、雄心和仁爱方面跟他们的主人一致的奴仆要比其他奴仆得到更友好的对待,我们也必须假定,天然爱人类的神更偏爱那些爱同胞的人。

[289c]仁德有多种类型。例如,带着救人的意图,给予违法者适度的惩罚,意在让他们变好,就如教师惩罚学童那样;再如,要满足信徒的需要,就如诸神满足我们的需要。你看,诸神让大地赐予我们各种福佑,即各种食物,却没有一并赐予其他族类丰富的食物。我们生下来赤身裸体,诸神就用各种兽皮和树上的植物遮盖我们。

[289d]诸神也不是随手这么做,如摩西命令人们穿兽皮,[1]但

① 《创世记》,3. 21。

你看艺匠之神雅典娜赐予我们多少礼物。其他动物有酒、橄榄油享用吗？除非是我们让它们享用这些东西，即使我们都不与同胞分享。哪种海中生物能享用谷物，哪种陆生动物能享用海中所产的食物？我还没有提及金、铜和铁。尽管在这些方面，诸神已让我们非常富有，不过，也不是要轻视我们中间的穷人让他们受辱。尤其是那些碰巧品质高尚的穷人，如那些没有继承父辈家产的人之所以贫穷，是因为他们伟大的灵魂不渴望钱财。

[290a]百姓每当看到这类人，就会谴责诸神。然而，他们的贫穷不应该怪罪诸神，而应怪我们中那些对钱财贪得无厌的人，这是人对诸神产生错误观念的原因，也是不公正地指责诸神的原因。我们祈祷神像给罗德岛人那样给穷人降金子雨，[①]有什么用呢？

[290b]即使这真能实现，我们也会派奴隶去抓金子，把船放到各地，驱赶所有接金雨者，以便独占诸神本来赐给所有人的恩惠。如果我们要求诸神这样做——既不符合万物的本性，也无利可图——我们本身却不这样做，任何人自然会觉得奇怪。

[290c—d]哪个人由于帮助邻人而变穷？实际上，我本人常常慷慨地帮助他人，但凭靠诸神的帮助，我多次恢复我的赠品。尽管我是一个穷人，我也从未对慷慨助人感到后悔。至于现在，我没什么可说，因为把个人的开支和皇帝的开支进行比较是完全不合理的。但当我还是一个普通人时，我多次碰到这种事。例如，我外祖母的财产留给了我，尽管别人以暴力将它据为己有，但我从小时候起，就帮助那些需要帮助的人，将钱分给他们一份。

[291a]我们当然应该把我们的钱财分给所有人，但更应该慷慨地分给好人、无助者和穷人，以满足他们的需要。尽管这样说有点自相矛盾，但我认为，即使与那些卑劣之徒分享我们的衣服和食

---

① 品达：《奥林匹亚颂歌》，7.49；这话是智术师的老生常谈。对照阿里斯泰德，《演说辞一》，807；利巴尼乌斯：《演说辞三十一》，6。

物，也是一种虔敬。因为我们是出于那些卑劣之徒也是人才如此赠予，而非出于他们的品格。因此，我认为甚至关在监狱中的罪犯也有权得到同样的对待，因为仁德不会妨碍正义。许多人被关在监狱等待审判，一些将被判有罪，一些将被证明无辜。若我们出于对无罪者的尊重，不给有罪者一些同情，或者由于有罪者，我们无情、不人道地对待无罪者，这的确残酷。

[291b]在我看来，这是完全错误的，即我们一方面称宙斯为“外乡人的救主”，[①]另一方面接待起外乡人来，比对斯基泰人还冷淡。若是这样，哪个人会为宙斯这位外乡人的救主献祭，进入他的神庙祈祷？当他忘了“一切外乡人和求援者皆是宙斯遣来，礼物虽小见心意”这句话，[②]他凭何种良知这样做？

[291c]再者，敬拜友谊之神宙斯的人，若他看到邻人缺钱，却不赠予邻人一个铜板，他怎么能认为他在敬拜宙斯？我看到这一事实时，非常惊讶。因为我知道，诸神的这些头衔从世界之初就是他们的形象，我们却在生活中忽视这类事情。

[291d]我们称呼诸神为“仁善之神”，称宙斯为“善神”，我们对待同胞却仿佛他们是陌生人，我之所以说“同胞”，是因为每个人，不管他是不是，实际上都彼此相似。不管这是否属实，如有人说过，我们所有人都是同一个男人和女人的后代。或者这种“同胞性”是以其他方式产生的，诸神创造了我们所有人，世界最初形成时，不是只有一个男人和女人，而是很多男人和女人。

[292a—b]因为有能力创造一对男女的诸神，也有能力创造很多男女，创造一对男女的方式与创造很多男女的方式一样。此外，我们必须注意到人类在习惯和法律方面的差异，更要注意那更崇高、更宝贵、更有权威的东西，我指的是早期神学家们传给我们

① 荷马：《奥德赛》，6.207。
② 引文不知出处。

的诸神的神圣传统，即宙斯创造万有之时，神圣的血滴从他身上滴下来，从这些血滴中诞生了人类。因此，我们都是同族人，不管是男人还是女人，我们要么都是来自起初的一对男女，或如诸神告诉我们的，我们应该相信我们都是诸神的后代。

[292c—d]事实证明，创世之初，很多男人同时被创造出来。我本应一直坚持这样认为，尤其是眼下我完全可以说，如果所有男女是同一对男女的后代，我们人类的法律就不可能显出如此大的差异。无论如何，大地上的人不可能是一个男人的后代，即使那时的女人曾像猪一样，一次给丈夫生很多孩子也不可能。创世之初，诸神一起创造出很多男人，如同创造一个人那样。之后，人的出世就由掌管生育的神负责。诸神让人出世，然后从永恒的创造主(Demiurge)那里接受灵魂。

[293a]也有必要记住，过去有很多论文阐明，人天生是一种政治动物。确认这一点后，难道我们还要和邻居疏远吗？因此，应让每个人的行为基于道德美德，做到下述要求：敬重诸神、仁善他人、自身贞洁。他的生活要虔敬，我指的是要努力对神虔诚，以得体的举止礼敬神庙和诸神的雕像，敬拜诸神时仿佛诸神就在眼前。因为雕像和祭坛、永不熄灭的圣火由我们的祖辈所建，一般而言，我们的祖辈建立了象征诸神的一切。祖辈们这样做，不是认为雕像、祭坛、圣火就是诸神，而是认为我们应通过雕像、圣火、祭坛来敬拜诸神。

[293b—c]既然我们的存在位于身体中，我们也必须从身体角度为神服务，尽管诸神没有身体。因此，祖辈们最初向我们揭示了仅次于第一原则的诸神的形象，甚至包括那些围绕整个天穹旋转的诸神的形象。但是，对那些围绕整个天穹旋转的诸神，不能从身体角度敬拜，因为他们天生不缺乏任何东西。另一类诸神的雕像被创造出来，通过向这些雕像敬拜，我们让诸神对我们有益。

[293d]就像那些向皇帝雕像献供品的人，尽管皇帝什么都不缺，皇帝也会对敬献供品的人产生善意。那些向诸神献祭品的人

也是如此,尽管诸神不需要任何东西,这样做仍能让诸神帮助和关心他们。因为在自己能力范围内全力以赴的热情是虔诚的证明。显然,充满这种热情的人会表现出更高程度的虔诚。而那些忽略可能之事、佯装瞄准不可能之事的人,显然不是在追求不可能之事,因为他忽略了可能之事。

[294a—b]即使神什么都不需要,也不能得出不应该向诸神献祭的结论。他不需要用言语表达的敬重,因此就剥夺人对神的敬重,合理吗?绝不合理!因此,不应该剥夺人对神的敬重,这种荣耀不是在三年或三千年内规定的,而是大地上所有民族中始终存在的。

[294c]因此,当凝视诸神的雕像时,我们不能认为诸神就是石头或木头,也不能认为雕像就是诸神本身;同理,我们也不能说皇帝就是木头、石头和青铜,也不能认为雕像就是皇帝本人。因此,敬爱皇帝的人乐于看到皇帝的雕像,疼爱儿子的人乐于看到儿子的雕像,敬爱父亲的人乐于看到父亲的雕像。

[294d]敬爱诸神的人乐于凝视诸神的雕像,喜欢雕像和诸神本身的近似,如此他会对那些在不可见世界凝视他的诸神感到敬畏和颤栗。因此,若有人认为,由于诸神的雕像是诸神的近似物,不可能被毁掉,因为它们肯定不是出自人类之手,我认为,这种人就是蠢货!

[295a]因为智慧和仁善之人制造的东西,会被无知邪恶之人毁灭。不过,那些由神所造、以反映他们不可见本性的活生生的形象,即天穹中旋转的球体,则永恒不朽。因此,任何人都不能因为听到和看到有人亵渎诸神的雕像和神庙,就不信诸神。人们难道不是处死过很多好人,如苏格拉底、狄翁和伟大的厄姆潘多提莫斯(Empedotimus)?[①]

---

① 叙拉古人。他宣称自己不朽,被西西里人接受。

［295b］我确信，比起神庙来，诸神更关心这些人。但是，请注意，由于诸神知道这些好人的身体可被毁灭，所以诸神允许这些好人顺从自然和屈服，然后他们再惩罚刽子手。这事发生于众人眼前，我们的时代也常见，即那些亵渎神庙之人遭到了惩罚。

［295c］因此，不可让人的说法迷惑、搅扰我们对神意的信念。那些亵渎诸神者对我们的指责，我指的是犹太先知，他们如何对待三次被毁、迄今未重建的圣殿呢？我提到这一点不是要指责他们，因为我打算重建犹太人的神殿，以荣耀他们的那位神。

［295d］眼下，我运用这个事例，是希望证明，没有什么人造的东西能永不被毁灭，那些犹太先知说的话毫无意义，这要归因于他们与愚蠢的老妇闲聊。在我看来，没有理由说犹太人的那位神不是全能的神，即使他碰巧没有智慧的先知和阐释者。

［296a—b］犹太先知缺乏智慧的真正原因是，他们没有凭借学问研究，将灵魂献身于净化，也没有运用这种研究打开他们紧闭的双眼，拂去蒙在上面的灰尘。犹太先知仿佛是透过浓雾观看光，所以很不清晰，以致他们认为他们看到的不是纯粹的光，而是一团火，从而就没有辨识出环绕着光的一切。他们哭喊道："颤抖、恐惧、火、火焰、死亡、匕首、剑！"他们如此描述那团火的可怕力量。但是，在这个问题上，最好单独阐明这些讲述诸神神话的教师，与我们自己的诗人比起来有多差劲！

［296c—d］我们的责任不仅在于敬重诸神的雕像，还要敬重他们的神庙、圣域、祭坛。同样，应当敬重作为诸神的官员和仆人的祭司，因为他们在与神有关的事情上为我们服务，为神赐给我们的好东西提供力量，代表所有人向神献祭和祈祷。因此，我们应该敬重他们，如果不是超过对帝国治理者的敬重的话！若有人认为，我们应该同等敬重祭司和帝国治理者，因为后者作为法律的护卫者，也算为诸神服务的人员，然而我们应该给予祭司更大的敬重。

例如,阿凯亚人规劝他们的王阿伽门农敬重那位祭司,尽管他是敌人,[1]而我们却不敬重作为我们朋友的祭司,正是他们代表我们向神祈祷和献祭。

[297a]由于我的论述回到我一直希望的起点,所以我认为,接下来依照顺序描述祭司应该成为什么类型的人是值得的,意在祭司能得到恰当的尊重,诸神借此能得到敬重。我们不会查问他的行为如何,只要他是祭司,我们就应当尊重、爱护他。但是,若他经证明是个恶棍,我们就剥夺他的祭司职务,因为他配不上这一职务。但是,只要他代表我们向诸神献祭、供奉祭品,我们就将他视作诸神最受敬重的仆人那样去敬重他。

[297b]我们认为,只敬重那些建造祭坛的石头,仅仅因为它们是献给神的,仅仅因为它们被塑造成神的形象,却不敬重献身于诸神的人,这实在荒谬。可能有人会反对:"但是,要是祭司常常出错,没有向诸神敬献神圣的仪式吗,怎么办?"我会这样回答:我们应给这类祭司定罪,免得他们的恶行得罪诸神。

[297c]但是,在他们被定罪之前,我们不能羞辱他。因为当我们处理这类祭司时,不仅剥夺违规者的荣誉,而且将那些值得敬重的祭司的荣誉一并剥夺,这很不合理。因此,要让每个祭司,就如同每位行政官员那样,受到敬重。阿波罗有一则神谕说:

> [298d]至于那些心怀恶念,作恶攻击永生之神,用不敬畏神的计谋,图谋破坏他们的特权的祭司,绝不要让他们活到老。因为他们得罪了神圣的诸神,而诸神的荣誉和神役由祭司掌握。[2]

---

① [译注]荷马:《伊利亚特》,1. 23。这里指阿凯亚人要求阿伽门农敬重阿波罗的祭司克律塞斯。

② 出处不明。

［298a］阿波罗在另一则神谕中说："让我所有的仆人远离悲惨的不幸！"阿波罗代表祭司们说，他会惩罚冒犯祭司者。虽然阿波罗有许多类似说法，我们可以通过那些说法学会尊敬和珍重祭司，我将在其他地方更详细地谈论这个主题。眼下，指出我没有随便捏造就够了，因为我认为阿波罗的宣称和禁令已经很充分。

［298b］因此，凡是有人认为我作为这类事务的教师值得被相信，就应该得体地敬重阿波罗、遵从他的命令，进而敬重诸神的祭司。接下来，我要描述一个祭司应成为什么样的人，我这样做并不是只考虑到你的益处。要不是我从源自高级祭司和最强大的神的证据知道，你的祭司之职履行得很好——至少一切事务都在你的管理之下——我本不会将如此重要的事交给你。

［298c］我这么做是希望你能够从我讲述的东西中汲取资源，更有说服力和完全自由地教导其他祭司，不仅是城市中的祭司，还包括乡村地区的祭司。虽然这些戒律不是你本人制定和发布的，但你有我的支持，我奉诸神之恩被奉为至高无上的教宗，尽管我确实不配担任这样崇高的职务，尽管我一直不断向诸神祈祷我能配得上。你一定知道，诸神对我们死后寄予厚望，我们必须绝对相信他们。

［299a—b］因为他们永远正确，不仅关乎来生，也关乎今生之事。由于他们的巨大权柄，他们不仅能克服存在于今生的混乱，而且能校准今生的无序和反常。在一切冲突已被抹平的另一种生活中，在不朽灵魂从肉体中分离出来、死气沉沉的肉体回归大地之后，诸神岂不是更能把他们曾对人抱有希望的一切东西赋予人吗？所以，既然我们知道诸神允诺给予他们的祭司巨大的报偿，我们就让祭司在一切事情上负责，使人敬重神，让他们的生活成为民众的榜样。

［299c］我们应该向民众宣扬的第一件事就是敬重诸神。我们

对神的服务应做到仿佛他们与我们同在,仿佛他们在注视着我们,才堪称恰当。虽然我们看不见他们,却会吸引他们的目光,这种注视的目光要比任何光更强大,甚至能穿透我们隐藏的想法。这并不是我编造的说法,而是诸神的。这种说法在很多神谕中都有表达,我认为仅仅拿出一条就足矣说明诸神的这种能力,即诸神如何注视万有、如何偏爱敬神的人:

> [299d]福波斯的光线远达四海八方。他敏捷的目光能穿透岩石,穿过深蓝色的大海,他知道无数的星辰按照必然法则,在永不疲倦的天穹旋转。他不是不知道地狱的所有死者,塔尔塔罗斯在位处西方的黑暗地下、哈得斯迷雾般的居所接纳了那些死者。我喜悦敬畏诸神之人,就像喜悦奥林匹斯山一样。①

[300a—b]就人的灵魂而言,在更高的程度上与神相似,与神相联系。因此,神的凝视能更轻易、更有效地穿透人的灵魂。至于神对人的爱,请注意当神说他喜悦敬畏神之人,就像喜悦奥林匹斯山上的纯洁和明亮。如果我们带着虔诚的敬畏接近神,他怎能不带领我们的灵魂脱离黑暗和地狱?事实上,神知道关在塔尔塔罗斯的那些人——没有哪个区域能脱离诸神的掌控——对敬畏诸神之人,神则允诺奥林匹斯而非塔尔塔罗斯。

[300c]因此,我们应该用一切方式表达虔敬,以敬畏接近诸神,既不说也不听任何卑贱之语。祭司不仅要洁净自己的行为,不做不洁或可耻之事,也要洁净自己的言辞,不说不听不洁之语。因此,我们必须禁绝一切冒犯性的玩笑、一切淫乱的交往。你兴许知道我的所指,即不要让任何祭司阅读阿尔基洛科斯(Archilochus)、

---

① 出处不明。

希波纳克斯(Hipponax)[1]或任何写有他们之类诗作之人的书。

[300d]不要让任何祭司阅读旧喜剧，只有哲学著述适合我们的祭司，哲人的著述中要选择那些将诸神视作精神向导之人的著作，如毕达哥拉斯、柏拉图、亚里士多德等人的著作，还有克律希波斯和芝诺学派的著作。

[301a]祭司不应该阅读上述哲人的全部教诲，而是只应阅读那些包含让人敬畏诸神、传授诸神的知识的教诲。关于诸神的知识，首先是诸神存在；其次是诸神关心这个世界；第三是诸神不会出于嫉妒或敌意伤害人类。我指的是，首先，我们中声名狼藉的那类诗人编造的故事；其次，犹太先知费尽力气编造受到那些依附加利利人的可怜虫敬重的故事。

[301b—c]但是，对我们来说，读一些曾经发生的事迹的叙述是恰当的，不过我们必须避免编造的叙述，如过去流传的那些虚构叙述，比如主题是爱欲的那类故事。正如并非每条道路都适合神圣的祭司，他们所走的道路应是公正分配给他们的道路，所以并非所有著述都适合祭司读。因为言辞会培育灵魂中的特定性情，然后一点一点唤起种种欲望，最后突然点燃可怕的欲火。在我看来，祭司应该预先武装自己以抵抗这种东西。

[301d]我们的祭司也不能读伊壁鸠鲁或皮浪的书，实际上诸神已经毁灭他们的著作，以致他们的绝大多数著作都已泯灭。不过，我不得不提到它们，以表明祭司们必须避免阅读何种著述。如果他们的著作还存世，祭司们更应该避免阅读。在我看来，错误的言辞与错误的思想不同，我们应尤其关心精神，因为言辞之罪与精神之罪相伴而生。我们应用心学习荣耀诸神的诗文，那些诗文很多，写得也很美，由古人和今人创作而成。

---

① [译注]希波纳克斯(Hipponax，前540—前487)，以弗所的抑扬格诗人。他创作有讽刺、粗俗甚至辱骂性的诗歌，是滑稽诗歌的始祖。

[302a]我们的祭司也应该熟悉那些在神庙中吟唱的歌曲。因为这类歌曲绝大多数都是诸神赐予我们的,以回应祈祷者。只有少数一些是在神圣灵感和不会接触恶的灵魂的帮助下,由人创作出来荣耀诸神。

[302b]至少,我们应研究这样做,应经常向神祈祷,私下和公开场合都应该。如果条件允许一天祈祷三次,如果条件不允许,应早上和晚上各祈祷一次。因为祭司白天和夜晚不向诸神献祭是不合宜的,早晨是一天的开始,黄昏是一天的结束。因此,在这两个时间点向诸神献祭是恰当的,即使我们没有被规定履行这一服务。维持祖辈规定的神庙礼仪是我们的职责,我们应恰切地举行这些礼仪,因为诸神是不朽者,我们应该模仿他们的本性,从而让他们于我们有利。

[302c]如果我们的灵魂洁净,我们的身体在任何方面没有妨碍我们,最好给祭司规定一种生活方式。但是,我们只规定了祭司的职责,没有涉及祭司的整个生活。我们是否应向接受祭司职务的人妥协,即对他没有在神庙服务时的生活不做规定?

[302d]我认为,一个祭司应该远离一切污染,不管是夜间还是白天,每天开始都应该遵照圣律规定的洁净仪式洁净自己,然后进入神庙,依照法律的要求待在神庙内。罗马规定的时间是三十天,不同地方天数不同。我认为,在这期间完全待在圣域,献身于哲学,这样他就不会去某个人家里、市场,或看到某个长官,除非是在圣域内。

[303a]他应全身心服务诸神,忽视一切个人杂务。当他结束这一斋戒期,退出神庙,让给其他祭司,这样做才算恰当。当他转而过日常生活,可以拜访友人,若受邀,也可参加宴席,但不应该接受所有人的邀请,而是只接受最高贵人物的邀请。这期间,他可以偶尔到市场去,同他部族的总督或长官聊聊天,尽他所能帮助那些有充分理由需要帮助的人。

[303b]我认为,当祭司进入神庙履行神职时,应穿最华丽的服装。但是当他们位于圣域之外时,应穿普通衣服,不应有丝毫奢靡。因为,我们以空洞的卖弄和徒劳的虚饰滥用赐予我们以荣耀诸神的东西,很不合理。由于这个原因,祭司去市场时不应穿华丽之衣,不应有炫耀之举,一言蔽之,不应有任何自负狂妄之举。请想一想,由于诸神敬重阿姆斐拉洛斯(Amphiaraus)完美的节制,[①]诸神判决那支著名的大军毁灭后——尽管阿姆斐拉洛斯清楚,一旦大军远征,毁灭就是其命运,他也没有逃避自己的命运——诸神如何改变他的命运,将他带到神界。

[303d]所有攻忒拜的人,未击败敌人时就在盾牌上刻了庆祝卡德摩斯人失败的图案,但是只有阿姆斐拉洛斯的盾牌上没有刻。他的温和与节制,敌人也有目共睹。因此,我认为我们的祭司应在服装上展现节制,为的是赢得诸神的善意。

[304a]因为我们在公开场合穿神圣的服饰,将它公开展示,一言蔽之,让所有人有机会盯着看,仿佛它是什么了不起的东西,这绝不是对诸神的轻微冒犯。不管何时发生这事,很多不洁之人都会涌到我们跟前,这样诸神的象征就遭到玷污。此外,当我们不是在履行祭司职责时穿着祭司的服装,则是无法无天之举,是对诸神的傲慢!关于这点,我在其他地方还会更细致地讨论,眼下我写给你的只是这个主题的一个梗概。

[304b—c]任何祭司都不得进入放荡的剧场,也不得让这类演员进入家中,因为这完全不合宜。事实上,如果能取消当今的这类表演,恢复往昔酒神狄奥尼索斯那类纯洁的表演,我会尽全力做到这件事。但是,我认为不可能做到,即便能证明这件事能做到,也绝非权宜之计,我完全克制了这种野心。相反,我要求所有祭司远离放荡的剧院,将它们留给民众。因此,祭司不得进入剧院,不

① 对照,埃斯库罗斯:《七将攻忒拜》;欧里庇得斯:《腓尼基妇女》,行1118。

得与演员、战车驾驶者交往，不得让舞者或哑剧演员接近他的门口。

[304d]至于那类神圣的竞赛，我允许任何参加者只进入禁止妇女参加、甚至禁止妇女观看的竞赛。至于城市剧场中上演的狩猎表演，难道还需要我说，不仅祭司而且祭司的子女都必须远离它们?

[305a]现在，我们不妨提前谈论祭司必须从哪一类人中、用什么方法任命这一问题。我的论述以这个主题结束十分恰当。我认为，每个城市中最正直之士，即显明最敬爱诸神、最爱同胞的人，应被任命为祭司，不管他们是穷人还是富人。在这个问题上，不必考虑他们是默默无闻之辈还是闻名遐迩之辈。因为，那些仁德没有引起注意的人，不应由于他们不出名而被拒于祭司之外。

[305b]即便他是一个穷人，一个平民，只要他拥有下述两项品质，即爱诸神和爱同胞，就任命他为祭司。他爱诸神的证据是他能引导民众敬畏诸神，他爱同胞的证据是他愉快地与那些匮乏之人分享他的财物，无论他的财产多么少，他愿意尽他所能对民众行善。

[305c—d]我们必须特别注意这个问题，用这种方法来解决问题。因为，一旦穷人被祭司忽视，我认为渎神的加利利人就会注意到他们，用慈善来拐走他们。加利利人通过这种做法赢得声誉，最坏的行为竟取得优势。正如那些以一块糕点引诱儿童的人，几次给予糕点就能引诱儿童跟着他们走，然后在他们远离友伴的情况下将他们带上船，卖为奴隶——当时看起来的小恩惠，结果却是一生的悲惨不幸——我认为，加利利人通过同样的做法，凭借殷勤好客、提供食物，关于这种做法他们有多种方式和各种名目，结果是他们将很多人转变为无神论者……

致雅典元老院和人民

361年7月,尤利安决定先发制人,率大军向君士坦丁堡挺进,当年11月抵达西米乌姆(Sirmium)。尤利安在那里停驻期间,分别致信罗马、斯巴达、科林多和雅典四城,为他接受奥古斯都之号、与君士坦提乌斯二世公开决裂辩护。唯独最后一份致雅典的信幸存下来。雅典人都知道尤利安,因为在被提升为凯撒前,他曾在雅典学习。

这篇公开信某种程度上是尤利安的自传,对于研究尤利安的内心非常重要,尤其是他对两次关键抉择的叙述:355年11月被任命为凯撒和360年2月接受军队拥戴称帝。尤利安在这封信中,还第一次谈到君士坦提乌斯二世对他父亲的谋杀和他被软禁的岁月。他明确说,凭靠学习哲学,父亲被杀和软禁岁月没有对他的品性造成伤害。尤利安对他在巴黎称帝的叙述,可辅之以阿米安努斯(《罗马史》,卷20)和利巴尼乌斯(《尤利安葬礼上的演说》)的说法。

[268a]你们的祖先曾取得许多成就,你们理应为他们感到自豪,即便他们是古时候的人物。他们竖起很多胜利纪念碑,那些胜利有的属于整个希腊,有的专属雅典。在那些岁月,雅典独自与其他希腊人以及野蛮人作战,没有哪个城邦在成就和惊人的勇气方面能与雅典匹敌。他们也与你们结盟完成一些此类事迹,有的则

是他们自己完成。

[268b]我不会去回顾和评价那些成就,以免被认为要么在与你们为敌的事情上对某个城邦赞扬过多,要么赞扬过少。为了获得优势,我要以修辞家的方式,仅代表你们提出一个其他希腊城邦无法匹敌、也是古老传统赋予你们的事实。

[268c]当拉栖代梦人强大时,你们不是靠暴力而是靠正义的名声夺取他们的权力,正是你们的法律孕育出正义者阿里斯泰德(Aristides)。尽管这些是你们美德的卓越证据,你们还是用更出色的行动证实它们。

[269a]因为,所谓公正之名,即使名不副实,也可能有公正之士出现。在一文不值的诸多公民中间,也许会有一个品德高尚之人,这不足为奇。例如,即便是在米底亚人中不是也会诞生著名的迪奥塞斯(Deioces),在极北人中不是也会有阿巴里斯(Abaris),在斯基泰人中不是也会有阿纳卡西斯(Anacharsis)吗?[1] 最令人惊讶的是,这三人尽管生在不知正义的民族中间,前两位却真诚地赞美正义,第三位则出于自利假装赞美正义。

[269b—c]但是,除了你们外,很难发现某个城邦的全体人民都迷恋正义之事和正义之言。我想提醒你们的城邦诸多此类事迹中的一件。希波战争后,忒米斯托克勒斯(Themistocles)打算提出一个动议秘密烧毁希腊人的海军工厂,[2]却不敢将这一动议提交公民大会。但是,他同意将这个秘密告诉人民投票选出的任何人,最后雅典人选出阿里斯泰德代表他们。但是,他听说这一计划后,没有抖露他听到的内容,而是向雅典人报告,没有哪个计划比这个计

① 迪奥塞斯,米底亚王国第一任国王,前709—前656年在位;阿巴里斯是阿波罗的一位祭司,其事迹和生卒年不详;阿纳卡西斯,斯基泰的一位王子,公元前6世纪末访问过雅典,对照西塞罗:《图斯库路姆论辩集》,5.32;路吉阿诺斯:《阿纳卡西斯》(*Anacharsis*)。

② 参普鲁塔克:《对比列传·忒米斯托克勒斯传》。

划更有益或更诡诈。于是，雅典立即投票反对，放弃了这个计划。凭宙斯起誓，那样做非常高贵，正是最智慧的女神养育的男人该有的样子。

[269d]既然这就是你们过去的行为，且从那时到现在，你们祖先的美德不绝如缕，那么很自然，你们不应关注任何表演的规模，也不应关注一个人是否能以惊人的速度和不知疲倦的精力在大地上旅行，就像在空中飞行一般。

[270a—b]相反，你们应考虑某人是否通过正当手段完成壮举，如果他看起来是依正义行事，你们就在公共和私人两个方面称赞他；如果他轻视正义，他自然会遭到你们鄙视。因为没有什么比正义更接近智慧。你们将公正地驱逐那些轻视它的人，因为他们对住在你们中间的那位女神[雅典娜]不敬。正是由于这个原因，我希望向你们报告我的行为。尽管事实上你们知道它，目的在于如果有什么事情你们不知道——很可能有某些事情你们不知道，而这些事情非常重要，需要所有人获悉——可以让你们知道，并通过你们让其余希腊人也知晓。因此，如果我解释发生在所有人眼前的事，不仅是很久以前的，而且是最近发生的事，不要以为我是在胡说八道。我希望人人都知晓与我有关的事情。当然，每个人不可能知道所有情况。我先叙述我的祖先。

[270c]众所周知，我的父系，与君士坦提乌斯的父系属同一血统。我们的父亲是兄弟，他们有着同一个父亲。我们是近亲，但这位最仁慈的皇帝是怎么对待我们的！我们的六位堂兄弟，我的父亲，即君士坦提乌斯的叔叔，还有另外一个叔叔，以及我最年长的哥哥，都不经审判被他处死。

[270d]君士坦提乌斯原本也打算处死我和我的兄长[伽卢斯]，但最后将我们流放。流放期间，他给予了我自由，但在谋杀我的兄长伽卢斯之前，剥夺了他的凯撒头衔。但是，我为什么要像某

些悲剧那样，叙述这些“无法形容的恐怖”？[1]

[271a]我听说，他已悔过自新，被悔恨折磨。他认为他之所以无子女，是由于那些罪行，他在波斯战争上的失利也是那些罪行所致。这至少是当时宫廷里那些谈论我兄长已故的伽卢斯（Gallus of blessed memory）的人传出的流言蜚语，[2]我的兄长直到现在才首次得到这个敬称。因为依照法律在处死他之后，既不允许他与祖先共葬，也不给予他虔诚的纪念。

[271b]如我说过的，他们告诉我们，试图让我们相信君士坦提乌斯之所以屠杀近亲，部分是因为他被骗了，部分是因为他屈服于一支没有纪律和擅于反叛的军队的暴力和骚乱。当我和伽卢斯被囚禁在卡帕多西亚的一个庄园时，[3]他们一直用这话安慰我们。他们把伽卢斯从流放地特拉勒斯（Tralles）召回，把我从学校里拖出来[送往卡帕多西亚]，[4]不允许任何人靠近我们，当时我还是孩子。

[271c]我该如何描述我们在那里待的六年？我们好像住在外族人的土地上，仿佛待在某个波斯人的要塞中被监视，因为没有任何陌生人来看我们。我们的老朋友也不准拜访我们，我们也被禁止自由的学习和自由的交谈。我们在大汗淋漓的劳役中，与我们的奴隶共同劳作，仿佛他们是我们的友伴。因为没有一个和我们同龄的伙伴接近过我们，也不允许这样做。

[271d]在诸神的帮助下，我才从那个地方勉强获得自由，获得更幸福的命运。但是，我的兄长被囚禁于宫廷，他的命运比任何

---

① 欧里庇得斯：《奥瑞斯特斯》，行 14。

② [译注]这里的原文是τὸν μακαρίτην ἀδελφὸν ἐμὸν Γάλλον，μακαρίτην的意思是有福的死者，用于指称已故的君王。伽卢斯生前是帝国副帝，享有帝王之尊，尤利安想表达的意思是，先帝伽卢斯。

③ 马塞卢姆城堡（The castle of Macellum）。

④ [译注]君士坦提乌斯二世 337 年杀掉家族中的成年男性后，先将尤利安和伽卢斯单独软禁，尤利安被软禁于尼科米底亚，伽卢斯被软禁于特拉勒斯。345 年，君士坦提乌斯二世又将兄弟俩一起软禁于卡帕多西亚的马塞卢姆城堡。

人都不幸。事实上，无论他的性情显露出什么样的残酷或狠厉，都因为他在群山中被抚养大而增强。因此，我认为皇帝应该为此承担责任，他违背我们的意愿，让我们那样长大。

[272a]至于我，诸神通过哲学使我不受其影响，不受其伤害，而没有哪位神赐予我的兄长这种恩惠。当他从囚禁之地被直接召到宫廷，君士坦提乌斯给他披上紫袍那一刻，他就开始遭到这位皇帝的嫉妒。皇帝始终没有消除这种激情，不满足于剥夺伽卢斯的紫袍，而是摧毁他。无疑，伽卢斯不该被处死，即便他看起来不适合统治。

[272b]但是，兴许有人会说处死伽卢斯非常必要。我承认这一点，但前提是他首先要被允许像罪犯那样为自己辩护。法律禁止处死被监禁之人，但认为不经审判就处死那些荣誉被剥夺、已经变成普通人的人，是正当的。我的兄长不属于这种情况。如果我的兄长能揭发那些要为他的错误负责的人呢？

[272c]因为有人把某些人的信交给他，信上写着他们如何指控他。他愤恨这些人，以最不高贵的方式屈从不可抑制的暴怒，但他没有做任何值得剥夺他生命的事。一个人面对那些主动伤害自己的人有权自卫，这难道不是所有希腊人和野蛮人的普遍法则？我承认，他的自卫方式可能太过残忍，但总的来说没有比预想的残忍。

[272d]因为我们都知道一个古老的说法，仇敌在发怒时可能会伤及无辜。[①] 君士坦提乌斯为了讨好他的大总管兼厨子，那人是一个太监，[②]把他交给他最痛恨的敌人——他的堂弟、他妹妹的丈夫、他的外甥女的父亲，他的妻子又是这个堂弟的姐姐。[③] 总之，他对这个堂弟负有许多与家庭守护神有关的义务。

① 对照德摩斯梯尼：《驳美狄亚斯》(*Against Meidias*)，41。

② 欧西比乌斯(Eusebius)；对照阿米安努斯：《罗马史》，14.11；22.3。

③ 伽卢斯的姐姐是君士坦提乌斯二世的第一任妻子。

[273a]至于我,君士坦提乌斯把我从一地拖到另一地,看守我整整七个月,才勉强放我走。因此,要不是某个神希望我逃脱,让美丽善良的欧西比娅(Eusebia)仁善待我,我不可能从他手里逃脱。我请求诸神作证,我对伽卢斯的行动一无所知,他甚至没有在我的梦中出现过。因为我不跟他在一起,我也没有拜访过他。我过去很少给他写信,要写也是一些无关紧要之事。

[273b]我从他手中获得自由后,来到我母系一边的家里。因为我父亲的地产不属于我,我没有获得我父亲巨额财富的一亩土地、一名奴隶、一所房子。因为令人钦佩的君士坦提乌斯全部侵吞了我父亲的财产,如我正在叙述的,他没有分一丁点给我。此外,尽管他分给伽卢斯一些我父亲的财产,但剥夺了伽卢斯母系一边的全部财产。[①]

[273c]在赋予我副帝头衔前,他对我的全部所为——尽管事实上他是把最令人难堪和讨厌的奴役强加给我——你们已经听过其中的绝大部分,即便不是全部细节。如我所说,我正在回家的路上,尚未安全返回,就在这时,出人意料地,一个马屁精[②]出现在西尔乌姆(Sirmium,今贝尔格莱德)附近,编造出一个谣言,说那里有人正在计划谋反。

[273d]你们一定听说过阿非利加努斯(Africanus)和玛里努斯(Marinus)的命运,也听说过费利克斯(Felix)和那些人的命运。[③]

---

① 尤利安和伽卢斯是同父异母的兄弟。

② 名叫高登提乌斯(Gaudentius)。

③ 对这一事件的叙述,对照阿米安努斯:《罗马史》,15.3。[译注]355年,伽卢斯被怀疑谋反,君士坦提乌斯二世兴起大狱。下派奥尼亚行省总督阿非利加努斯在西米乌姆举办一次晚宴,醉酒的宾客以为没有密探在场,大肆批判君士坦提乌斯二世的统治。在场密探高登提乌斯密报皇帝,君士坦提乌斯二世派出皇家卫队官员图托莫勒斯(Teutomeres)率部分卫队前去抓捕参加宴会的宾客。玛里努斯也是当晚宾客之一。在被押解前往米兰途中,玛里努斯趁卫兵不注意自杀身亡。费利克斯是谁不详,很可能也是当晚宾客之一。阿米安努斯说,所有宾客被押到米兰,遭到残酷折磨。

君士坦提乌斯获知此事后,另一个马屁精杜纳米乌斯(Dynamius)从高卢传来密报,说西尔瓦努斯(Silvanus)公开表示与君士坦提乌斯为敌。君士坦提乌斯惊恐万状,立即派人来找我,命我到希腊休息一段时间,不久再次将我召到他的宫廷。[1]

[274a—b]除了在卡帕多西亚和意大利分别见过我一次外,他之前从未见过我。在意大利那次,由于有欧西比娅皇后的保护,我对自己的人身安全有信心。那次我在米兰依照君士坦提乌斯的要求住了六个月,他答应会再次召见我。但是,那位可憎的太监、他的心腹内务总管[欧西比乌斯],鬼使神差地证明他是我的恩人。他不允许我去见皇帝,也说服皇帝不让我去。因为,他所恐惧的是,如果我和皇帝有交流,我可能会得到皇帝的喜爱,如果我的忠诚凸显出来,我可能会得到信任。

[274c—d]我从希腊抵达米兰的第一时间,先皇后欧西比娅(Eusebia of blessed memory)就派太监给予我最大的善待。[2] 几天之后,皇帝回来了,因为西尔瓦努斯的问题已经解决,最后我被获准去宫廷觐见,用谚语来说就是,忒萨利人的说服(Thessalian persuasion)适用于我。[3] 因为当我坚决拒绝与宫廷有往来,他们中的一些人,就像在理发店里聚会一样,剪掉我的胡子,给我穿上军服,把我变成一个非常可笑的士兵。因为那些恶棍的服饰不适合我。我走路不像他们那样四处张望,昂首阔步,而是眼睛盯着地面,就像把我带大的老师[马尔多尼乌斯(Mardonius)]教我的那样。当时,我惹得他们嘲笑我,但是不久,他们对我的猜疑和嫉妒就达到顶点。

[275a]但是,我在这里必须说一说,我是怎样顺从、怎样同意

① 在米兰。

② [译注]欧西比娅皇后359年驾崩。

③ 对照尤利安:《君士坦提乌斯皇帝颂》,32a。这句谚语的出处不明。对照西塞罗:《致阿提库斯》(*Letter to Atticus*),9.13。

和那些毁灭我全家、我怀疑后来又想谋害我的人,同住在一个屋檐下。我被召唤前往米兰时,我的泪水横流,悲叹不已,向你们的卫城伸出双手,恳求雅典娜拯救护她的恳求者,请她不要抛弃我,你们许多目击者都可以作证。最重要的是,雅典娜本身就是我的见证者。

[275b]我甚至向雅典娜恳求死亡,而不是前去面见皇帝。雅典娜女神没有背叛她的恳求者,也没有抛弃他。她通过下面这件事证明了这一点:无论在什么地方,她都是我的向导,派人守着我的四周,从赫利俄斯和塞勒涅那给我带来守护天使。

[275c]随后的事情是这样的。我抵达米兰后,住在郊外的一个别墅。欧西比娅皇后好几次派人送来善意的信,要我毫不犹豫地给她写信,告诉她我的愿望。因此,我写下一封信,应该说那是一份包含誓言的请愿书,要旨如下:"愿您有子嗣继承您,愿上帝保佑您,希望您能尽快送我回家。"

[275d]但是,我认为把写给皇后的信直接送到宫里不安全。因此,我夜里询问诸神,我是否应把信送给皇后。他们警告我,如果我把那封信送出,会遭受最可耻的死亡。我呼请所有神见证,我现在所说皆是真话。由于这个原因,我没有把信送出。但是,从那晚以后,我一直与自己争论,也许值得你们听一听。

[276a]我对自己说:"我打算与诸神作对,我认为自己能比那些无所不知的神想出更明智的计划。然而,人的智慧如果只着眼于眼前,即便用尽全力在短时间内成功避免种种错误,也会感到欣慰。这就是为什么没有人操心三十年后发生的事,或过去已经发生的事情——因为前者实属庸人自扰,后者则不可能做到——而只操心那些近在咫尺、已经开始和萌发的事情。但是,诸神的智慧看得很远,或者说能看到一切,因此那种智慧能指引正确的方向,带来最好的东西。因为他们就是现有和将要有的一切事物的原

因。所以，他们拥有关于当下最充分的知识。”

[276b—c]在我看来，基于这个推论，我的第二个决定要好过第一个。然后，我用正义审视这件事，扪心自问：“如果你自己的一头畜生不伺候你，甚至在你叫它时逃走，不管是一匹马，一只羊还是一头牛，你难道不会发怒吗？[①] 若你假装自己不是一个普通人，不是来自大众的一员，而是一个属于更高的、理性阶层的人，你会逃避对神的服务，而不相信自己会被神随意处置吗？你要谨慎，以免落在大愚昧里，从而轻忽你向诸神应尽的本分。”

[276d]“你的勇气在哪里？你的勇气属于哪种勇气？这似乎是件令人遗憾的事。无论如何，你已经准备好由于害怕死亡而卑躬屈膝、阿谀奉承，而你有能力将这一切抛诸脑后，把这事交给神去做吧！把你交给神去看护，正如苏格拉底选择的那样！你可以在尽你所能做这些事的同时，把全部托付给他们；要一无所求，不去索取，只接受诸神赐予你的东西。”

[277a]我认为，这样做不仅安全，而且对一个理性的人也合适，因为诸神的回应已经暗示这一点。在我看来，为了避免将来的阴谋而轻率地落入不体面的、可预见到的危险中，是一种本末倒置。因此，我决定屈服。然后，我立即被授予凯撒头衔和紫袍。[②] 奴役环绕着我，恐惧每天与我形影不离，赫拉勒克斯啊，那恐惧是多么强大，多么可怕！我的门锁着，有卫士把守，密探不断搜查卫士，唯恐某个卫士把友人们最微不足道的信泄露给我，还有陌生的仆人在等着我！

[277b]我费了好大的劲才获准带上我的四名亲随前往高卢，其中两个是男孩，另两个是成年人，只有一个知道我对诸神的态

---

① 对柏拉图：《斐多》，62c 的模仿。对照尤利安：《致祭司》，297a。

② 355 年 11 月 7 日，对照阿米安努斯：《罗马史》，15.8。

度，他尽其所能与我一同秘密祭拜诸神。我委托他照看我的书籍，因为他是我众多忠心的同志友人中，唯一与我在一起的人。他是一名医生，[1]被获准与我一同前往高卢，因为人们不知道他是我的朋友。

[277c]这种情况让我惊慌和焦虑不已，以致尽管我的很多朋友很想来拜访我，我还是不情愿地拒绝了他们。尽管我非常想见到他们，但我不愿给他们和我自己带来灾难。但这与我的叙述无关。下述内容是事件的真实过程。

[277d]君士坦提乌斯在仲冬时节派我去高卢，仅有360名卫兵护送，当时高卢处于极度混乱的状态。我不是作为那里的驻军统帅，而是作为驻扎在那里的将军们的从属被派往高卢。因为信件已经送给他们，君士坦提乌斯给他们的命令是，他们要像监视敌人那样监视我，以防我会谋反。当所有这些按照我描述的方式发生时，在第二年夏至时分(356年6月)，君士坦提乌斯允许我加入军队，随身携带他的服装和肖像。事实上，他既说过也写过，他不是要给高卢人一位君王，而是要我把他的肖像展示给他们。

[278a—b]如你们已经听说的，那一年第一场战役结束时，我们对敌人已经取得巨大优势。我返回冬营，[2]在那里遇到极大的危险。由于我还没被获准集结军队，这一权力被交给了另一个人，所以我的营地只有少数士兵驻扎。然后，由于临近的城镇恳求我帮助他们，我把我可怜的兵力的大部分派往他们那里，而我几乎单独驻扎在营地。这就是当时的状况。

[278c—d]高卢大区的统帅[马塞卢斯(Marcellus)]遭到君士

① 奥瑞巴西乌斯(Oreibasius)，对照尤利安：《书信17》。

② 维埃纳(Vienne)，在今里昂以南。

坦提乌斯的怀疑,[①]被褫夺职务后,而我自己也被认为根本没有能力或天赋统率大军,仅仅因为我表现出来的温和与节制。这是因为我认为,我不应该反抗君士坦提乌斯强加给我的枷锁,不应该干涉将军的指挥,除非在一些非常危险的事情上。我发现有些事情被忽视,或有些事情本来不应该被尝试,却正在尝试。某些人对我有过一两次不尊重之后,我决定以后保持沉默以显示我的自尊,从此满足于炫示皇帝的紫袍和肖像。因为我想,无论如何,我有权利这样做。

[279a]在那之后,君士坦提乌斯认为应有一些改变,不过不包括高卢大区的行政权力。他在来年春季(357 年春)将整个大军的指挥权交给了我。当谷物成熟时,我发动战争,因为许多日耳曼人在他们洗劫的高卢城镇附近定居下来。城墙被拆毁的城镇约有四十五座,这还不包括城堡和小要塞。当时,这些野蛮人控制了莱茵河西岸的一整片土地,一直延伸到大西洋。

[279b]野蛮人的定居点离我们最近之处,距离莱茵河仅有三百斯塔德(stades)远,那一地区的面积是他们劫掠导致的荒芜之地的三倍。因此,高卢人甚至不能在那里放牧牲畜。还有一些被居民遗弃的城市,野蛮人尚未在附近扎营。这就是我接管高卢指挥权时,高卢的状况。我率军夺回莱茵河上的阿格里皮纳城(Agrippina)[②]——十个月前这座城被野蛮人夺去——还有附近的要塞阿

① [译注]君士坦丁统一帝国后,依照四帝共治的经验,将整个帝国划分四个大区:东方、意大利、高卢和伊利里亚。这是帝国的一级行政区。四个大区的行政中心分别在君士坦丁堡、米兰、特里尔和西米乌姆。这四个行政区名叫 prefectures,由大区长官(praetorian prefect)治理。Praetorian prefect 本来是禁卫军统领,君士坦丁大帝解散禁卫军后,保留了这一官职名称,用来指称治理大区的长官。君士坦丁时代的 praetorian prefect 仅具有民事权利,不再享有军事权力。每个大区军事和民政分离,每个大区的军队由一位统帅统领,大区行政长官无权干涉。尤利安此处提到的马尔塞卢斯就是高卢大区的军事统帅。

② 今科隆。

尔根陶拉图姆(Argentoratum),[①]这座要塞位于孚日山脉山脚。在那里,我绝非不光彩地与敌人交战。[②]

[279c]也许那场战役的声誉甚至已经传到你们那里。尽管在那场战役中,诸神把敌人的王[科诺多玛(Chnodomar)]交给我,作为我的战俘,我却不嫉妒君士坦提乌斯在这次大胜中获得的荣耀。虽然我不能因这次大胜举行凯旋式,但我有能力杀死敌人。我本来可以带着敌人的王穿过整个高卢,把他展示给各个城市,尽情享受科诺多玛的不幸。但是,我认为不应这样做,而是将科诺多玛立即送往君士坦提乌斯那里,他当时正在从夸迪人(Quadi)和萨尔马提亚人的地区返回。所以,这就是事情的结果,尽管我打了所有的仗,而他只是到那些地方旅行,与居住在多瑙河边界上的部落友好交往,结果是他而非我享有这次大胜。

[280a]接着在战役的第二年和第三年,所有野蛮人已被赶出高卢,大多数城镇已被收复,一支大舰队已从不列颠抵达。我已聚集有六百艘船的舰队,其中四百艘是我在不到十个月之内建造的,然后我率领它们进入莱茵河,这绝非小成就,因为临近的野蛮人一直在袭击我。在弗洛伦提乌斯(Florentius)看来,[③]这不可能做到,以致他指望付给野蛮人两千磅银作为通过他们地区的回报。君士坦提乌斯获悉这一计划后——因为弗洛伦提乌斯已经告知他——写信给我同意这一计划,除非我认为它绝对可耻。

[280b]但是,这怎么可能不可耻?即使对惯于怀柔野蛮人的君士坦提乌斯来说也是如此!所以,我没有向野蛮人支付金钱。相反,我率军打击他们,因为诸神保护我,并在现场帮助我。我接受部分萨利人(Salian)部落投降,驱逐卡马维人(Chamavi),捕获

① 今斯特拉斯堡。

② [译注]指斯特拉斯堡战役。357年秋,尤利安在斯特拉斯堡以13,000人的兵力大败人数达35,000人的阿拉曼尼大军,取得对日耳曼族的决定性胜利。

③ [译注]时任高卢大区长官(praetorian prefect)。

众多牲畜和妇女儿童。我令他们如此恐惧,以致我一靠近,他们就吓得瑟瑟发抖,结果我接受他们的人质,为大军的粮食供应找到一条安全通道。

[280c—d]要是把所有的事情都一一列出来,把我在四年中完成的所有事情的每个细节写下来,实在太费时间。但总的来说,我仍是凯撒时,三次跨过莱茵河;我带回在莱茵河对岸被野蛮人俘虏的两万人;在两次大战役、一次激战中,我俘虏一万人,这些俘虏不是已经无法劳作的老人,而是正当盛年。我给君士坦提乌斯派去四个优异的步兵军团,三个不那么优异的步兵军团,两支卓越的骑兵队。在诸神的帮助下,我收复所有城镇,将近四十个。我呼请保护城市和我们这个种族的宙斯和其他诸神见证我对君士坦提乌斯的行为和我对他的忠诚,我待他就像我希望我的儿子待我一样。[①]

[281a]我给他的荣誉比过去任何一个凯撒给皇帝的荣誉都多。说实在的,在这一点上,他任何时候都没有指责我的理由。虽然我对他一向都完全坦白,可他仍在编造愤恨我的借口。他说,"你扣押卢比齐努斯(Lupicinus)和另外三个人。"[②]

[281b—c]他们公开反对我之后,就算我处死他们,为了保持和平,君士坦提乌斯也应放弃对他们命运的愤恨。可是,我一点也没有伤害那几个人,我扣押他们,是因为他们生性好争吵,爱搬弄是非。我虽在他们身上花费巨大,却没有抢夺他们的财产。看看君士坦提乌斯是如何规定我该怎样对待这些人的!他为那些他毫

① 对照伊索克拉底:《致德莫尼库斯》(*To Demonicus*),14。

② [译注]马尔塞卢斯被撤职后,塞维鲁斯继任。塞维鲁斯与尤利安配合默契,取得拉特拉斯堡大捷。塞维鲁斯于359年年初被调离,卢比齐努斯接任高卢统帅之职。此人是一名基督徒,非常敌视尤利安。359年,苏格兰人侵入不列颠行省,尤利安派卢比齐努斯率军前往讨伐。360年2月,尤利安在高卢称帝,卢比齐努斯仍在不列颠征战。尤利安将此信息封锁,所以卢比齐努斯毫不知情。360年夏,卢比齐努斯从不列颠返回,遭到尤利安逮捕。

无关系的人发怒，岂不是责备我、讥诮我忠诚地服侍杀害我父亲、兄长、堂兄弟的凶手——这个他的和我的整个家族和同族的刽子手——是愚蠢的？想想看，自从我成为凯撒以来，我对他一直多么尊敬，就像我的信中写的那样。

[281d]我以前对他怎样，你们现在应该清楚了。因为我一开始就明白，只要犯错，虽然大部分工作是别人做的，但只有我一个人蒙受耻辱和危险。所以，我一开始就恳求他，如果他决心宣布我为凯撒，就要派得力能干的人帮助我。一开始他派给我最卑鄙的人。当其中最卑鄙的一个高兴地接受任命，而其他人都不同意时，君士坦提乌斯才勉强派给我一个，他其实非常卓越，即撒路斯特。由于他的德性，他不久就受到君士坦提乌斯的怀疑。[1]

[282a—b]由于我不满意这样的安排，看到君士坦提乌斯对他们的态度发生变化——因为我注意到他非常信任其中的某一个，却对其他人毫不在意——我握着他的右手和膝盖恳求道："这些人我一个人也不认识，以前也不认识。但我通过报告对他们有所了解，您命令我把他们当作我的同志和盟友，像对待旧相识那样尊敬他们。但是，将我的事务托付给他们，或让他们与我一起遭受危险，这不公正。那我祈求什么呢？请给我一份书面规定，告诉我什么是不能做的，什么是您要求我做的。因为您喜欢服从您的，惩罚不服从您的，我深信没有人不服从您。"

[282c]我不必提及彭塔迪乌斯（Pentadius）提出的那些异想天开的想法。[2] 但是我在每件事上反对他，所以他成了我的敌人。

① [译注]撒路斯特在高卢与尤利安成为密友。359年，君士坦提乌斯二世将撒路斯特召回。尤利安非常难过，甚至写了一篇《慰藉》来缓解挚友离去的痛苦。参尤利安：《慰藉》，见《尤利安文选》，前揭。

② [译注]彭塔迪乌斯是尤利安的幕僚长（the Master of the offices）。尤利安作为副帝，享有皇帝待遇，因此也有一套宫廷体系。

然后，君士坦提乌斯为了达到他的目的，为我选派另一个，第二个，第三个人，我指的是保罗（Paul）和高登提乌斯这些臭名昭著的马屁精。他动用他们攻击我，然后采取手段将撒路斯特从我身边调走，因为他是我的朋友，然后任命卢西里安努斯（Lucilianus）做他的继任者。

［282d］不久之后，弗洛伦提乌斯也成了我的敌人，因为他很贪婪，而我一贯反对贪婪。君士坦提乌斯也许已经因嫉妒我的一连串胜利而有点恼火，所以这些人受他指使，试图剥夺我的军队指挥权。他写了许多侮辱我的信，威胁说要毁灭高卢。君士坦提乌斯下令从高卢撤走所有精锐部队，并把这个任务交给卢比齐努斯和辛图拉（Sintula Gintonius），[1]同时写信要求我不得在任何事上反对他们。

［283a—b］我该怎样向你们描述诸神的作为？正如他们会为我作证，我的本心是放弃皇帝的荣耀和地位，保持安宁，不参与任何事务。所以，我等待弗罗伦提乌斯和卢比齐努斯的到来，因为前者在维埃纳，后者在不列颠。同时，市民和军队群情激愤，某个人写了一封匿名信给驻扎在我[2]附近的城镇中的潘图拉特斯（the Pelutantes）和凯尔特（the Celts）两个军团，痛斥君士坦提乌斯，悲叹他对高卢的背叛。

［283c］此外，这封信的作者痛斥君士坦提乌斯施加给我的耻辱。这封信寄来之时，激起那些坚定站在君士坦提乌斯一边的人强烈要求我，在类似信件传播到其他军团前，立即把军队撤出高卢。实际上根本没有某个派别对我友好，只有涅布里迪乌斯

① ［译注］这里指359年底，君士坦提乌斯二世以东方战事吃紧为由，要求尤利安派精锐军团前往东方。卢比齐努斯被尤利安被派往不列颠后，辛图拉名义上是高卢地区的军事统帅。

② 当时尤利安驻扎在巴黎。

(Nebridius)、彭塔迪乌斯和德森提乌斯(Decentius),[1]后者正是君士坦提乌斯派来执行撤军任务的。当我回复,我们应该再等一等卢比西努斯和弗洛伦提乌斯,没有人听从我,相反他们宣布,应反其道行之,除非我想为君士坦提乌斯已经对我的怀疑增加进一步的证据。

[283d]他们争论说:"如果你现在把军队撤离高卢,会被视作你的功劳,但若另外两人抵达,君士坦提乌斯不会把功劳归于你,并且你会受到谴责。"所以,他们劝我或者说强迫我写信给君士坦提乌斯。因为只有有能力拒绝的人才可能被说服,而那些使用武力的人不需要去说服;同理,哪里使用武力,哪里就没有说服。相反,人是必然性的牺牲品。于是,我们开始讨论走哪条路撤离,因为军队有两条路可选。

[284a]我偏爱其中一条,但他们强迫大军立即走另一条,因为他们担心如果选择我偏爱的路线,会导致兵变和引发动乱,并且若是大军兵变,可能会让一切陷入混乱。事实上,他们的这种担心完全没有根据。

[284b]各军团抵达后,我依照惯例出去会见他们,敦促他们继续行军。他们要在巴黎休整一天,直到那时我对他们的谋划仍一无所知。我呼请宙斯、赫利俄斯、阿瑞斯、雅典娜和其他所有神作证,我心里从未有这样的疑虑,直到那天晚上。那天日落时分,消息传到我这里,突然我的行宫被包围。当我仍在考虑我该如何行事,且毫无信心时,士兵们开始大声吼叫。那时我的妻子仍然活着,为了休息,我躲到楼上靠近她卧室的房间。

[284c]然后,通过墙上的一个洞,我开始向宙斯祈祷。当士兵们的喊声越来越响,行宫里一片混乱,我请求宙斯赐我一个征兆。然后,他赐给我一个指示,要求我服从而非反对军队的意志。不

---

① [译注]涅布里迪乌斯是尤利安的财政大臣。

过,甚至在得到宙斯赐予我的指示后,我也没有心甘情愿地服从,而是尽可能长时间地抵制,不愿接受士兵们给我的称号(salutation)[①]或王冠。

[284d]但是,由于我不能单独控制这么多士兵,而意欲此事发生的诸神鼓舞士兵,逐渐软化我的决心。大约三个小时后某个士兵抓住我,把王冠戴在我的头上,然后返回行宫,诸神知道我的心当时在呻吟。宙斯赐予我指示后,我当然有责任相信和信赖宙斯,但是我感到非常羞愧,一想到似乎没有忠实地听从君士坦提乌斯的命令,我就准备钻到地下。

[285a]由于宫里一片恐慌,君士坦提乌斯的支持者认为应该抓住这个机会,立即策划一个阴谋对付我。他们把钱分给士兵们,希望得到二者之一:要么他们引起我和军队的倾轧,要么军队公开攻击我。

[285b]但是当他们中的一个官员——他是指挥我妻子的卫队的人之一——意识到这是秘密策划谋害我,他立即跑来告诉我。当他看到我丝毫没有在意他,他开始变得狂乱,开始在市场上的人面前大喊:"同胞士兵们,陌生人们,市民们,不要遗弃皇帝!"然后,士兵们被一阵狂怒激发,带着武器奔向我的行宫。

[285c]当他们发现我还活着,非常高兴,就像突然见到他们以为再也见不到的老朋友那样高兴,把我团团围住,拥抱我,将我扛在肩上。这是一个值得一看的场景,他们就像被一种神圣的疯狂控制。在将我团团围住后,他们要求我惩罚君士坦提乌斯的朋友们。诸神明鉴,为了拯救那些人,我必须战胜多么强烈的反对。

[285d]更重要的是,这事之后,我如何对待君士坦提乌斯?直至今天,我都没有在写给他的信中用诸神赐予我的新头衔,而是仍署名凯撒。并且我说服士兵们,如果君士坦提乌斯允许我们和

---

① 即奥古斯都的头衔。

平居住在高卢，认可已经发生的事，我们不会要求更多的东西。所有军团和我一起致信君士坦提乌斯祈求我们之间保持和睦。

[286a]但是，君士坦提乌斯非但没有这样做，反而放出野蛮人对付我们，在野蛮人中间宣称我是他的敌人，付钱给野蛮人部落，要求他们攻击高卢。此外，他写信给意大利的部队，吩咐他们提防任何来自高卢的人。在高卢边境的城市里，他下令储备好三百万蒲式耳小麦，这些小麦是在布里甘提亚(Brigantia)磨成，同样数量的小麦也被储藏在科蒂安阿尔卑斯山(Cottian Alps)，意在攻击我。

[286b—c]这不仅是说说而已，而且是行动。事实上，我得到了他写给野蛮人的信，野蛮人将信交给了我。此外，我捕获了他储备好的补给和陶鲁斯的信。即便是在他现在写给我的信中，他也称呼我“凯撒”，宣称他永远不会与我妥协。但他派一个名叫厄庇科泰图斯(Epictetus)的高卢主教向我允诺，他会保证我的人身安全。他的所有信件都在重复他不会取我的性命，却只字不提我的职衔问题。至于他的誓言，我认为，正如谚语所说，它们一文不值，很少能带来信任。

[286d]但我不会放弃我的职衔，部分是考虑到什么是合适的，部分是要确保我的朋友们的安全。我还没有描述他在整个大地上施行的残酷行为。

[287a]这就是说服我接受“奥古斯都”称号的事件，我认为这是正义之举。我首先把它告知无所不知的诸神。然后，就在我要向部队宣布他们将向这个地方进军的那一天，就我的启程东进向诸神献祭，征兆大吉。因为这不仅是为了我的个人安全，更是为了全人类的福利和自由，尤其是高卢人民的福利和自由——君士坦提乌斯已经两次将他们出卖给敌人，甚至连他们祖先的坟墓也不放过，他是如此急于与野蛮人和解——那么，我认为我应该给我的部队增加一些非常强大的部落作为盟友，并获得金钱供应，我完全有权利铸造货币，包括金币和银币。

［287b］如果他现在想与我和解，我将保留目前拥有的东西。但是，如果他决定开战，不放弃之前的要求，我就会应战，去承受诸神的旨意。因为我知道，如果我仅仅因为怯懦或缺乏智慧而显得不如他，那将比仅仅在军队人数上比他的军队人数少更不光彩。如果他现在用庞大的军队击败我，这不会归功于他本人，而是归功于他指挥的军队庞大。

［287c］如果我为了避免这种危险，在高卢徘徊，挣扎度日，而他突然袭击我，从各个方向攻击我，在侧翼和后方用野蛮人攻击我，在前方用他自己的军团攻击我，那么我必将面临毁灭的境地。这样做的耻辱比任何惩罚还要大，至少在智慧之人看来如此。

［287d］雅典的人们，这些看法我已经传达给我的士兵同胞们，现在我将它们告知全体希腊人。愿裁决万事的诸神赐给我他们向我允诺的帮助，愿他们把一切可能的恩惠通过我赐予雅典人！愿雅典永远有尊敬她、爱戴她的皇帝，对她的尊敬和爱戴远远超过其他城市！

附录一

利巴尼乌斯小传

依照4世纪的通行看法，在修辞-演说术方面有所成就者被冠以“智术师”名号。经过第二代智术师运动，“智术师”名号已经不具备柏拉图笔下的贬义。[①] 相反，智术师群体成为古希腊文史经典的解释者和守卫者。基督教取得合法地位后，智术师的文明-政治含义更为明确：智术师是异教的守护者。利巴尼乌斯就是4世纪最著名的智术师。

利巴尼乌斯314年出身于安提阿的富裕家庭，10岁丧父，15岁立志投身修辞术。336年，在家族的支持下，利巴尼乌斯前往雅典求学。他在那里学习四年，但是对彼时雅典的学问氛围颇为失望。341年，他离开雅典，到君士坦丁堡做了一名私人教师。他在君士坦丁堡崭露头角，赢得广泛赞誉。但是，由于智术师对手的反对，利巴尼乌斯没有得到帝国官方钦定的君士坦丁堡的智术教授职位，并被迫离开君士坦丁堡。

344年，利巴尼乌斯被任命为尼科米底亚的智术教授。他在这一职位上取得了显著成功。也是在这里，他认识了年幼的尤利安。349年，利巴尼乌斯对三位共治皇帝发表颂辞，重返君士坦丁堡，并成为官方任命的首都智术教授。此时他已名满天下，但对帝国宫廷的基督教氛围非常不满。353年，利巴尼乌斯返回安提阿

---

① [译注]参安德森：《第二代智术师：罗马帝国的文化现象》，罗卫平译，北京：华夏出版社，2011年。

居住。此后,直到去世,利巴尼乌斯再未离开过家乡。

返回安提阿不久,利巴尼乌斯被任命为安提阿的智术教授。在君士坦提乌斯二世统治的最后几年,他的智术事业达到巅峰。但是,可能由于他与尤利安的关系,利巴尼乌斯很快失去官方支持。同时,利巴尼乌斯遭遇一系列家庭变故和丧亲的痛苦。

绝望之中,尤利安登基继承帝位。由于不赞成基督教极端反异教的态度,利巴尼乌斯以毫不掩饰的热情欢迎尤利安的登基。尤利安赢得利巴尼乌斯的热情支持,是他的文明-宗教复兴事业得到异教智识人支持最明显的证据。在尤利安治下,利巴尼乌斯可以畅想他的文明抱负:让异教文明重新焕发荣光!与尤利安皇帝亲密无间的这一时期,利巴尼乌斯的修辞作品仍保持高水准。实际上,这一时期的修辞作品代表着他一生的成就,它们真实地表达了他对智术师与皇帝之间的关系的理解。换言之,利巴尼乌斯在尤利安皇帝身上看到了希腊理想(Hellenic Ideal)的具体体现。不过,利巴尼乌斯没有利用自己与尤利安的亲密关系,去钻营政治地位。相反,他运用这种亲密关系,向尤利安提出种种温和的建议。

362 年 7 月 18 日,尤利安抵达安提阿,为远征波斯做准备。363 年 6 月 26 日,尤利安驾崩于远征途中。利巴尼乌斯听闻这一消息的第一反应是自杀。基督徒则狂喜不已,不仅如此,尤利安的各种政策被取消,祭司和官员被审讯。对利巴尼乌斯来说,这等同于世界重归黑暗。面对这种情况,利巴尼乌斯认为有义务创作葬礼演说以纪念尤利安。由于悲痛巨大,利巴尼乌斯直到第二年才开始创作《尤利安葬礼上的演说》,于 365 年创作完成。

如果说利巴尼乌斯的《自传》阐明了希腊文明的美德,那么《尤利安葬礼上的演说》则将尤利安呈现为这种美德的典范,即尤利安揭示了个人和国家获得救赎走向完美的道路。

365 年之后,利巴尼乌斯不止一次被指控阴谋反对瓦伦斯

（Valens，364—378年在位）皇帝，但所有这些指控皆属谣言，没有证据。这是因为他对异教的热情、与尤利安的亲密关系让他成为一个眼中钉。在瓦伦斯统治期间，他的性命始终受到威胁。瓦伦斯于378年在阿德里亚堡战役中战死后，利巴尼乌斯再次成为异教复兴的代言人，并首次呼吁恢复尤利安皇帝的纪念活动。

因此，狄奥多西（Theodosius，379—395年在位）继任东部皇帝不久，利巴尼乌斯写下《论为尤利安复仇》敬献给狄奥多西。在利巴尼乌斯看来，瓦伦斯皇帝对古希腊理想的持续压制及其在阿德里亚堡的灾难表明，尤利安的道路是正确的。或者说，正是由于帝国背离尤利安的道路，才会遭遇阿德里亚堡的毁灭性灾难。所以，狄奥多西要想重振帝国，应为尤利安复仇。利巴尼乌斯在这篇演说中明确说，尤利安死于基督徒之手。言外之意是，只有复兴异教，继承尤利安的事业，帝国才能被净化。可以说，利巴尼乌斯的这篇演说，是尤利安派的最后一次政治行动。

对利巴尼乌斯来说，最痛苦的事情终于到来：393年，狄奥多西大帝正式废除异教，立基督教为国教。利巴尼乌斯最后一篇为人所知的演说写于392年，最后的信件写于393年。之后，利巴尼乌斯仿佛彻底消失在历史之中，让人禁不住猜测他可能在393年为异教殉教。毕竟，对他这样的人来说，最大的痛苦莫过于理想的毁灭。

附录二

尤利安葬礼上的演说

利巴尼乌斯

1. 到场的先生们,[①]我和所有人所希望的本应已经实现:萨珊波斯帝国现在已成一片废墟,罗马总督们现在依照我们的法律统御波斯人的领土;我们的庙宇用来自波斯人的战利品装饰,而这场竞赛的胜利者坐在他的王座上,接受为纪念他的功绩而创作的演说。我相信这才是应有的景象,这才是对他所做的众多献祭的恰当报偿。

2. 但是,自从嫉妒战胜我们所有的合理期望,在他如此接近他的目标时,他的遗体却从巴比伦边界被运回来。既然如你们所料,我们的眼泪流干也无法阻止他的离世,那就让我们完成留给我们的,也是他最能接受的一件事,即告诉天下人他的丰功伟绩,但是要面对不同的听众,因为他已无法听到对他的颂扬。

3. 首先,既然他全力以赴确保对他的赞美流芳百世,我们剥夺他应得的报偿则实属不义。此外,在他死后不给予他我们本应在他活着时给予的荣誉也非常可耻。因为,除了奉承生者而遗忘死者堪称荒唐至极外,一个人还可以用许多其他方式来赞颂生者,甚至根本用不到演说。但是,对于死者,我们只有一种方式:用赞颂和叙述把他们的光辉成就传给后代。

4. 不过,尽管我尽全力赞颂,我发现我的言辞仍不足以展现

① 这篇演说的场景是虚构的,实际上并未公开发表过。

他的伟大。当然,我并没有因为我敬爱的皇帝的才干超越爱他的老师的能力而不快。我认为,一个为了拯救整个世界而登上王位的人,应该让赞颂他的言辞无法匹敌他的功绩,这对帝国的所有城市有利。我不能只论述他在帝国西部表现出的崇高品质,今天我该如何将他在西部的功绩和他远征波斯囊括在一篇演说之内?

5. 事实上,我相信,如果他能得到下界诸神的许可,返回尘世帮助我完成这项任务;如果在别人不知道的情况下,他与我分享这一爱的劳作——即使如此,也不会有衡量他功绩的真正标准——我的这篇演说会比现在表达得更好。但即使那样,他的功绩也无法得到应有的赞颂。如果选择这项如此艰难的任务却没有这样的帮助,那我该如何看待我所处的位置?

6. 要不是我以前注意到你们懂得胜利属于行动世界,当你们仍从演说中获得乐趣时,我最好保持沉默。不过,既然在那些场合,你们总是迫不及待地赞美我,一直享受我的演说,我认为我没有正当理由保持沉默。我要为我的皇帝和朋友伸张正义!

7. 有许多皇帝,尽管品质并无缺陷,却缺乏显赫的祖先;尽管在保卫帝国上闻名天下,却羞于提到他们的出身,以致那些发表演说赞美他们的人在宽慰这一恨事时有诸多不便。不过,尤利安皇帝没有这一缺陷。

8. 首先,关于他的出身,他的祖父是一位轻视财富并赢得臣民爱戴的皇帝。他的父亲是皇子和皇弟,尽管比实际的统治者更适合统治,却保持沉默,祝贺兄长继位,并且继续当一个忠诚的、挚爱亲人的家庭成员。

9. 他的父亲与智慧、有德的禁卫长官尤利乌斯·尤利安努斯之女成婚[①]——这位长官甚至受到获胜的敌人敬重,后者建议他的

---

① 尤利安的父亲尤利乌斯·君士坦提乌斯(Julius Constantius),是君士坦丁大帝的异母弟。他的第二任妻子名叫巴西丽娜(Basilina),是李锡尼(Licinius)的部将尤利乌斯·尤利安努斯(Julius Julianus)之女。

部下将这位长官当作统管部下的榜样[①]——于是成为这位杰出君王[尤利安]的父亲,并且给他的儿子取同样的名字来尊敬他的岳父。

10. 君士坦丁患病去世后,整个家庭,包括父亲和儿子们几乎全部被杀。我们的君王和他的兄长逃过此劫。一场大病挽救了伽卢斯,人们认为那场病足以让他丧命;尤利安则由于年幼获救,因为他当时刚刚断奶。[②]

11. 伽卢斯更愿意投身于其他爱好而不是雄辩术,他相信这样他就会受欢迎。而尤利安的守护天使鼓励他热爱学习,因此他在帝国内仅次于罗马的大城市度过他的时光。[③] 作为一名皇孙、皇帝的外甥、皇帝的堂弟,尤利安没有招摇着去上学,没有引起任何麻烦,没有一大群仆人陪同,从而也没有后者制造出的喧闹。一个优秀的太监是他的德性的监护者,另一个是他的读书侍读。他的穿着普通,举止谦和。有人问候他之前,他先问候别人,且从不拒绝穷人。受到邀请时才进入他人的房子,未受到邀请,他会一直等着。他站在其他人通常站的地方,和其他人听的完全一样,会和其他人一起离开,从未要求得到任何额外的关注。如果从外面看尤利安上课的班级,且不认识学生及其父母,绝不会从尤利安的外表看出他有什么高人一等的地方。

12. 不过,他并非在每个方面都和别的同学处于同一水平。在对功课的理解和领会上,对功课的掌握和记忆上,对功课的预先

---

① [译注]李锡尼战败后,尤利安的外祖父归顺君士坦丁大帝,这里指尤利安的外祖父受到君士坦丁大帝的敬重。

② 这场屠杀已经清除了君士坦提乌斯家族的合法后代,时间是君士坦丁 337 年死后几个月内。对照尤利安:《致雅典人民和元老院》,270c。

③ [译注]337 年后,尤利安起先被软禁于尼科米底亚,大概 341 年获准回到都城君士坦丁堡,待的时间很短。342 年,尤利安又被君士坦提乌斯送回尼科米底亚。345 年,又和哥哥伽卢斯一同被软禁于离首都更远的卡帕多西亚的马塞卢姆城堡。利巴尼乌斯这里指的是尤利安在君士坦丁堡上学的那一段时光。

准备上,别的同学与他有相当大的差距。遗憾的是,并不是我培养出这样的天才。一个一无是处的老师把这个孩子当作他辱骂诸神的奖赏,而这个孩子实际上是在这种宗教观念的熏陶下长大的,由于他的老师攻击诸神的祭坛,这个孩子一直忍受着他的老师言辞上的无能。[①]

13. 尤利安已到成年的门槛,诸多明显迹象表明他天性高贵。这让君士坦提乌斯寝食不安,担心他的首都——首都对公众舆论的形成、统御贵族阶层有重大影响——会被这个年轻人的卓越吸引,从而给他自己带来一些不利后果。所以他把尤利安送回尼科米底亚,因为这座城市不会引起那么大的恐慌,并且在那里为尤利安提供教育设施。尤利安没有参加过我的讲座,尽管我当时就住在那里。为了避开充满危险的首都,我选择那座平静祥和的城市定居。不过,尤利安购买过我的演说抄本,所以与我保持着联系。

14. 他从我的演说中找到乐趣,却又回避作者,这是因为他有一位不可思议的老师。那位老师让他立下许多可怕的誓言,发誓绝不做我的学生,永远不会出现在我的学生名单上。

15. 尽管他对那位老师要求他发这样的誓愤愤不平,但他没有违背。由于他对我的演说充满热忱,所以想出一种既可分享我的演说,又无需违背誓言的方法。他花巨额费用,让某个人每天给他送我的演说。他在最高程度上证明了自己的天分,因为尽管与我没有私下联系,他对我的风格的模仿要好过我的任何正规学生。沿着这条偏僻小路,他的劳作硕果累累,远超我的正规学生的才华。这就是为何尤利安后来创作的演说与我的有些类似,以及他被认为是我的学生的原因。

16. 当他专注于修辞术时,他的兄长开始以次于奥古斯都的

---

① 即赫克波利乌斯(Hecebolius),尤利安在成为皇帝后一直与他保持通信。在君士坦提乌斯二世治下,他是一位基督徒。但是,尤利安登基后,他重新皈依异教。

地位分享皇权。君士坦提乌斯当时面临两场战争,一场针对波斯,另一场针对篡位者玛格嫩提乌斯。因此,他需要一个同僚,所以他将伽卢斯派去防卫帝国东部。[①] 尤利安父亲过去的身份是皇帝之弟,现在他也是了。

17. 当伽卢斯率领扈从途经比提尼亚(Bithynia)时,兄弟俩见了一面。伽卢斯地位的提升没有影响尤利安的观念,他也不将他的兄长是皇帝当作他游手好闲的借口。相反,他更加热爱学习,更加努力地追求知识,因为他觉得,如果他继续维持普通身份,他将拥有一种更神圣的属性——智慧,以代替皇亲国戚的威严。如果一旦他被呼召去分享皇权,他将用智慧来装饰他的威严。

18. 因此,他白天利用日光研究学习,夜幕降临后,利用灯光继续学习。他的目的不是增加财产,尽管这很容易做到,而是提升他的智慧。最终,他遇到了那些对柏拉图的教诲很有研究的人,从那些人那里获知神和灵魂以及整个宇宙真正的创造者和救主的知识。他获得关于灵魂的本质、起源和命运的知识,获得灵魂的荣耀和提升的原因的知识,灵魂的毁灭和跌落的原因的知识。他懂得了灵魂的束缚和自由,以及避开束缚而获得自由的方法。他用甜蜜的言辞洗脱一个酸涩的故事,[②]抛弃以前所有的胡言乱语,取而代之的是在灵魂中引入美的真理。就如同他把一些强大的神像带入神庙一样,这些神像在当时已遭到玷污和诽谤。

19. 尽管信仰已经转变,他仍保持着以前的样子,因为表露它们在当时毫无可能。伊索面对这种情况兴许会创作一个寓言,不过内容不是一头驴披着狮皮,而是一头狮子披着驴皮:虽然他确实明白该懂得什么知识,但他拥有怎么做更安全的知识。

20. 他的名声传遍四面八方,缪斯和其他神的信徒们经由陆

---

① 玛格嫩提乌斯的叛乱爆发于350年。351年3月,伽卢斯被提升为凯撒,并与君士坦提娅(Constantia,君士坦提乌斯的姐姐)成婚,被派往安提阿治理帝国东部。

② [译注]可能指耶稣的故事。

上和海上来见他、结识他,亲自和他交谈,听他和他们交谈。他们一旦来了,就很难再离开。对他们来说,尤利安就像塞壬,不过不是因为他的雄辩,而是因为天然的魅力。他天生具有深厚的感情,因此有能力将这种感情灌输给别人,使他们能高尚地结合在一起,所以分开时很困难。

21. 他积聚各种智慧并展示出来,包括诗艺、演说、各派哲学、希腊文和拉丁文,因为他对这两种语言兴趣浓厚。每个有理智之人念叨着这样的祈祷:希望这孩子成为帝国的统治者,希望他能终止文明的毁灭,希望有一个知道如何医治这些疾病的人整顿这个混乱的世界。

22. 我不至于说他不赞成这样的祈祷。我不会这样夸他。我认为,这也是他的渴求,不过不是源于渴望奢侈、权力或皇帝的紫袍,而是渴望凭借他的努力为帝国恢复对诸神的祭拜,尤其是恢复已被禁止的祭拜。

23. 当他看到他们的庙宇被毁,他们的仪式被禁,他们的祭坛被搬走,他们的财产被一群无赖瓜分,他的心都被震碎了。如果有一个神答应他,会有别人治好这些疾病,我相信他一定会拒绝接受王位。因此,他渴念的不是权力,而是各城市的幸福康乐。

24. 当这种渴望,即应当依照尤利安的意愿来疗救这个世界,在博学之士心中滋长时,有人诬告伽卢斯,并发现一封含有叛国罪材料的信。那些对此负责的人受到惩罚,因为在成为这种诬告的受害者后,伽卢斯不太可能用花环来回报他们,而是用惩罚伤害他们。之后,伽卢斯被控犯有他所惩罚的罪行,未经审讯就被处死,尚未来得及向君士坦提乌斯做任何恳求。

25. 尤利安立即被捕,被全副武装的卫兵押解,后者面孔严肃、说话狠厉,他们的行为使监禁与之相比也是小巫见大巫。此外,他不能待在一个地方,而是被从一个地方转移到另一个地方,这让他痛苦不已。他忍耐这一切,没有受到任何或大或小的指控。

他住在距离伽卢斯有三百天行程之远的地方,通信也并不频繁,且内容仅限于互相问候寒暄,尤利安怎么可能参与伽卢斯的案子?所以,尽管没人对他提出无论多么不实的指控,但正如我所说的那样,他只是因为他和伽卢斯是同一个父亲而受牵连。

26. 在这点上,我们又有理由钦佩他:他没有谴责他死去的兄长以谄媚凶手,也没有为自己做过任何声明以激怒活着的人。他暗中哀悼他的兄长,没有留下借口让君士坦提乌斯杀死他,尽管皇帝非常想这样做。他咬紧牙关闭口不言,尽管他周遭的种种不幸几乎要促使他开口,但凭着他的忍耐,他堵住了那些最坏的恶棍的嘴。

27. 然而,即使这样也不能保护他,也无法平息君士坦提乌斯愚蠢的坏脾气所引起的愤怒。正当他处于风暴中时,一位如卡德摩斯之女伊诺(Ino)般的女人,即君士坦提乌斯的皇后,看到了他,怜悯他,平息她丈夫的愤怒。经过多次恳请,皇后释放这位希腊的爱者,尤其是雅典的爱者,将他送往他所热爱的土地。

28. 这一定是尤利安乃是上天派来的精灵的表征。在选择居所时,他对花园、别墅、林中农庄、海边别墅或他在伊奥尼亚所拥有的许多其他奢侈品毫无兴趣,认为所有这些表面上的财富,与柏拉图、德摩斯梯尼和其他各种学问分支的故乡雅典相比微不足道。

29. 所以,他以最快速度前往雅典,去增加他的知识,去结交那些能提供他已有知识以外的知识的老师。当他与老师们交往,证明他的品质,并得到他们考验,比起他们令他震惊,他更让老师们震惊。在来雅典的年轻人中,只有他一个人是在传授知识而不是仅仅接受知识后离开的。无论如何,他周围总能看到成群的人,有年轻的,有年老的,有哲人,有修辞家。诸神也紧紧盯着他,很清楚他是能恢复他们古老特权的人。

30. 他的口才和羞涩同样引人注目,因为他说每句话都带着红晕。每个雅典人都喜欢他温良的性情,但只有最好的人才享有他的信任。最重要的是，他是我们的同胞，他是一个无可指责的人，他的卓越超越一切闲言碎语。

31. 这孩子的目的是在雅典生和死，他认为这是最完美的幸福。然而，帝国的情势要求一个副帝，因为莱茵河附近的城市一片废墟，而派往那里的将军们都有比他们的合法地位更高的野心。所以，这位雅典的哲学学生被召唤去接受王权，正是由于他的哲学，才使那个最冤枉他的人[君士坦提乌斯]对他生出信心。虽然君士坦提乌斯很久以前杀了他的父亲，最近又杀了他的兄长，但他仍然希望尤利安能忠诚于誓言，尤利安的性情会比他对他[君士坦提乌斯]的怨恨更强大。

32. 所以，在呼召尤利安时，君士坦提乌斯的期待没有错得离谱，但尤利安没有理由相信这次晋升不会变成陷阱，因为已经流的血让他有理由得出这个结论。然而，没有办法逃避，尤利安泪汪汪地恳求雅典娜，祈求她的帮助，祈求她带他离开这里。成为副帝后，他立即被派去执行一项赫拉克勒斯才能完成的任务，因为当时高卢这个最遥远、靠近大洋的行省的情势如下。

33. 君士坦提乌斯与发动叛乱谋取帝国的玛格嫩提乌斯作战时——后者在治理高卢时，将高卢治理得井井有条——认为必须不择手段来让玛格嫩提乌斯垮台。所以君士坦提乌斯写信给野蛮人，称他已开放罗马边境，允许他们尽其所能占领领土。

34. 因此，他们获得一大片开阔的土地，原先与罗马人的条约被这些信件废除，他们昂首阔步跨过边界，根本没人阻止他们，因为玛格嫩提乌斯已经率军进抵意大利。繁华的城市被他们洗劫一空，村庄被蹂躏，城墙被推倒，财物、妇女和儿童被掳走。男人们像奴隶一样跟在蛮族后面，这些可怜的人背着他们自己的财物。如果他们不能忍受奴役，不能忍受看到妻子和女儿们被蹂躏，就只能在悲叹中被杀掉。我们拥有的好东西都被交给蛮族，胜利者用他们的双手耕种属于我们的土地，而俘虏则被派去耕种他们的土地。

35. 那些借助城墙逃过劫掠的城市只留下一小块土地,民众饱受饥饿的折磨,只能依靠任何可以吃的东西,直到人口减少到城市由城市和农田组成,防御圈内无人居住的区域能提供足够的耕地。牛套在轭上,拉好犁,麦子种好,收割、脱粒都在城门口,所以那些被掳的人不比留在家乡的人更惨。

36. 君士坦提乌斯以这样的代价换取胜利后,一开始欢欣鼓舞,但在他的敌人被彻底击败后,君士坦提乌斯的叛国行为暴露无遗。罗马人大声疾呼,声称罗马已被玷污。他没有勇气冒着生命危险去赶走蛮族,所以把尤利安从学园中拉出来,让尤利安这个哲学学生率领军队,去发起一场远征。但最奇怪的是,君士坦提乌斯祈祷尤利安既战胜敌人又被敌人战胜,这是因为他既想收复领土,又嫉妒尤利安。

37. 他立即证明,他派尤利安去高卢是去送死而非获取胜利。因为,虽然他有一支足以维持三个帝国的军队,[①]有大批步兵,他们的装备坚不可摧,看起来非常可怕,却只分给尤利安一支三百人的步兵作他的卫队。他说,尤利安会在已在高卢驻扎的人那里找到他的军队,后者在高卢一直失败,他们的任务就是长期忍受围攻。

38. 不过,这并未让尤利安担心,也没让他惊慌。虽然这是他第一次参加战斗,虽然他准备把不可靠的部队派到战场上去对付所向披靡的敌人,他仍然穿着盔甲,仿佛他一开始就习惯于拿盾牌而非拿书。他信心十足地奔赴战场,仿佛他统率着一群英雄。

39. 他这样做有两个重要原因。第一,他的哲学和知识让他懂得,战略要比蛮勇更有用。第二,他相信诸神站在他这一边。他清楚,由于雅典娜支持斯提克斯(Styx,冥河),赫拉克勒斯不得不逃离冥府。

---

① [译注]指君士坦提乌斯二世、君士坦斯、君士坦丁二世三兄弟的帝国,此时君士坦提乌斯二世已经重新统一帝国。

40. 诸神一开始就清楚表现出对他的善意。他在仲冬时节离开意大利,这是一个要是缺乏遮蔽物保护任何人都可能死于暴风雪和寒冷的季节,但他前往高卢的旅程一直阳光明媚。整个队伍边走边称那是春天,甚至在敌人被征服前,寒冷就已被征服。

41. 他的好运气还有一个征兆。当他经过君士坦提乌斯分配给他的行省的第一个城镇时,一个绿色花环——地方官员将它们挂在柱子和房子墙壁之间的半空中,以装饰城镇——失去固定,正好落在他的头上。欢呼声响彻四周,因为这顶绿色王冠预示了他未来的胜利:他将征服蛮族。

42. 如果派他去高卢的皇帝允许他立即行动,采取主动,高卢的形势会立即得到改善。但事实上,除了皇帝紫袍外,他没有任何权力。君士坦提乌斯将高卢的军政大权授予他的官员,尤利安应服从他们。想到奥德修斯及其同伴,尤利安忍耐着,但将军们却呼呼大睡,从而鼓励敌人,使其即便在一位皇帝抵达高卢后,仍像之前在高卢称雄。

43. 尽管如此,即便他被拒绝指挥作战,即便他在各行省的巡视也只是为了视察——他只被允许做这件事——他的头衔和在场的影响是如此巨大,以致那些长期躲在家里的人,就像关在罐子里的鱼一样,鱼贯而出,在城墙附近抓捕落单的野蛮人。最后,一大批蛮族青年发起的一次夜间攻击被少数退役老兵击退。袭击者带着梯子向一处未设防的城门进攻——这是他们攻占城市最喜欢的办法——但是,警报一响,居民把放眼所及的一切东西当作武器,以老迈的步伐,呼喊着尤利安的名字作为战斗呐喊,迎战敌人。这些老家伙,就像迈罗尼德斯(Myronides)的士兵一样,[1]杀死一些袭击者,另一些袭击者从城墙上跳下摔死了。

---

① 对照修昔底德:《战争志》,1.105。公元前459年,雅典的主力部队在埃及和埃伊纳作战,驻守雅典的老幼部队在迈罗尼德斯的统率下,成功遏制科林斯人对雅典新盟友墨加拉的攻击。

44. 在另一边，年轻人向野蛮人发起攻击，这与他们以往的习惯完全相反。他们陶醉于杀戮，敌人转而逃跑。实际上，他们没有看到尤利安，而是受到他就在附近的激发。那些正要迁往别处定居的人不再恐惧，留了下来。

45. 当野蛮人从密林深处袭击尤利安行军队列的后方时，那些原以为会让尤利安的部队陷入混乱的野蛮人被全歼。[①] 士兵们将敌人的头颅作为凭证，因为每颗头颅都有价格，所以士兵们都渴望着猎取敌人的头颅。尤利安非常聪明地利用他们对利益的渴望来净化他们的灵魂，让他们不再胆怯，贪婪激发了他们的勇气。一些敌人在莱茵河中的小岛上避难，成为我方士兵的猎物，这些城市就以他们的牛为食。

46. 尤利安发现，有两座最重要的城市，一座遭到无数次入侵掠夺，[②]另一座则由于最近一次袭击被夷为平地。[③] 尤利安着手重建后一座城市，并在那里驻扎一支守备队。前一座城市穷得一贫如洗，只能用最稀奇古怪的东西充饥，尤利安只好寄希望于更好的事情发生。

47. 一个相当大的蛮族部落的首领见此情形，来找尤利安请求原谅：他声称没有对罗马人造成巨大伤害，请求和平，表示愿意成为尤利安的盟友。由于那位首领所说的似乎有些道理，尤利安先和他短暂休战一段时间，以便更好地应对接下来可能发生的事情。

48. 所以，在对高卢巡察期间，尤利安所施加的影响如此大，尽管他还没有达到可以把所有计划付诸实施的地步。那位面对敌人怯懦不堪却暴力对待自己人的统帅被撤职，继任者是一个对战

---

① 对照阿米安努斯：《罗马史》，16. 2. 10。

② 布罗托加莫斯（Brotogamus）城，今布吕马特（法国城市），对照阿米安努斯：《罗马史》，16. 2. 12。

③ 阿格里皮娜（Agrippina）城，今科隆（德国城市），对照阿米安努斯：《罗马史》，16. 3。

争无比熟悉的一流人物。[1] 因此,最大的阻碍已被清除,终于到了尤利安证明自己的时刻。

49. 考虑一下当时的情形。尤利安的上级[君士坦提乌斯]决定,应越过莱茵河进攻野蛮人。尤利安作为下属,一直在盼着这一天,就像一匹参与竞赛的马,为自己所受的束缚而烦恼。君士坦提乌斯知道尤利安的部队太少,少到不足以进攻野蛮人,所以派来 3 万步兵(两倍于尤利安拥有的部队),由一位在掌控军队方面颇有名气的将军率领。[2]

50. 两支大军本应合兵一处,但是当双方距会合没有多少距离时,君士坦提乌斯担心尤利安分享胜利,认为自己的军队实力雄厚,所以命令巴巴提俄斯不要与尤利安会合,而是单独渡过莱茵河。当巴巴提俄斯正在建造船桥过河时,野蛮人砍倒参天大树,让大块大块的木头顺流而下。木头撞到船上,把船从系泊处撞开,或在船上撞个洞,或将船撞沉。

51. 第一次尝试失败后,巴巴提俄斯带着 3 万人拔腿就跑。野蛮人不满足于逃过罗马人的打击,他们认为现在该轮到他们打击罗马人,所以渡过莱茵河追击,杀死大批罗马人后凯旋。野蛮人开始接连采取进攻行动,从他们的言辞和行动就可看出他们的狂傲。

52. 待他们凯旋后,尤利安开始从敌人耕种的我方土地上掠夺谷物,储藏在他的要塞和城镇中,让他的士兵尽可能多地参与这项行动。[3] 尤利安修复那些被毁坏的地方,当他在远离莱茵河的营

---

① 关于马尔塞卢斯(Marcellus)被撤职,塞维鲁斯(Severus)继任高卢大区统帅的事,对照尤利安:《致雅典人民和元老院》,278d;阿米安努斯:《罗马史》,16. 11. 1。

② [译注]一名叫巴巴提俄斯(Barbatios)的将领。君士坦提乌斯二世决定 357 年发起对日耳曼族的钳形攻势。357 年初夏,尤利安和塞维鲁斯率领高卢大军集结兰斯,巴巴提俄斯率大军翻越阿尔卑斯山抵达奥格斯特(Augst),距离尤利安计划发起攻击的位置 150 公里。

③ 阿米安努斯:《罗马史》,16. 11. 11 以下。

地过冬时，告知部下敌人的任何进攻消息都要由信使从一个地方传到另一个地方，最后传到他那里。以前，大片的荒地使我们对蛮族的计划一无所知。当蛮族发现罗马人在罗马帝国境内收割属于他们的庄稼时，就像他们祖先的土地遭到破坏一样恼火。[①] 他们派来一个使者展示君士坦提乌斯当时写给他们的信，声称尤利安违背他的君王的意志，他应该承认这块土地属于他们：他必须遵守君士坦提乌斯当初许给他们的条款，如果他拒绝遵守，等待他的将是战争。

53. 然而，尤利安断言这个信使是间谍，因为他的长官绝不会如此傲慢，所以将这个信使扣押。然后，他想起历史书上那些将军们的阵前演说，并清楚意识到，战斗开始前对士兵演说会使士兵们战斗时士气振奋，所以他发表了一个演说。我非常乐意将这篇演说插入到这里，但由于演说文体的传统禁止我这样做，我就仅限于给出我的评论：与以前的怯懦相比，“士兵们敢战愿战的决心更大”。

54. 尤利安决定，骑兵分置两翼，重装步兵位于中央，精锐骑兵和轻步兵与尤利安在右翼。这一布阵本不会引起敌人的注意，但一些背信弃义的逃兵暴露了这一点。敌人开始渡河，尽管尤利安有力量阻止他们，却拒绝这样做，也没有攻击一小部分敌人从而引发战斗。当三万敌人渡过河，在更多的敌人进入战场前，尤利安发动攻击。正如后来发现的，当时敌人是全军出动，家乡没有留驻任何战士。

55. 尤利安的战略有两个方面值得评论。第一，他拒绝攻击敌人的前锋；第二，他拒绝与所有运动中的敌人交战。第一个不甚重要，第二个则非常冒险。前一个流露出胆怯，后一个非常鲁莽。因此，他并没有试图阻止比他强大得多的敌人渡河，而是通过进攻

---

① 阿米安努斯：《罗马史》，16.12.3 以下。

来阻止敌人增援部队渡河。[1]

56. 发现尤利安大军的位置后，敌人用最勇敢的部队迎战尤利安的精锐。敌人在右翼设下伏兵，埋伏在水道中，因为那里是沼泽地，芦苇把埋伏的人隐藏起来。尽管如此，伏兵也没有逃过罗马左翼的注视，罗马人一看到他们就立即发起攻击，将他们从芦苇中赶出来，追击他们。这一行动使敌人的一半军队陷入混乱，因为恐慌从一部传到另一部。

57. 战斗过程与科西拉和科林斯的海战不同，[2]因为此战双方各有胜败。双方的左翼起初都取得胜利，所以尤利安率领的精锐部队遭到敌人精锐部队的很大压力。

58. 即使受过严格训练的士兵，也不能站稳阵线。他们退却，尤利安用忒拉蒙之子[埃阿斯]的话大声呼喊。[3] 埃阿斯告诉希腊人，一旦他们的船被毁，就没法返回家乡。尤利安告诉士兵们，如果他们被打败，高卢各城就会向他们关闭大门，没人会给他们提供补给。最后，他补充说，如果他们有逃跑的念头，他们必须首先杀死他。因为若他活着，他不会让他们逃跑，他指给士兵看那些在追兵面前逃跑的野蛮人。

59. 听到这话和看到这情形，士兵们羞愧不已，他们重新鼓起勇气，转过身再次投入战斗。他们的耻辱被抹去，每个士兵都加入追击，甚至在山顶上负责看守辎重的卫兵也加入战斗。他们向前冲去，敌人看到他们的冲锋，以为人数众多，从而放弃战斗，转身逃跑。

60. 结果敌人在战场上留下 8000 具尸体，那些不会游泳而溺亡的敌人漂满莱茵河，河中的岛屿上到处都是尸体，因为胜利者把

---

① 斯特拉斯堡战役的详情，参阿米安努斯：《罗马史》，16.12。利巴尼乌斯对这场战役的了解源于尤利安本人的报告。

② [译注]关于科西拉和科林斯的海战，参修昔底德：《战争志》，1.49。

③ 荷马：《伊利亚特》，15.501 以下。

那些躲在树林里的人赶了出来。对莱茵河下游的野蛮人来说，河中漂浮的尸体和盔甲会告诉他们战斗的结果。

61. 最妙的是，我方士兵在追捕逃跑者时，抓获了敌人的王及其随从。士兵们没有剥去他的盔甲，而是紧紧绑住他的双手，将他俘虏。那是一个高大、俊美的汉子，他的外貌和盔甲吸引了每个人的注意。

62. 目睹这一壮举后，太阳落山了，尤利安开始讯问这位被俘虏的王。虽然他在回答问题时装出一副大胆的样子，尤利安还是敬重他。但是他以高贵开始，以谦逊的语气结束，因为他担心他的性命，向尤利安请求怜悯，这时尤利安近乎厌恶他。不过，尤利安没有伤害他。出于对他最近声望的尊重，和这一天所产生的巨大影响的考虑，尤利安甚至没有给这位蛮族的王戴上铁链。

63. 希腊的哪个节日能与那个晚上相比？战士们醉倒在一起，互相计算他们在战场上杀了多少人，笑着、唱着、吹着牛，同时那些因受伤而无法参加宴席的人都从自己的伤口得到慰藉。

64. 他们甚至在梦中再一次与敌人战斗并击败他们，整个晚上享受着白天战斗带来的快乐。他们终于立起一座战胜野蛮人的纪念碑，陶醉于这场出人意料的伟大胜利。[①]

65. 但是，难道不是尤利安让他们从天生的懦夫变成英雄，就像神赋予他们勇气一样？有什么能超过这种超人的能力？难道他们之前的勇气是由于指挥官的怯懦而丧失？还有什么能比促使好人证明他们的坚定忠诚更光荣？是某位神隐藏于战场帮助他们获胜吗？与诸神一起战斗无疑是最值得自豪的事。雅典在赫拉克勒斯和潘神的帮助下，在马拉松战役中取得举世闻名的胜利，这要比没有神帮助取得胜利更为雅典增光。[②]

---

① 对照阿米安努斯:《罗马史》,16.12.51。

② 希罗多德:《原史》,6.105。

66. 别的人在获取这样压倒性的胜利后,可能会解散军队,退休回到首都,尽情享受赛马和戏剧的乐趣,追求精神放松。但尤利安不是这样!为了教士兵们如何坚守岗位,他惩罚他们,但不会处死他们:他把他的胜利归功于减免死刑惩罚。尤利安将那位高大的蛮族俘虏,送往君士坦提乌斯那里,让他亲口告诉皇帝他自己战败的消息,因为尤利安认为取得胜利是他的责任,但要把功劳归于君士坦提乌斯——一个阿基琉斯将他的战利品归于阿伽门农。[1]

67. 君士坦提乌斯举行胜利庆祝,装腔作势地从别人的危险中获得名声。[2] 因为尤利安又为君士坦提乌斯献上一位蛮族首领,此人曾与那位被俘之王一起入侵高卢,当时他劝那位被俘之王不要与尤利安决战。那位被俘之王战败后,这位首领惊慌失措,向君士坦提乌斯投降。现在,凭靠尤利安的胜利,君士坦提乌斯成了两位敌酋的主人,一个是投降,另一个是被俘。

68 回到我的主题。尤利安的反应不是一个胜利者的反应,一般而言,胜利会让胜利者变得贪恋快乐和懒散。在埋葬战死者后,尤利安不允许部下放下武器,尽管他们非常渴望这样做。他认为,他们的表现迄今为止仅仅是保卫自己的土地不受侵略,男子汉应为他们所遭受的苦难复仇。所以,尤利安率领他们侵入敌人境内,向他们解释说,侵入敌人境内不会有什么战斗,相反是一次愉快而非疲惫的远足。因为野蛮人就像一只受伤的野兽,等待着最后一击。

69. 尤利安没有错,当他的军队渡过莱茵河,野蛮人把妇孺藏在森林里,逃之夭夭。他焚烧他们的村庄,将他们所有藏起来的东西全部掳走,因为森林根本无法阻挡他。一个使团立即到达,用切合他们困境的谦逊语言恳求尤利安。他们请求尤利安停下,别再

① 阿米安努斯:《罗马史》,16.12.66。
② 阿米安努斯:《罗马史》,16.12.70。

蹂躏他们的土地,把他们当作未来的朋友。尤利安与他们达成休战协议,但只是冬季期间有效。实际上,即使不休战,野蛮人也能得到喘息的机会。[①]

70. 这就是他赐予被他打败的敌人的恩惠,但他并没有高枕无忧。仲冬时分,他不得不对付一千名法兰克人,他们开始活跃起来。当时,他们正在蹂躏一些村庄,中心是一座废弃的要塞。尤利安将他们包围,围困他们,直到他们迫于饥饿投降。然后,他将他们绑缚,送给君士坦提乌斯——这是没有先例的事情,因为他们本来的作风是要么战胜敌人,要么战死。尽管如此,他们被戴上铁链,就像那些在斯法克特里亚(Sphacteria)的斯巴达人的命运。[②]君士坦提乌斯形容他们是一份礼物,把他们编入军团,他相信自己正在确立军力的支柱,因为每个法兰克俘虏能胜过很多普通士兵。

71. 这是尤利安在那个冬天的主要功绩之一,还有一个同样引人注目。一个敌对部落突然袭击高卢的部分地区,尤利安立即启程,打算与驻扎在受袭击地区的部队将敌人驱逐出去。但是一听到敌人袭击的消息,那支部队就预料到尤利安会来,他们自己在给敌人造成重大损失后,将敌人赶走了。因此,在尤利安到达之前和到达之后,高卢军队都能取得同样的胜利。

72. 尤利安只是从他的书堆中抽身出来就完成这样的壮举,或者说当他在攻击敌人时,仍随身带着书。因为他手里总是要么拿着书,要么拿着武器。因为他认为哲学对战争很大帮助,而一个皇帝运用智慧的能力比勇猛更有效。[③]

73. 例如,下面两种策略肯定对军队有益,也表明他智慧超群:第一,他通过分配战利品来激发好人的战斗热情;第二,在敌人领土追击时,他允许他们占有他们能得到的任何东西。这显然与

---

① 阿米安努斯:《罗马史》,17.1。
② 阿米安努斯:《罗马史》,17.2;修昔底德:《战争志》,4.38。
③ 阿米安努斯:《罗马史》,16.5.3以下。

他的声明一致,即任何士兵只要带回敌人的头颅,都会得到一个金币的奖赏。

74. 他的名声传遍世界,热爱战斗的士兵和博学之士都喜欢他。那些知道自己价值的雅典人前去拜访他,就像圣贤曾经去吕底亚拜访克洛伊索斯。克洛伊索斯向梭伦展示他的财富,仿佛那是他最好的东西,但是尤利安向来访者展示他灵魂的财富,即蕴藏在缪斯中的财富。尤利安与来访者一同朗读诗文,以尊重他的访客。即使是现在,你们也可以读到它们。

75. 这就是他款待赫尔墨斯和宙斯的仆人的方式,但只要一到适合作战的季节,他立即投入战争。他闪电般出现在莱茵河,将敌人吓得瑟瑟发抖,以致他们请求内迁并成为他的帝国的一部分,认为在他的统治下生活要比在自己的土地上更好。他们请求得到土地,他们被允准。然后,他雇佣一些野蛮人来对付敌对的野蛮人,前者认为与他为伍一起追击后者要比被他追击更光荣。

76. 这些都是不费吹灰之力取得的成就。但是,他决定再次渡过莱茵河,由于缺乏渡船,他让步兵和骑兵泅渡而过。然后,他继续深入,蹂躏土地,收缴战利品,没人敢阻挡他。那些可怜的居民只好屈服,因为他们必须这样做,否则一切都会被烧光。

77. 尤利安认为治愈高卢所有疾病的时刻已经到来。他起先轻蔑地将野蛮人打发走,然后他们又在首领的率领下作为哀求者返回,持节杖的人匍匐在地上苦苦哀求。他提醒他们长期的恐怖统治和所造成的无法估量的破坏,他告诉他们要以治愈他们造成的伤害来换取和平,即要求他们重建高卢城镇和释放俘虏。

78. 他们同意,且信守诺言。他们带来木材和铁器来重建房屋,释放所有俘虏返回高卢,这样那些俘虏就不会心怀怨恨,且会受到先前鞭打他的人的爱护。没有归还的俘虏被证明已经死去,至于这事的真相,由那些被释放之人的证词来决定。

79. 那支万人远征军,经过长期辛劳和翻越无尽的山峦后,第一个看到大海的人高声欢呼，留下激动的泪水，同那些共同经受危险的人拥抱在一起。[1] 这些俘虏现在也是这样，不是因为看到大海，而是因为看到彼此，即在他们看到亲人从奴役中恢复自由时，或恢复家园和亲人时。其他人虽然没有血缘关系，但看到他们彼此拥抱，也开始哭泣，泪水横流，比离别时的泪水更甜蜜，因为现在是团聚时的喜悦泪水。

80. 这样，高卢人在一个懦弱的统帅领导下四处离散，在一个勇敢的统帅领导下又重新团聚。议事厅和城市公地坐满了人，手工业和财政收入增加。女儿们订婚，年轻的后生娶亲，人们四处旅行，假期和节日集会重新恢复往日的繁荣。

81. 如果称尤利安是这些城市的缔造者，这个称呼是恰当的，因为一些已经消失的城市被他修复，另一些人口锐减的城市被他恢复人口，并让它们在未来不会再有这样的恐惧。所以，冬天到来时，没有野蛮人像往常一样外出劫掠。他们待在家里，吃自己的东西。与其说是出于对条约的尊重，不如说是出于对战争的恐惧，因为即使是那些没有与我们签订条约的部落，也被他们所预见到的战争吓倒而不敢异动。

82. 那么，在这一和平时期，尤利安有何作为？他召开会议商讨天下最大的岛，即那个被大洋环绕的岛的问题。他派财政官前去监督那些名义上用于军事的开支，实际上是调查将军们的收入来源。他惩罚那些犯有这种错误的将军，还做了其他更重要的事情，尤其为高卢的安全着想。

83. 一直以来，从不列颠岛往大陆运谷物是惯例，先经过大海，然后沿着莱茵河逆流而上。自从野蛮人控制莱茵河，他们不让船只通过，船只被拖上岸，任谷物在不列颠岛腐烂。有些人继续经营谷物运送，但他们把谷物卸在沿海港口，谷物不得不由马车而非

① 色诺芬：《上行记》，4.7.21 以下。

船只转运，这是一项非常昂贵的开支。所以，尤利安试图恢复惯例，如果不能把马车转运谷物恢复到原来的转运方式，他会很不安。于是，他立即造出比之前更多的船，考虑莱茵河的哪个地段应被开辟以转运谷物。

84. 就在尤利安忙于这事时，一个地方官检举另一个官员侵吞公款。高卢大区长官弗洛伦提乌斯主持这个案子，他本人是敲诈勒索和收受贿赂的老手。出于对犯罪同伙的支持，弗洛伦提乌斯打击那位检举者。这种不当行为并没有被忽视，民众开始议论这件事，各种流言蜚语让他烦心不已，所以弗洛伦提乌斯请求尤利安主持这个案子。尤利安起初回避，说这不是他的分内事。

85. 弗洛伦提乌斯这样做不是为了案子得到公正判决，而是因为他以为即便是他违法，尤利安也会站在他一边。然而，当他发现真相对尤利安来说比对他的任何偏私更重要时，他很难过，写信给君士坦提乌斯中伤尤利安的一个密友，说那个密友唆使这个年轻人变得目中无人，建议君士坦提乌斯驱逐那位近乎成了尤利安父亲的密友。[①]

86. 尤利安再次以一篇讲辞向那位密友致敬，来表达他对分离的悲痛。在悲痛中，他更亲近留在身边的朋友：他的性情没有屈服于这种不公。

87. 尤利安也不认为，由于在这些人手中受的冤屈，就应该向帝国报复，而是径直来到大海边，修复一座叫赫拉克里亚的城市，那是赫拉克勒斯的成果。尤利安率领谷物运输船队溯莱茵河而上，所有试图阻止他的人愤怒不已却无可奈何。他继续前进，沿着与他保持和平的部落的领地走，所以不需要攻击敌人。尤利安率船队继续前进，敌人与之齐头并进，以阻止他在莱茵河上建桥的企图。

---

① ［译注］指撒路斯特。

88. 如果你们愿意,想想他完美的船长技艺。没有他不能轻松解决的僵局。尤利安一边航行一边打量对岸。他注意到一个战略要地,可以确保占领军的安全,所以他留下几艘船和小股兵力,埋伏在河这边的一个小水湾中,而他自己向前推进,迫使敌人与他平行前进。到了晚上,扎好营地后,他指示留在后面的那支兵力渡过莱茵河,占据那个战略要地。

89. 他们听从命令,控制住那块要地,尤利安则率领其余的人原路返回,在河上架桥,从他们一侧的河岸出发,完成对那个要地的占领。野蛮人以为罗马人已建起更多桥梁,开始认为他们被许多不知道的麻烦所困。最后,他们同意那些已经与尤利安达成和平的部落的意见,要求以同样的条件得到同样的对待。尤利安在焚烧和蹂躏他们的土地后,接受他们的恳求。这里再次出现蛮族释放俘虏,其情形和眼泪与早先那次一样。

90. 高卢和周边蛮族部落的情势已完全颠转。高卢开始复兴,民众精神高昂,而野蛮人遭受灾难,对失去他们曾以为永远属于他们的至高无上的地位绝望不已。高卢逐渐恢复它从未有过的力量,每个人都在说,这与其说是军事胜利的结果,不如说是尤利安的天才的结果。结果,尤利安成了君士坦提乌斯——尽管他已把胜利的冠冕让给皇帝——嫉妒的对象。君士坦提乌斯开始从高卢大军征召骨干和那些能随时应付紧急情况的士兵,只允许那些过了盛年的人留在尤利安身边,因为他们只能贡献军队人数而于实际战斗无益。

91. 表面的借口是与波斯人的战争,他说高卢已恢复平静,不需要军队,仿佛对背信弃义的野蛮人来说,违背和平协议不是件容易的事,仿佛没有必要用军队来支持和平条款。很明显,君士坦提乌斯不需要一支比他现在对付波斯的军队更庞大的军队,因为那支军队的一部分就足以胜任。此外,不管他的大军多么庞大,就是比他已有的庞大许多倍,他也不会主动出击,因为他一心想拖延。

92. 实际上，君士坦提乌斯调走尤利安的部队的理由完全不同。他想中止尤利安的军事活动和他不断上升的声望，或煽动野蛮人攻击尤利安虚弱的部队来摧毁尤利安的声望。①

93. 君士坦提乌斯想要一份与当时情况完全相反的战报传遍整个帝国，即尤利安被阻击、被围困，没有任何人能阻止野蛮人再次掠夺和摧毁城市，耕种不属于他们的土地。君士坦提乌斯知道，即使尤利安是一位伟大的统帅，但如果他没有船员，他也会像一艘巨舰的舵手那样面临同样的困境：若没有船员的协助，他的操舵技术再高超也无法掌控船只。所以，这位贤明的皇帝十分后悔他把权力交给已经彻底归信异教的尤利安。

94. 因此，我们高贵的尤利安陷入困境。他看到，不管他是否遵守君士坦提乌斯的命令，都会面临灾难性的后果。如果他的军队被夺去，必将毁于仇敌之手，如果留在高卢，必将在高卢境内被消灭。尤利安做出选择，让他的军队不管发生什么事都离开他前往东方，而不是给人不忠的印象。他断定，敌人施加的任何打击都不会比他自己的堂兄的部队施加的打击严重。因此，尤利安让君士坦提乌斯的马屁精们为所欲为。那些马屁精们从他的个人卫队和最信赖的部队开始，忙着让整支大军撤离高卢。重装步兵几乎要鼓起勇气祈求不要让他们离开尤利安。

95. 尤利安忍受着这一切，近乎伤心欲绝，这是事实。尽管如此，他还是极力忍耐。但是，当各支部队启程时，到处响起震天的哀嚎，到处有富人和穷人、奴隶和自由人、农民和城里人、男人和女人、年轻人和老年人在哀嚎。他们觉得敌人已经再次入侵，克服那么多困难才解决的敌人将再次卷土重来。尤其是那些给士兵生育孩子的妇女，指着她们的孩子，尤其是趴伏在胸前的婴儿们，恳求他们的父亲不要抛弃她们。

---

① ［译注］指尤利安的精锐部队一旦被调走，剩下的老弱士兵组成的部队。

96. 听到这些事之后，尤利安建议来自意大利的代表组成的调兵委员会让军队走另一条路线，[①]远离他的总部所在的巴黎。他非常害怕士兵们路经巴黎会有什么不当反应。然而，调兵委员会忽视他的警告，坚持要把四个精锐军团集中到巴黎。军团抵达巴黎后，民众开始恳求他们留下，保护他们曾为之奋斗的一切，士兵们怜悯他们的恳求，开始抱怨前往东方。

97. 获知这一点后，尤利安在城外高台上向士兵们讲话。他说，他的上级的决定不可更改。他讲了很长时间，士兵们静静地聆听，没有向他致敬。但是，到了晚上，确切说是午夜时分，士兵们全副武装包围尤利安的行宫，高呼"尤利安是奥古斯都"。

98. 他对这件事很生气，但除了禁止他们闯入行宫外，什么也做不了。天亮后，士兵们破门而入，亮出利剑，将尤利安拖到前一天的高台上。在那里双方进行了长时间的争论和吵嚷，尤利安尝试用解释结束混乱，士兵们则通过大声呼喊阻止他进行解释。

99. 他拒绝戴金冠。但这是一种古老的习俗，一位站在他后面的高大人物，一个很有名望的人，往他头上戴了一顶自己戴的金项圈，于是赋予尤利安最高权力。[②] 然而，迫于必然的情势，无法扑灭那么多士兵燃烧的激情，尤利安随即向拥戴他的士兵和民众表明了他的决心。

100. 他没有赏赐士兵们，没有向他们大献殷勤，而是宣布，他的意志将被视为法律。他命令任何人不得惩罚反对这件事的人：

---

① [译注]360年1月，德森提乌斯(Decentius)抵达巴黎，带来君士坦提乌斯二世的命令，要求尤利安将他手下四个精锐军团和其他每个军团挑300人，立即派往东方。这一命令是传给高卢统帅卢比齐努斯及其副手辛图拉的。尤利安只接到君士坦提乌斯二世的一封信，信中要求尤利安不得干预这一军事调动。当时，卢比齐努斯正在不列颠讨伐苏格兰人，不能立刻遵从这一命令。高卢大区长官弗洛伦提乌斯正在维埃纳，拒绝前来巴黎。辛图拉率先率领一批部队出发，尤利安就成了调动部队的主要负责人。为此，尤利安组建了一个调兵委员会，由尤利安、尤利安的财政大臣涅布里迪乌斯、幕僚长彭塔迪乌斯和德森提乌斯组成。

② [译注]对照阿米安努斯：《罗马史》，20.4.17以下的叙述。

不得以刀剑对付他们；不得向他们投以恫吓的眼神或威胁的话，对待对手和自己的支持者必须一视同仁。

101. 任何别的人此时都会煽动支持者攻击反对者，即便后者并不强烈反对。但尤利安不这样做！他不想用流血玷污他的统治，这是对篡位者的指控。因此，他要求部下节制。那些在恐慌中隐退的人重新出现，满含微笑和自信，围在他的王座周围，庆幸自己逃脱死亡。

102. 但他们没有做出适当的回报。正如俗语所说，他们没有报答他的好意，相反寄望于尤利安最亲近的仆人，一个太监，策划谋杀他。当谋杀行动的时刻临近时，一位士兵被阿波罗附身，预言了即将到来的灾祸，呼唤人们去帮助尤利安。他们前来救出尤利安，并追查事件的经过。更糟的是，还未审讯，那位充当工具的太监就被阴谋者杀死。[①]

103. 尤利安看到君士坦提乌斯的支持者就在附近埋伏等着他，甚至还厚颜无耻地建议他最好废除现在的称号，退回到原先的身份。他认为，这种情况下，唯一可信赖的是诸神的建议。于是他询问诸神，得到的答复是他应保留现在的称号。

104. 得到诸神帮助和全军支持后，尤利安黜幽陟明，用博学之士取代蠢人。他还从那些被迫成为土匪的人中召集一支军队，因为后者曾参与玛格嫩提乌斯的冒险和失败。当时他们围堵道路，以非法手段为生。于是，尤利安把这些人召集起来，保证他们不受惩罚，把他们从罪恶中拯救出来，从恐惧中拯救出来。

105. 然后，他率军渡过莱茵河，向野蛮人表明他的皇帝身份，要求野蛮人重新发誓以确认他们之间的协定。他急忙去参加强加给他的战斗，或者更确切地说，在不与他的堂兄发生冲突的情况下接受帝位。因为诸神已经预先警告他，他知道未来会发生什么。

---

① 对照阿米安努斯：《罗马史》，20.4.20以下。

106. 然而,我刚略掉一件值得一提的事,现在我必须谈一谈。几位使节在尤利安和君士坦提乌斯之间来回奔忙。尤利安的使者提出,他保留现在的地位,但是权力不超过之前拥有的;君士坦提乌斯的使者要求尤利安撤销他的新称号,在各个方面恢复之前的身份。这会导致他自己、他的大部分军队、他的朋友毁灭,尽管尤利安并不看重他的性命,但不愿意背叛他所珍视的一切。

107. 在这种情况下,君士坦提乌斯又使出一贯的伎俩。他写信给蛮族,请求他们帮助蹂躏罗马的领土。许多蛮族首领中,有一个经君士坦提乌斯劝诱违背与尤利安的誓言,开始在君士坦提乌斯允诺赏给他的土地上大肆劫掠和纵情享乐,但仍和我们这边的将军一起吃饭,仿佛他根本没做错什么。[1]

108. 尤利安率军进入他的领地,当场逮捕这个喝得酩酊大醉、敢于撕毁条约的家伙,对他的背叛行为施加应得的惩罚。那些忠实遵守协定的人惊慌地聚在一起,对这种背信弃义行为感到非常羞愧,一遍又一遍宣誓忠诚于尤利安。于是,尤利安在野蛮人中间进行一次审判,他俯视着他们的首领,那些首领与他们的随从作为臣属站在下面。威胁和警告他们后,尤利安率军离开。

109. 到目前为止,他已集结一支规模不算大但士气高昂的军队。士兵们通过契约和协议相互约束,愿意竭尽全力、忍受一切艰难险阻赢取胜利,只害怕因疏忽大意而蒙受耻辱。

110. 所有人进行宣誓时,一个男人,确切地说是一个不男不女的怪物,名叫涅布里迪乌斯(Nebridius),是君士坦提乌斯任命的高卢大区长官。[2] 他不赞同正在进行的事,拒绝宣誓,将那些如此

---

① 瓦多玛里乌斯(Vadomarius),对照阿米安努斯:《罗马史》,21.4;尤利安:《致雅典元老院和人民》,286a—b。

② [译注]弗洛伦提乌斯本是高卢大区长官,360 年 2 月,尤利安在高卢受士兵拥戴称帝后,弗洛伦提乌斯逃往意大利。在随后的谈判过程中,尤利安允许君士坦提乌斯二世任命高卢大区长官,以换取后者同意他保留奥古斯都的称号。涅布里迪乌斯原先是尤利安的财政大臣,君士坦提乌斯随即任命涅布里迪乌斯为高卢大区长官。

做的人说成是野蛮人——他真是个马屁精！他招来全体士兵的愤怒，士兵们威胁要取他性命，虽然他理应被尤利安剁成碎片，他有充分的理由这样做。但是，他仿佛是被笼罩在一片阴云中获救。[①]在这种情况下，人性也许会受到谴责，但我们的皇帝的人性却达到这样的高度。[②]

111. 之后，尤利安像激流一样向东冲去，[③]越过每个障碍，控制每座桥梁，袭击熟睡的守军，迫使他们把注意力转向别处，而他则从后面向敌人逼近。他使他们期待某事，却经历截然不同之事。当他看不到河流时就利用陆地，但只要看到河流，就利用小股部队沿河而下，不去打扰边境守军，而是用说服或武力或计谋占领边境守军背后的城市。例如，有一次，尤利安把敌人俘虏的盔甲给自己的士兵穿上，派他们去攻打一座防卫坚固的城市。那里的居民以为是他们自己的部队，于是打开城门，放尤利安的部队入城。

112. 最重要的是，尤利安控制了意大利宜人的土地和好战的伊利里亚——那里有很多坚固的城市和一片足以组建一个帝国的地区——他在任何地方都无需诉诸战争和流血，他的敏捷机智和民众渴望他做皇帝的激情就已足够。

113. 怯懦之徒、卖国贼君士坦提乌斯给蛮族的信给尤利安提供了极大帮助。当他航行或行军时，他就把那些信念给敌对的城市和守军听，把自己的功绩和这些精美信件作对比。那些信唤起听者对君士坦提乌斯的敌意，转而支持尤利安，尽管他的军队人数

---

① 在《伊利亚特》中，那些被紧紧追赶的人偶尔被诸神救走，例如卷三381行，帕里斯被救走；卷五345行，埃涅阿斯被救走。士兵们想撕碎涅布里迪乌斯时，尤利安用他的紫袍裹住他，挽救了他。随后，尤利安将涅布里迪乌斯送出高卢境内。

② [译注]对照阿米安努斯：《罗马史》，21.5.11以下。

③ 361年7月，尤利安率军从高卢沿着多瑙河向君士坦丁堡挺进，对照阿米安努斯：《罗马史》，21.8以下。

与当地守军的人数相比微不足道。[1]

114. 尽管如此,马其顿倒向他,希腊也倒向他。希腊抓住这机会,因为她曾默默向诸神祈祷出现这样的机会,之所以没有向诸神的祭坛献祭,是因为彼时没有这样的祭坛。尤利安重开雅典娜的神庙和其他神的神庙,用牺牲祭拜他们,以个人身份向他们献祭,并命令别人也这样做。

115. 他知道雅典人甚至也审判神,所以认为应该解释他的行为。因此任命厄瑞克透斯(Erechtheus)的后裔当他的法官,给他们送去他的自辩信。他认为,僭主逃脱审判兴许是天赐良机,但一名皇帝应解释他的行为。[2] 在他的行军途中,他的信件终结雅典城内祭司家族之间的争吵,那场争吵正引发派系之争。最后,他们终于能在和平与和谐中向更高的力量[诸神]举行古老的献祭仪式。

116. 雅典人终于开始向诸神献祭和祈祷,以实现他们的愿望。与此同时,尤利安将他的军队分为三部分,继续向东挺进。他不管色雷斯已被敌人占据的事实,因为他希望立即控制更有优势的地区,抵达博斯普鲁斯海峡,控制连接欧亚的枢纽。

117. 正在这时,信使从西里西亚抵达,带来君士坦提乌斯已在科雷奈(Crenae)驾崩的消息。[3] 彼时君士坦提乌斯正在谋划给予尤利安比薛西斯曾给予希腊的更大的威胁,正在考虑如何对付尤利安。他在幻想尤利安未抓到他之前,他就抓到尤利安。但是,用索福克勒斯的话来说,宙斯"对他傲慢的自夸非常愤怒",用疾病折磨他,将他带走了。

---

① [译注]尤利安率军向东挺进的总兵力仅23,000人。尤利安又将大军分为三支:第一支10,000人沿意大利北部,经萨瓦河谷,进入多瑙河流域;第二支10,000人,沿阿尔卑斯山和多瑙河之间行进;尤利安自己率剩下的3000人,经黑森林南部,抵达多瑙河,然后乘船沿着多瑙河东下。

② [译注]因此,尤利安写信给罗马、科林斯、雅典和斯巴达四个城市,解释他的行为。参前文《致雅典元老院和人民》的"简介"。

③ 对照阿米安努斯:《罗马史》,21.10以下。

118. 这时,所有人都认为这是假消息,是欺骗和圈套,不可相信。尤利安让仆人从他的箱子中取出一本书,拿出这一消息抵达前就已收到的预言,现在已得到印证:信使是依照神的旨意而来,神曾向他许诺一场不流血的胜利,从而催促他赶快行动,免得有人胆敢趁他在距离首都很远时篡夺帝位。[①]

119. 读到这一消息,看到战争以如此恰当和令人满意的方式结束,听到一个对他像野猪一样脾气暴躁的人已死,尤利安没有搞宴会、饮酒和娱乐。在预言已应验,当天下都在他的支配之下,没有人敢对他说不之时;当所有人一致认为整个世界都属于他,无需被迫去做他不愿意做的事时;当所有宫殿向他敞开大门时,他开始悲叹,泪水打湿了预言书。

120. 没有什么能战胜他的德性,他的首要问题是如何对待驾崩的君士坦提乌斯,他的遗体现在在何处,是否已得到恰切的荣誉。这是他对君士坦提乌斯的高贵态度,而后者对他扮演的是一个克瑞翁(Creon)的角色。[②] 他没有把对死者的悼念局限在那个地方,而是亲自下到首都君士坦丁堡的大港(Great Harbour)。当遗体经海上运达时,面对人山人海的民众,他开始哀悼君士坦提乌斯。他扔掉所有象征他威严的装饰,仅披着斗篷,用手抓住棺材,不屑于因死者生前策划的阴谋而对死者怀恨在心。

121. 以得体的仪式祭拜君士坦提乌斯之后,尤利安开始敬拜国家的诸神。在众目睽睽之下,他向诸神奠酒,喜欢那些效法他的人,蔑视那些不效法他的人。他试图通过说服而非武力来赢得他们的支持,但是恐惧仍笼罩着那些堕落分子,[③]因为他们想要被弄瞎或砍头:他们以为屠杀将会导致血流成河,帝国的新主人将发起新的迫害,烧死、砍死、溺亡、活埋、砍头、断肢似乎只是孩子的游

① 对照阿米安努斯:《罗马史》,21. 2. 2。
② 索福克勒斯:《安提戈涅》,行 198 以下。
③ [译注]指基督徒。

戏。尤利安的前辈们就是这样做的，他们以为尤利安的措施会更严酷。

122. 然而，尤利安对这样做的皇帝评价很低，因为他们没有到达目标，他本人发现这种迫害毫无意义。身体的疾病可以通过强制约束得到治疗，但火刑和砍头无法根除一种虚假的宗教信条。即便有基督徒被迫向诸神献祭，他的良心也会自责，也会谴责他身体的脆弱，从而内心仍眷恋此前崇拜的对象。那样做结果只会是改宗的假象，而非信仰的真正转变。被迫改宗的基督徒要么事后会被宽恕，若是被处死，就会和他们所崇拜的神一起得到崇拜。

123. 这就是他对迫害的批评。看到他的对手因迫害而影响力大增，他避免使用他不赞成的方法。他将那些能被治愈的人引向真理，但不会强行拖拉那些过着卑贱生活的人。[①] 尽管如此，尤利安不停喊道："这人，你急着要去哪儿？[②] 你认为黑暗比光明更灿烂，难道不感到羞耻吗？你难道没看到你病了，就像那些渎神的巨人？他们的身体和其他人没有什么不同，因为他们投掷传说的闪电：正是他们对诸神的蔑视，就像你们一样，导致神话产生。"

124. 尤利安清楚，一个以理解（understanding）对待宗教的人，与其他东西和虔敬比起来，显然更关心灵魂，最重要的是灵魂的福佑。灵魂对人之生活的影响，与龙骨之于船或地基之于房子一样。如果他让每个人比米达斯（Midas）富有，让每座城市比巴比伦还大，给每座城市的城墙涂上金子，却没有纠正他们的宗教错误，就如同一个医生接受一个全身有病的人，治好了其余部分，却没有治好眼睛。

125. 所以，尤利安首先谋求治愈人们的灵魂，引导人们认识天空真正的主人，把那些受此教导的人看得比亲人还近。他认为，

① 关于尤利安的宽容法令，对照尤利安：《书信 42》。
② 对照柏拉图：《克利托普丰》，407a。这是古代晚期作家大量模仿的一段。

宙斯的朋友就是他的朋友,宙斯的敌人就是他的敌人。更准确地说,宙斯的朋友是他的朋友,因为并非每个不是宙斯的朋友的人就是他的敌人,他不拒绝那些能及时皈依的人。通过对他们施予的魅力,他开始引导他们,尽管他们起初很不情愿。等他们聚集在祭坛周围时,他教导他们。[1]

126. 如我所说,尤利安首先恢复虔敬,仿佛是把虔敬从流放中召回。他新建一些神庙,修复一些,为另一些提供神像。尤利安要求那些偷挪神庙石头建房子的人必须出钱。你们可能见过用船或马车为我们那些受到劫掠的诸神运送石柱。哪里有祭坛,哪里就有火、牺牲、肥肉和焚香。神秘的仪式开始举行,预言师从恐惧中解脱出来,山顶上笛声飘扬,游行队伍连绵不绝。同一头牛既用来祭拜诸神,又是宴席上的食物。

127. 但是,皇帝不可能每天从皇宫到神庙去,而他又认为与诸神持续交流是最重要的时刻,所以在皇宫中部建了一座献给赫利俄斯王的神庙,如此他就能经常参与秘仪,有时他是主持者,有时是别人。尤利安也为所有神分别建造了祭坛,每天起床第一件事就是向诸神献祭,甚至比尼西阿斯(Nicias)还勤快。[2]

128. 到那时为止,他对这件事的热情达到极致,他首先想把失去的仪式重新恢复到原来的地位,其次在传统仪式上增加新的仪式。他的自制让他信心满满,由于他严厉控制感官享受,他的卧室旁边建了一座神庙。因为他在夜里的所有行为,没有一件配不上这样的邻居。

129. 他登基前对神和人所做的一切承诺,登基以后都兑现了。如果哪座城市的神庙还矗立着,他会很高兴,认为它们应该得到最大的善待;但如果哪座城市的全部神庙或大部分被拆毁,他就

① 对照尤利安:《书信 83》。
② 修昔底德:《战争志》,7.50。

会说它们已被败坏。他也会让这样的城市分享他分发的福利,不过,作为他的臣民,并非没有烦恼。在推行这一事业时,为了让天下重归诸神的引导,实现万众和谐,他就像一个造船工人,在一艘大船失去旧舵之后,又给它装了一个新舵。差异在于,尤利安是在恢复我们原初的保护神。

130. 这就是他首要的、也是最重要的事业。然后,他将注意力转向皇宫。他发现皇宫养着一群毫无用处的人。皇宫内有1000名厨子,同样多的理发师,比这还多的仆人。那里有数不清的杂役和太监,人数比春天四处乱飞的苍蝇和雄蜂还多。对于这些懒散的贪吃鬼来说,皇宫就是一个避难所,他们可以得到皇家称号和头衔,短时间内就能聚敛大量财富。所有这些人都由皇帝私库毫无用处地养活,尤利安不把他们当作仆人,而是当作累赘,立即将他们赶走。[①]

131. 此外,尤利安赶走大批文书,这些人尽管地位卑微,却能让官员们听命于他们。没有人敢住在他们附近,凡遇到他们的人,没有哪个能在不被他们抢劫、掠夺或强买强卖的情况下与他们说话。他们有的拖延付钱,有的则认为对孤儿来说,不伤害他们就等于付了钱。他们四处游荡,是每个拥有值钱东西之人的敌人,无论这些东西是马、奴隶、树木、农场还是花园。他们认为这都是他们的财产,而非所有者的财产。放弃祖传财产而支持这些有权势者的人就是有教养者,他将拿他的财产换取这个头衔。若谁反对这样,他就会犯有杀人罪、巫术罪,罪行累累,罪名数都数不过来。

132. 他们把富人变穷,把自己由穷人变成富人,因为他们把以前的富人变成乞丐来积累财富,他们的贪婪遍及大地的每个角落。在与皇帝通信时,他们插入自己喜欢的内容,所以要拒绝他们根本不可能。古老的城市被洗劫一空,它们的壮美经受住了时间

---

① 阿米安努斯:《罗马史》,22.4。

的考验,却被大海带走,为某个漂洗工的儿子建造比皇宫还华丽的房子。[①]

133. 他们心胸狭隘,每个人都有大帮随从。如俗语所说,他们反倒像主人。他们的仆人没有一个不出格的:他们监禁、抢夺、抢劫;他们攻击、驱逐、放逐;他们强迫他人为他们做农活,用马车和双轮车运输物品,像他们的主人那样掌握一切。

134. 他们不单单满足于聚敛钱财。如果不能拥有尊贵的地位,他们会憎恨钱财,因为那样他们就会继续处于奴隶地位。他们与主人一起,身背能使街道、要塞和城市在他们面前颤抖的"官职袋"。尤利安将这些地狱猎犬、多头怪物贬为普通人,告诉他们要庆幸自己逃过一劫。

135. 第三批邪恶的下属被赶出皇宫,他们是小偷和强盗,为了钱什么都敢说,什么都敢做。这些人剥夺自己城市的服务,逃避市镇议会和公民义务,购买侦查员的职务,成为皇家暗探。表面上,他们是警卫人员,防止皇帝对针对他的阴谋一无所知,实际上他们不过是猎人。

136. 正如早上开始营业的商店四处招揽顾客,这帮人也是这样。他们不会对阿谀奉承者说起用以贿赂的赃款,这样即使贿赂者没说一句话,也会因侮辱皇帝而受到他们的鞭笞。这不是单纯痛打一顿,而是为了确保他们从中获得豁免权,不再受到怀疑。没有人在他们的打击范围之外,无论是公民、访客还是外邦人。受到这种指控的无辜受害者,如果他不付钱,他就完了,而真正的恶棍,只要付钱,就能得救。

137. 这帮暗探的主要收入来源是发现针对皇帝的罪行,因为他们不会把罪犯交给愤怒的受害者,而是着眼于钱财,帮助叛徒,而非他们的雇主。

---

① 例如 Dulcitius,他曾做过小亚细亚行省总督。

138. 他们会让体面的市民与英俊的年轻人交往以勒索他们，利用这些市民怕丢脸的心理吓唬他们。或者，将施魔法的罪名加在一个完全无辜之人身上。这是两种非常赚钱的手段，但还有一种更赚钱。他们放任造假币者在窝点为所欲为，然后用劣币换回良币，以此发大财。

139. 总而言之，他们的收入来源，一种是隐蔽而充足的，另一种是公开且光明正当的，以合法形式遮掩，而且不比第一种少多少。因此，如果他们想到任何一个行省，立即就会评估能从那里搞到多少钱。

140. 这些“皇帝的耳目”，尽管假称要揭露每一个秘密，要改造恶人，却为邪恶敞开所有道路，实际上是豁免所有恶行。因此，阻止犯罪的人正是罪犯的保护者，他们就像牧羊犬与狼群一起狩猎，就像偶然发现隐藏的宝藏，从中分得一批金子——一夜暴富！

141. 人们一个一个被榨干，沦为乞丐，这些诈骗犯却富得流油。尤利安对此一直很愤怒，他发誓，若有机会一定要阻止这种恶行。当机会到来时，他立即禁绝这种恶行。他解散那伙人，剥夺他们的职级和头衔——他们凭借这些职级和头衔成功进行了一系列抢劫和巧取豪夺——然后，尤利安派他的贴身随从传送信件，但没有给他们任何权力。

142. 这意味着各城市是真正自由的，因为任何时候只要有某类人有权监督它们的错误行为，它们就不能自由呼吸。因此殴打发生了，或者有可能发生，这种事发生的可能性实际上等同于发生，甚至对那些没有经历过的人来说，也是如此。

143. 此外，公共驿站上的骡子要么死于过度劳累，要么就是被上述提到的贵人活活饿死。因此驿站效率低下，速度迟缓，由于任何阿猫阿狗都可以搭乘驿车导致骡子残废。在使用驿车这件事上，巡查员的证件与皇帝的具有同等分量。如此，骡子片刻也不得休息，从未看到过骡厩内部长什么样子；如果它们病了，就用鞭子抽,让它们小跑起来。因此,就需要二十匹或更多的骡子来拉动车架,大多数骡子一打开套具就倒地不起。在那之前,它们一直在拉车。结果,任何需要快速传送的东西都缓慢无比,各城市一次又一次不得不为损失买单。

144. 冬季能更清楚地证明这种可悲的状况。因为这时骡子的驿站接力完全中断,骡夫们逃到山上避难,骡子累得四脚朝天躺在地上,急匆匆的旅客除了大喊大叫、拍击大腿外,别无他法。由于这些迟缓,政府未能在几个关键时刻把握机会。我不必提驿马的类似处境,驿驴的待遇更差。但这一切意味着那些提供这种服务的人的毁灭。

145. 无论如何,尤利安制止了这种危急状况。他下令禁止非必要的旅行使用公共驿站,宣布谁若准许和接受驿站服务要接受同等惩罚,指示下属要么购买、要么雇佣骡马。然后出现了令人难以置信的一幕:骡夫和马夫在赶骡子和马。在此之前,它们的身体状况不佳是驿车速度迟缓的主要原因,现在人们担心,它们长时间不活动也会导致同样的结果。这样做确实给他的臣民带来更多的繁荣。

146. 尤利安对各城市的元老院也表现出同样的关心。过去,它们在人数和财富方面欣欣向荣,但此时,它们已经萎缩。除了少数人外,大多数人不愿投身军队或进入元老院。对那些人来说,有别的东西吸引他们。他们过着舒适的生活、享受身体快乐,还嘲笑那些不像他们一样生活的人。剩下的人,为数不多,处于水深火热之中,他们中的大多数人,由于为城市服务,最后竟沦为乞丐。

147. 然而,每个人都知道一个强有力的元老院是城市的命脉。君士坦提乌斯表面上站在各个城市的元老院一边,实际上是它们的敌人,因为他把那些企图逃避在军中服役的人转到其他领域,并且非法地给予豁免权。因此,城市元老就像穿着破衣服满脸皱纹的老太婆,抱怨不停,尽管行省总督们认同他们遭到恶劣对待，也渴望帮助他们，却无能为力。

148. 但最终各城市元老院还是恢复它们的地位。尤利安发布令人钦佩的法令，每个人都必须到城市元老院登记在册，除非他有充分的理由免除这一义务，从而极大提升城市元老院的地位，以致元老院的会议厅大小，无法容纳进入者的数量。

149. 不再有文书、太监可供收买：太监们履行卑微的职责，他们的衣着也不装腔作势；秘书们只完成需要手、笔和墨水的任务。除此之外，他们学会了如何举止得体，他们的主人教导他们不要轻视诚实的穷人。即使是现在，你们也会发现他们中的许多人，因与尤利安有联系而比哲人们还优秀。我个人的看法是，当时，除了各种不同等级的服务外，其他人对利益的考量最少，对荣誉的渴望最大。

150. 请记住，曾经当他们在城市广场上从马车上下来时，我们常常脸朝地下，就像被闪电击中一样。而现在，我们与他们握手、交谈，他们认为不装腔作势比向民众灌输恐惧更好。

151. 更重要的是，皇帝们很容易就能制定法令，这是他们的特权，但无法制定出真正有益的法令，因为那需要才智。但是，尤利安制定出种种有益的法令。由于这些法令，那些生活在他的时代之前的人们错过很多。他还更新法律的效力，这些法律由之前的皇帝制定，但被僭主们心血来潮地抛弃。因为在他看来，支持功勋制度要比直接攻击已经确立的惯例更高贵。[①]

152. 现在来看那些受到惩罚之人的情形。三个被处决的人中，有一个周游天下散播虚假的指控。[②] 他在欧洲和亚洲应该死一千次，那些了解这个家伙的人都因没有亲手将这个家伙千刀万剐而愤愤不平。第二个人是一个奴隶，[③]更要命的是，他还是一个太

---

① 对照尤利安：《书信 25》。

② 第一个经审讯被处死的人是保卢斯（Paulus），对照阿米安努斯：《罗马史》，22. 3。

③ ［译注］君士坦提乌斯二世的宫廷内务大臣欧西比乌斯。

监,尽管他对君士坦提乌斯非常忠诚。他对伽卢斯被杀负有首要责任。第三个是士兵们愤怒的牺牲品,据说他剥夺了皇帝赏给士兵们的赏赐,即使在他死后,也得到一些抚慰,因为皇帝放弃他的一大部分财产,交给了他的女儿。①

153. 然而,有些冒犯过他的人没有得到应有的惩罚,实际上有些人邀请冒名顶替者来竞逐帝位,并以各种可能的方式辱骂他。这些人没有被处决,而是被流放到岛上,在那里他们学会如何慎言。如此,尤利安懂得如何为那些遭受冤屈的人复仇,但是对那些冤屈过他的敌人则表现出高贵的宽宏大量。

154. 他进入元老院大厅,坐在首席元老的位置上,而它早已被剥夺这一荣誉。迄今为止,元老们都是被召到皇宫,站着聆听皇帝的训示,皇帝不亲自参加元老院会议。由于皇帝没有能力发表公共演说,就避开需要演说的地方。然而,正如荷马关于能干的演说者说的话,尤利安"用无过错的演说"参加元老院会议,允许任何想在他前面演说的人自由发表演说。他的演说,有时"言辞简单明晰",有时则"就像冬天飘落的雪花"。他模仿荷马作品中的演说者,着力以技巧胜过每位元老。

155. 有一次,正当他的演说进行到一半时——其中充满赞扬、责难和忠告,他获知他的老师,那位受召从伊奥尼亚前来的伊奥尼亚哲人正赶来元老院。于是,他从众年老的元老们中跳了起来,冲到门口,就如凯瑞丰欢迎苏格拉底那般。不过,凯瑞丰只是陶勒阿斯(Taureas)摔跤学校的学生,②而尤利安是天下的皇帝,是首席元老。而尤利安却用他的行动向所有人表明,智慧要比王权

① 第三个被处决的人是乌尔苏鲁斯(Ursulus),阿米安努斯(《罗马史》,20. 11. 5,22. 3. 3)完全不赞同这一定罪,利巴尼乌斯此处也是这种态度。

② 对柏拉图:《卡尔米德》,153a 的改写,在那里凯瑞丰欢迎他的老师苏格拉底从战争中返回。尤利安的哲学老师,以弗所的马克西姆斯之前受召前往君士坦丁堡。尤纳皮乌斯和阿米安努斯都描述过他抵达君士坦丁堡的情景。

更宝贵,他身上的任何高贵品质都是哲学所赐。

156. 尤利安像普通公民那样拥抱和问候他的老师,或是像皇帝那样互相问候。然后,尽管他的老师马克西姆斯不是元老,他仍把他介绍给众元老,因为他认为他从未在这个地方如此尊敬一个人。他发表演说,向大家解释马克西姆斯给他带来的根本变化,离开元老院时,他仍牵着马克西姆斯的手。你们兴许会问,他是怎么想的。你们可能认为,他不仅是向老师表达感激,而且还邀请天下的年轻人都跟从他学习。是的,我还要补充道,甚至上了年纪的大人也去追求学问,现在就连老年人也有了求知欲。因为如果一件事遭到我们的统治者的忽视,它就会遭到普遍忽视。而如果受到重视,它就会成为时髦。

157. 鉴于学问和宗教相似,看到一个近乎被毁,另一个已经被完全摧毁,所以尤利安志在完全恢复学问在人们心目中的地位。首先通过尊敬学问上有名望之人,其次通过亲自创作作品。无论如何,他立即创作了两篇作品,一篇花了一整天,另一篇花了一晚上。[①] 其中一篇痛骂安提斯泰尼的一个假冒的追随者,这位追随者对安提斯泰尼的信条的理解堪称荒谬的和无耻;另外一篇是献给诸神之母的优美演说。

158. 出于同样的意图,他将各城市置于有修辞能力的人的治理之下,并中止雇佣有速记能力,却没有理智的粗鲁之辈担任省长,因为他们会把大船弄翻。他看到那些饱读诗书、掌握治理技艺的人受到轻视,于是再次让他们掌管各省。

159. 所以,在他去叙利亚的路上,每个新任的总督都在行省边界以致辞的方式欢迎他,这是一种比野猪、奇鸟、雄鹿更可接受的礼物。在此之前习惯于将那些奇珍异兽献给皇帝,却没有致辞。

---

① 指尤利安的《驳犬儒赫拉克勒奥斯》和《诸神之母颂》。[译注]两篇作品中译见马勇编译:《尤利安文选》,北京:华夏出版社,2017 年。

现在言辞取代这类珍宝,这些接受他任命的新任总督们都是演说家。如西里西亚行省总督,是我以前的学生和尤利安的密友。他在尤利安完成献祭后,发表一篇向尤利安致敬的演说。两人都汗流浃背,一个是由于演讲而出的汗,另一个是由于对演讲者的喜爱而出的汗。[①]

160. 因此,哲学领域再次变得繁荣。对荣誉的渴望将学生们转到求知上,教师的地位得到提高,因为他们的学生要么和他们一起学习,要么在当天晚些时候戴着胡子、手持书本自己去上课。这样,缪斯女神的事业就会兴旺,真正的理想就会得到最高的尊重,适合奴隶的追求不应比自由人的追求更有分量。

161. 可是,还有什么比他把宗教和作为宗教最伟大礼物的演说术,从一个完全不光彩的地位恢复到受人敬重的地位更重要的呢? 在他的整个旅途中,[②]他很容易就能接触到教师,他离开大路,忍受旅途的漫长、辛劳和炎热,去参观神庙。

162. 他的虔诚得到当地神灵的重赏,他们告诉他有针对他的阴谋和拯救他的方法。就这样,他改变行军的顺序,加快行军速度,躲过埋伏。[③]

163. 他一进入叙利亚,就取消各城市的欠债。他进入神庙区,与靠近神像的镇议员交谈。他急于开始对波斯的报复,他既不喜欢拖延,也不喜欢待在原地浪费适合作战的时节,但允许他的步兵和骑兵休整,因为他们精疲力竭,需要进行短暂休整。他很不愿意这样做,因为他对波斯人的怒气在翻腾。然而,他不得不屈服于必然,宣称人们会拿他开玩笑,说他肯定和他的前任一样都是怯懦之徒。

---

① 指凯尔苏斯(Celsus),阿米安努斯:《罗马史》,22.9.13。

② [译注]指尤利安从君士坦丁堡前往安提阿的旅程。362 年 5 月,尤利安从君士坦丁堡出发,7 月 18 日抵达安提阿。

③ 关于拜访佩西努斯的大母神的圣殿,对照阿米安努斯:《罗马史》,22.9.5。

164. 让我们看看我们的皇帝待在安提阿时,他做的每件事是否值得称赞。波斯送来一封信,问他是否愿意接受一个使团,以谈判方式解决双方的争端。我们所有其他人都跳起来,请求他接受邀请,但他命令拒收波斯的信。因为当他的城市一片废墟时,谈论和平不可容忍。他回复波斯人,不必派使团来,波斯人很快就会看到他本人。即在交战前就赢得胜利,在战役开始前就树立纪念碑,我们知道在体育比赛中,当最受欢迎的选手走进赛场时,就会发生这类事。

165. 我们的皇帝在安提阿时,波斯人震动很大,这也许不值得大惊小怪。但令人吃惊的是,通常使别人颤栗的那个人自己却颤栗不已。无疑,让其他所有奇迹黯然失色的是,君士坦提乌斯从该地区撤走驻军后,在尤利安登基和抵达安提阿之前,波斯人没有袭击过我们的任何一座城市,只要提到尤利安的名字,他们就不敢异动。

166. 这就是尤利安对波斯人提议的决定,双方的争端要求剑而非言辞来解决。他认为,他的军队,那些一开始就与他并肩作战的士兵,各方面状态俱佳。因为他们身体健康、斗志昂扬,装备精良,参加战斗时都呼喊着诸神的名字。但是,他最近收编的军队,尽管他们外表英俊、身材高大、穿着镀金的盔甲,但是这些新加入的士兵由于长期在波斯人手下吃败仗,面对波斯人就像荷马史诗里的人看到山中有蛇,或者就像鹿看到猎狗一样。

167. 认识到他们的士气低落不仅是因为糟糕的领导,还因为他们在战斗时没有得到诸神的支持。为了提振他们的士气,尤利安在安提阿待了9个月,因为他认为即便军队数量占优势、装备精良、作战勇猛,但如果诸神不站在他这一边,一切都毫无意义。

168. 他的诸多作为就是为了争取诸神的积极支持:他使那只握矛的手,也拿着乳香和奠酒,好叫他们在战斗时,能向那些有能力先发制人的神祈祷。如果说服不起作用,就用钱币确保士兵的忠诚，通过微小的利益，士兵就可获得更大的收益。比如给他们一块金币，他们就能赢得战争的主宰者诸神的友谊。

169. 尤利安也不认为应召集哥特人前来助战，因为集结一支蛮族大军会有很多害处，会带来很多麻烦，因此他所依赖的就是诸神的支持。他向这些盟友献祭——战争之神、争吵之神、愤怒之神、恐惧之神，这些神若同意，敌人就会溃败。如果你认为，当他待在奥龙特斯河（Orontes）边时，[①]已经击伤波斯人，那你不会错得太离谱。

170. 我不否认，相当多的钱都花在这事上。但是，这样的花费要比沉迷于剧院、马车竞赛、与在笼子里的野兽搏斗之类的表演更值得称赞。当他不得不坐在竞技场里时，他的眼睛总是盯着别的东西，以他的在场来荣耀那一天，以沉思来荣耀他的思想。

171. 因为任何打斗、竞赛、欢呼都不能使他从沉思中分心。即使按照习俗招待一群杂七杂八的人时，尽管他允许其余的人像平常一样喝酒，但还是在饮酒间隙插入学问讨论，仿佛只在无法避免时才参与宴会。那些住在小木屋里的哲学沉思者，谁曾对自己的欲望有如此控制？谁在不同的时间祭拜不同的神，潘神、赫尔墨斯、赫卡忒、伊西斯和其他诸神，能对各种食物如此节制？谁曾在与诸神的交往中如此愉快地进行斋戒？

172. 诗人们讲述的传说成了事实。例如，一位神从天上下来，抓着某人的头发，对他说话，听了他的回答，然后离开。这类会话，叙述起来很乏味。但是尤利安登上卡西乌斯山去祭拜宙斯，正值中午，他看到了宙斯，宙斯也看到了他，他站起来接受一些建议，于是成功避开又一个阴谋。

173. 如果人有可能与诸神共享天空，尤利安会这样做，诸神会为他腾出空间。但由于这不可能由他的身体完成，所以诸神亲

---

① ［译注］安提阿就建在奥龙特斯河边。

自来见他,指导他做什么和不做什么。对阿伽门农来说,皮洛斯的涅斯托尔就是一名提出明智策略的顾问,但涅斯托尔是个老人,是一个凡人。尤利安不需要凡人来做这事,因为他本人就最善于出谋划策,他的建议来自无所不知者。

174. 尤利安有这样的救主守护,尤其重视与他们神通:他继续保持清醒的头脑,不让肚子承受过量的食物,以飞快的速度完成他所有的事务。一天中,他要接待很多使团,写信给很多城市、将领和民政总督们、他的朋友们,不管他们正在周游天下还是正在访问他的宫廷。他会听各地来信,检查各地的请求,他的语速胜过速记员的双手。他同时进行听、说和写:他在听人读信的时候,对某位速记员下指令,而他的手则用来在需要他个人签名的地方签字。最重要的是,他从未出错。

175. 休息属于他的下属,而他自己从一个任务跳到另一个任务。当他从国事中放松下来,早餐只吃足以维持身体和灵魂和谐的量。只要不被蝉声盖过,他就会拿起一堆书,大声朗读。直到夜晚,对帝国的关心使他重新回到国事中来。然后,再吃一顿比早餐更节俭的饭,这样的饮食会带来你们所期待的那种睡眠。饭后,尤利安会睡一觉。午夜时分,那些已经睡了一个白天的秘书就需要来到尤利安面前开始工作。[①]

176. 事实上,他的秘书需要轮流工作,轮流休息。然而,他可以自由切换,从一种工作到另一种工作,单独完成它们。他所承担的角色超过普罗透斯(Proteus),因为他是祭司、作家、预言家、法官、士兵、天下的救主,所有这些身份集于他一身。

177. 波塞冬在色雷斯首府引发地震时,信使不断送来信息,如果海神不息怒,那座城市将消失。听到这一消息后,尤利安站在花园里,被瓢泼大雨淋得浑身湿透,其他人都披着雨衣敬畏地看着

① 对照阿米安努斯:《罗马史》,25.4.5以下。

他。我们有福的君王稳稳地站在那里淋着大雨,直到晚上,他平息海神的愤怒,阻止色雷斯首府被毁的危险。事后,信使告诉他,就在那一天,地震停止了。暴风雨也没有给他造成任何损害。

178. 随着冬季夜晚变长,除了创作很多优美的作品,他著书攻击那位来自巴勒斯坦的宣称他是上帝、是上帝之子的同胞。[①] 通过长篇争论和强有力的论证,他证明这样的宣称是愚蠢的,是梦呓。就这同一个主题,他表明自己比那位来自推罗的古代圣哲更智慧:但愿那位推罗人能愉快接受这一说法,就像被他的儿子击败。[②]

179. 这就是我们的皇帝在漫长冬夜里的乐趣,而其他人通常沉迷于性事。但是,他没有问过谁有一个漂亮的女儿或妻子,如果不是赫拉曾把他束缚在婚姻中,他本来会对人的性事一无所知(除了通过书本之外)而结束一生。事实上,他一直哀悼他的妻子。在之前和之后,他从未碰过别的女人,因为他天生倾向节制,而他对预言的专注也倾向于这个方向。

180. 他在这事上花费不少时间,聘请最有能力的预言家,他自己在这方面也是首屈一指的,这样预言家们就不能误导他,因为他也能洞察预兆的秘密。事实上,他有时超过专业预言家,我们的皇帝才智如此广泛和无所不包,他对预兆的发现要么是源于他的洞察力,要么是源于他与神的联系。所以,凡是认为他不会授予官职的,他就授予;凡是认为他会授予官职的,他就不授予,因为授予官职与否由神决定。[③]

181. 此外,尽管有很多证据能够证明他是帝国的真诚保卫者,他对帝国福祉比对自己的福祉更加重视,但下面这一点可能最充分。他的密友劝他再婚,如此他就会有儿子继承帝位。但他回

---

① 指尤利安的作品《反加利利人》。

② 指推罗的波菲利(Porphyry of Tyre)的《驳基督徒》(*Adversus Christianos*)。

③ 尤其是对异教祭司的任命,对照尤利安:《致祭司》,305a 以下。

答说,这正是使他却步的原因,他的孩子若是堕落腐化之人,成为帝位继承人反而会毁灭他们,遭受法厄同(Phaethon)的命运。[①] 所以,他认为,相比于对帝国造成的伤害来说,没有子嗣不重要。

182. 他也不试图逃避分配正义的任务,因为他能够把人格分成许多部分。他把分配正义的任务交给专业法官和清廉的官员,但他会仍以法官的形象出现在法庭,参与[分配正义的]竞赛——除非你们想批评这个术语,说法庭对尤利安来说不是竞赛,而是一种消遣和娱乐。

183. 他会轻松反击辩护人的花招,以令人难以置信的智慧抓住问题的关键,比较错误的论点和正确的论点,并以法律先例驳倒他们的托词。他不会出于对富人财富的嫉妒,当富人是正义一方时仍攻击富人;或出于对穷人不合时宜的同情,当穷人是无耻的骗子时还站在穷人一边。他不会区别对待当事人,而是将他的判断用在案件事实上,所以有时富人遇到好结果,穷人下场很惨。

184. 如果他想,他本来即便触犯法律,也不会遭到惩罚。然而,他认为他应该比那些最顽固的官员更始终如一地遵守法律。因此,当他憎恨的一个人通过伪造文件歪曲事实时,他看到事实所在,但是由于受害者无法对文件的真假提出证据,他就判决受害者为有罪一方。他最后说,他并非不知道有欺诈行为,但受害方的不作为使他根据法律做出有利于罪犯的判决。因为,胜利者受到的伤害比失败者更严重,后者独自承受失去土地的痛苦,而前者丧失他的声望。尤利安以这样的方式惩罚那个做坏事的人,而没有触犯法律。

185. 当皇帝的法庭开放,所有人都可以自由地求助于它时,所有那些通过非法手段占有弱势一方财产的人,要么是通过赤裸

① 法厄同,赫利俄斯之子,要求他的父亲准许他驾马车周游天际。当天地即将被太阳的火焰毁灭时,宙斯用雷电劈死了他。

裸的抢劫,要么是通过欺骗的交易,都自愿提出赔偿。一些案件是对原告进行赔偿,一些案件是赔偿那些甚至没有进行诉讼的原告。这些人恐惧审判结果,因此每个不法者都自己审判自己。

186. 就如人们所说的赫拉克勒斯的情形,即使他不在的时候,无论是地上还是海上,到处都有处于困境中的人呼喊他的名字,他的名字成了他们的保护神。我们也知道,尤利安的名字具有同样的功效。城市、村庄、市场、家里、大地、海上,年轻人和老年人,尤利安一登上帝位,人们开始通过仅仅提到尤利安的名字,来驱逐迫害过他们的人,他的名字常常令打人者举起的手落下。

187. 尤利安的皇家法庭还负责裁决两个城市之间优先权的争端。这两个城市是叙利亚行省仅次于安提阿的大城市,其中一个靠近大海,风景优美。它们各自的代表发表长篇演说,那个沿海城市的代表阐述他们的一个公民对美和智慧的各种主张。[①] 内陆城市的代表则详述居住在他们那里的那个外邦人的智慧,[②]他选择他们的城市作为哲学研究的地点,还说他们的市民热情欢迎那位外邦人及其从各处而来的追随者。尤利安把两座城市可能都拥有的闪闪发光的大理石建筑搁在一边,而是比较两个城市的智慧者,他把优先权授予在这个方面更优秀的城市。

188. 这样一个判决,难道没有鼓励各城市追求德性,忽略无生命建筑的美,因为那对公正的评判毫无影响?

189. 我刚刚提到他神庙中的亲切和蔼。现在我可以就这个主题多说一些。当他在审判时,他把这种品质用在原告和被告身

---

① 劳迪西亚(Laodicea)城。[译注]劳迪西亚由塞琉古帝国安提俄克二世(Antiochus II,前261—前246年在位)兴建于公元前261年,以纪念他的妻子劳迪丝一世(Laodice I)。位于吕卡斯(Lycus)河畔。

② 阿帕米亚(Apamea)。[译注]那位外邦人指杨布里科,这是尤利安判阿帕米亚获胜的关键因素,他非常尊敬杨布里科。杨布里科是卡尔基斯(Chalcis)人,跟随波菲利学习新柏拉图主义后,来到阿帕米亚开班授业。对照尤纳皮乌斯:《哲人和智术师列传》,462以下。

上。他给他们充分的自由，可以大声说话、挥舞拳头，可以相互做各种手势和评论。总而言之，可以使用诉讼双方所依赖的一切手段打赢官司。他常常称呼他们“我的朋友”。

190. 这个称呼不仅用于辩护者，而且适用于每个人，这是皇帝第一次对他的臣民使用这个称呼，它比任何护身符都更能产生善意。他不认为，让臣民们恐惧和沉默不言，让臣民们合拢双手匍匐在地，仿佛他们喜欢研究他的鞋子而非凝视他的脸，让他们的所有言行都被看作奴隶而非自由民，能增强他的威严。对他来说，重要的是，他周围的每个人都有能力敬重他，而不是做上述这些行为。

191. 甚至当他穿着皇帝必须穿的紫袍时，他也没觉得有什么特别。穿着紫袍时，他不会上下打量它的颜色。如果紫袍颜色丰富，他不认为自己就比任何人更好，如果紫袍的颜色最丰富，他也不认为自己就无可匹敌。他没有以紫袍的颜色深度来衡量他的统治是否幸福。他让染色工和织布工去做适合他们的事，他相信他的统治之所以伟大是由于他的智慧和给予各城市的恩惠，这才能增加他的威望。

192. 他仍然头戴金冠，因为这是诸神的旨意。至于其原因，我认为，诸神也应该知道。无论如何，他本人不愿意戴金冠，但总有更高的力量阻止他这样做。

193. 金冠使我想起从前各城市的使节送的金冠，他们竭力想超过对方的重量。一个重一千斯塔特，另一个就重两千斯塔特，第三个则更重。尤利安不赞同这种过度，因为他很清楚，敬献此类贡品并非没有困难，所以他下令，进贡的金冠只能重七十斯塔特。他认为，这种向他致意的方式，无论重量多少，都一样真诚。他认为以荣誉为借口谋取利益纯属贪婪。

194. 至于那些传达他政令的信使和许多其他一样好的通讯工具，则不要求支付服务费，要是付钱给他们，他们就会拒绝提供服务。不正当收益伴有风险，显然，收取费用的人不可能逃脱审查，惩罚也不可避免。因此，一个好皇帝的名声不会被他下属的缺点玷污。

195. 正当他忙着这事时，赛马场里忽然响起饥民的呼喊声。他们抱怨土地去年歉收，安提阿的富人没有拿出库存粮食供民众购买，却抬高谷物价格。尤利安将农民、手工艺人和鞋匠们召集到一起，事实上他们与稳定粮食价格没什么关系，他用法令强迫确定合理的价格。他本人将他自己的谷物拿出来以遵守价格法令。当他看到安提阿元老院积极反对这一法令，抢购他贡献出的粮食，却将他们自己的囤积时，如果你们不熟悉当时的事件，你们可能期待听到皇帝动用武力，用火刑和溺死来执行这一法令，这类刑罚是针对那些发动叛乱的篡位者的。实际上，当臣民有能力配合皇帝的法令时，却不服从和不合作，而是不遗余力废除他批准的这些措施，等同于非武力的叛乱。

196. 施加这类惩罚以及更严酷的惩罚，符合他的皇帝身份。若是其他皇帝肯定会对这种不服从施加雷霆之怒，但尤利安一般能都控制自己的脾气。在这种情况下，他表现出一种特殊的自制，克制自己不去施加他们应受的惩罚，而用一种有名无实的监禁来惩罚他们。我们那座城市的父辈们没有一个发现自己进了监狱。在短暂的监禁中，他们甚至没在监狱度过一个晚上。一组狱吏将他们带进监狱，另一组就把他们带了出来，中间没有停留。他们对自己没有遭受伤害非常高兴，尤利安则对他们的表现非常痛心。他断言，这是他在我们这座城市所受的最大侮辱。

197. 因此，这件事尽管微不足道，他却认为很重要，与他的行为格格不入。他没有等他的朋友谴责他的做法，他自己对这一做法也评价不高。不是因为它针对无辜之人，而是因为他本不应该惩罚一个城市的元老院，不管他们犯了何种错误。

198. 无论如何，不久之后，整个安提阿更加不服从——是的，尽管我谈论的是我的家乡，但真相更重要——但他蔑视暴君们惯用的惩罚方式，转而用演说手段。虽然他有权力运用酷刑进行惩罚，但他选择用一篇演说来报复我们的城市，[①]如他之前做过的，他用演说报复一个厚颜无耻的罗马公民。[②] 尤利安本来可以没收那个罗马公民的财产，但他没有，相反他写了一封信报复那个无耻之徒。

199. 虽然尤利安不愿意看到流血，但另外十名士兵密谋杀害他。他们等着游行那一天行动，幸亏喝了酒，他们的企图没有得逞。事情真相大白，至此为止，密谋被公之于众。[③]

200. 人们兴许会感到惊讶，尽管尤利安善良、温和，尽管他的惩罚少得多，但仍不时遇到不忠的臣民。其中的缘由，我会在叙述他的离世时说明。唉，叙述他的驾崩真让我难过！眼下必须谈及他的密友。他的密友中，有些人表里如一，没什么能改变他们；有些人则徒有其表，随着时间流逝，他们的真面目就渐渐显露出来。

201. 尤利安无可置疑地掌控帝国，成为天下所有财富的主人后，他的部分密友毫无得利的想法。他们没有倚仗与他的关系增加财富，而是认为爱尤利安和被尤利安爱足矣，看到他们所爱的这个人是一个智慧的统治者，能统治这样一个强大的帝国就心满意足。尽管尤利安赏赐他们，事实上是恳请他们接受地产、马匹、豪宅、金银，他们却回答说，他们很满足，拒绝他的赏赐。[④]

202. 这就是他们的为友之道。然而，其他人长期以来对金钱贪得无厌，尽管他们假装蔑视金钱，实际上在等待机会。机会来临时，就抓住机会，要求和接受金钱，然后要求更多的金钱。他们对

① 指尤利安《憎恶胡子的人》，这篇作品写于363年2月。
② 《书信82》。
③ 这个事件似乎与尤文提努斯(Juventinus)和马克西米努斯(Maximinus)被处决有关。
④ 利巴尼乌斯本人就是这类朋友。

金钱的渴念永无止尽,因为没有什么能满足他们的贪婪。[1] 尤利安慷慨大方,把一切都赐给他们,但他不再认为他们是有价值的人。他因被欺骗而烦恼,但考虑到他们长期的友谊,他容忍了他们,认为自己做一个忠实的朋友比摆脱这些人更重要。

203. 因此,由于不懂得他的密友们的品性,如果他们表现得好,他就高兴,如果表现不好,他就难过。他坚守善,没有散播恶。他会敬重品性高于智术师头衔的智术师,蔑视被证明配不上哲人称号的学人。为了不让人以为他做了皇帝就会背弃旧日密友,他什么都愿意忍受。

204. 我认为,你们渴望吟诵他最后的、最伟大的功绩,即远征波斯。你们张大嘴巴等着这一部分,因为你们知道一个简单事实:他在胜利时刻倒下。但是其中的细节,你们听到的要么子虚乌有,要么就是假的。

205. 你们渴望聆听这段故事,是因为你们深知波斯的强大。他们曾战胜君士坦提乌斯的大军,而尤利安蔑视他们的傲慢,毫不畏惧地向东推进。除了岛屿外,包括大西洋中的岛屿,君士坦提乌斯掌控从大西洋到幼发拉底河的疆域,这片疆域可以征召许多高大、勇敢的士兵,他们本可以组成一支不可战胜的军队。

206. 然而,君士坦提乌斯的备战如此充分,有无数著名的城市、巨额税收以及皇帝私库。他的骑兵比波斯的骑兵更优良,装备着铠甲,甚至用护甲保护战马免受伤害。他从他的父亲君士坦丁那里继承了与波斯人的战争,那场战争需要一位勇敢且明智的皇帝有能力运用兵力优势。但是,君士坦提乌斯仿佛是发誓与敌人共同行动:他不想夺取敌人的任何东西,也不想让敌人赢得属于他的任何东西。在每年早春时节,波斯人围攻他的要塞;初夏时分,

---

[1] 可能在指尤利安的老师马克西姆斯,对照尤纳皮乌斯:《哲人与智术师列传》,477以下。

君士坦提乌斯开始率领他的大军跨过幼发拉底河，将精锐大军驻扎在那里。如果敌人露面，他就撤退，尽管他几乎能听见被围困市民的哀嚎，[①]他仍认为最好的策略不是攻击敌人或帮助正处于危境中的臣民。

207. 君士坦提乌斯行动如此迟缓的后果是什么？当敌人攻占他的要塞，毁灭城市，带走俘虏和战利品，他会派部队去视察那片荒凉之地，庆幸敌人没有造成更大的破坏。然后，他穿过各城市返回，受到民众常常是一场大胜之后的那种欢迎。这种状况年复一年重复着：波斯人跨过幼发拉底河，他认为敌人会攻击要塞，然后在敌人即将攻占要塞时开始行动，然后得到消息，敌人已经攻占要塞，他就满足于没有与敌人在战场上较量。敌人以大批俘虏为乐，他则以赛马为乐。各城市将他们的王冠送给波斯人，而他则将花冠送给他的赛马手。因此，我说他与波斯人是盟友，难道有什么不对？当他有能力阻止敌人时，却让敌人纵横无阻，就是在帮助敌人。

208. 不要以为我不知道那场著名的夜战，双方士兵在那次战斗中给对方致命打击后撤离；[②]也不要以为我不知道那次陆地上的海战，那次战斗非常艰难，最后拯救了那座饱受苦难的城市。[③] 君士坦提乌斯的耻辱在于，他继承了一支士气高昂的军队，惯于让敌人闻风丧胆，他们自己能承受恐惧，但是他糟糕的训练毁了那支精锐。

209. 哲学和传说充分证明，一切活动中训练具有至关重要的作用。训练可以让好人变坏，坏人变好，取决于是优于还是弱于他

① 如阿米达围攻战，对照阿米安努斯：《罗马史》，19. 1—8；辛佳拉围攻战，对照，阿米安努斯：《罗马史》，20. 6—7。

② 348 年，在辛佳拉有一场苦战，君士坦提乌斯宣称他获得胜利。对照阿米安努斯：《罗马史》，18. 5. 7。

③ 指 350 年第三次尼西比斯围攻战。

的天性。训练甚至能让女人爬上马背,成为战争中的佼佼者。如果你们强迫一个天生的好苗子整日醉酒狂欢,他的优良天性也会消失,学会种种恶,而非美德;若他沉迷于恶事,厌恶之前的生活,这些习惯就会毁灭他的天性。

210. 我认为,这就是君士坦提乌斯的大军的状况。因为他们全副武装,却被禁止攻击,当他们的亲属被敌人掳走时,他们却待在营帐中学习如何消磨、怎么才能不感到羞耻、怎么才能畏惧死亡。一开始,士兵们天然憎恨这一切,因为他们都是勇武之人,但后来,怨恨逐渐消失,变成接受,最后是彻底赞同。

211. 如果远处扬起一团烟尘,这不会刺激他们去战斗,而是让他们逃跑。如果一支波斯骑兵出现,规模也不很大,他们就祈祷大地裂开缝让他们钻下去。对他们来说,任何命运都要比看到波斯人靠近更好。他们的勇气、他们的信心虚弱到这样的地步,竟公开承认他们畏惧波斯人。如果他们曾要求驻地的民众留意敌人,"波斯人"这个词足以阻止他们继续前进以免自取其辱;如果有哪个爱开玩笑的人告诉他们,"波斯人来了",那么还未看到波斯人,他们就消失得无影无踪。在与自己的人民作战过程中,他们勇猛无比,但多年来对波斯人的恐惧已根深蒂固,你们甚至可以说,他们只要看到波斯人的画像,就颤栗不已。

212. 这就是我们那位光荣的皇帝打击波斯人的军队,如此堕落。但是,他们跟着尤利安,逐渐恢复他们曾拥有的勇气,加上他的巧妙策略,渐渐有了打恶战的信心。

213. 尤利安的策略如下。他知道保密的巨大优势,四处散播的信息毫无价值,而隐藏信息具有极大益处。所以,尤利安绝不透露他侵入波斯的时间、预定的路线和战略。事实上,他只字不提自己的想法,因为他很清楚,一旦他透露什么消息,就会被暗探发现。

214. 他指示东部大区长官在幼发拉底河集结船只,给它们装上补给。在冬季结束之前,他出其不意迅速渡过幼发拉底河。他没有经过那座人烟稠密的城市,[1]没有去那里接受通常献给皇帝的致敬。他知道,现在是全速行军时刻,所以他去了一座小城[卡莱(Carrhae)],那里有一座非常宏伟的宙斯神庙,他在那里虔诚祈祷宙斯准允他毁灭波斯。尤利安在那里从他的大军中分出两万步兵,派他们前出底格里斯河控制那个地区,从那个方向威胁敌人,必要时他若召集他们,他们可以赶来支援。[2]

215. 尤利安同时要求亚美尼亚人履行类似的任务。如果敌人预先破坏最肥沃的地区,他们就与尤利安会合,一起压迫敌人逃走。如果敌人守卫最肥沃的地区,他们就粉碎敌人。如此指示之后,尤利安继续行军,主力大军抵达幼发拉底河,这条河为大军提供饮水和运送补给。

216. 他们看到一支庞大的骆驼队,所有骆驼负载很重,所驮货物是来自天下各地最好的酒和人们用尽心思发明的用来增加饮酒乐趣的装置。尤利安问驼队骆驼上装的是什么,得知是酒之后,他命令将这些快乐之源留在后方。他说,好的士兵只应在胜利后喝酒,[3]他也是一名士兵,所以他的配给应该和其他士兵一样。

217. 这样,尤利安留下一切与舒适有关的补给,只带着形势所需要的补给上路。那片土地为他的辎重队牲畜提供了丰富的牧场,因为那个地区的春天已提前到来。

218. 随着行军的深入,他们看到一个位于河边狭长地带的要塞,这个要塞即刻就被攻占,不是通过进攻,而是由于敌人的恐慌。那里的居民看到对岸已被尤利安的大军占领,被闪闪发亮的刀剑

---

① 指埃德萨(Edessa)城。[译注]彼时埃德萨是一座基督徒占优的城市,兴许由于在安提阿的不快经历,尤利安故意避开埃德萨。

② 这支分遣大军由普罗科皮乌斯(Procopius)和塞巴斯提安努斯(Sebastianus)统领,与亚美尼亚国王阿尔沙克斯二世(Arsaces II)协同行动,从北部支援尤利安的主力大军。

③ 对照阿米安努斯:《罗马史》,24. 1. 14 以下。

吓倒,就打开城门投降,然后迁往我们境内生活。[1] 要塞中的补给堆积如山,可以为整支大军供应很多天。所以,尽管他们愈发深入沙漠地区,他们的食物和他们待在城市里时一样多。

219. 还有一个要塞位于幼发拉底河中的一个小岛上。[2] 整个岛都被要塞环绕,所以根本没有攻击者立足的余地。尤利安认为,那里的居民很幸运有绝佳地利条件,若是他尝试不可能之事,就是在帮助敌人,攻击那些坚不可摧的要塞和忽视那些可以攻占的要塞一样疯狂。所以,他告诉要塞的居民,他会很快返回来处理他们。他的话使他们极为恐惧,动摇了他们的决心。尤利安继续行军,穿过沙漠,抵达亚述。这片土地以只需少量播种就能产出高质量的谷物,那里还盛产酒以及其他好东西给当地居民带来繁荣。

220. 士兵们看到这一切,在每个村庄自由地收集丰富的补给。这些村庄的人口和规模与中等城镇相当,遍布亚述全境。尤利安的大军抵达这里时,对行军的艰苦毫无怨言,因为占领这片肥沃的土地,就是他们辛苦穿越沙漠的奖赏。

221. 他们在这里砍倒棕榈树,撕碎藤蔓,疯狂洗劫和摧毁谷仓。他们大吃大喝,不过不至于喝醉,因为尤利安处决一名醉酒士兵激发的恐惧起了威慑作用,所以他们仍保持行动能力,保持清醒。不幸的亚述人从远处的群山上注视着这一降临到他们头上的灾难。他们逃离这个平原地区,现在它被敌人掌控。作为平衡,在他们逃离之前,把幼发拉底河当作盟友。

222. 帮助一方反对另一方,幼发拉底河作用很大,它由许多其他河流汇入而成。当春天的雨季将亚美尼亚的冰雪融化,它的水流会很大,奔腾不息。河两侧的农民挖了很多运河进行灌溉,就

---

① 对照阿米安努斯:《罗马史》,24.1.6。
② 对照阿米安努斯:《罗马史》,24.2.1。

如埃及人利用尼罗河。幼发拉底河两侧的农民都可以控制河水是否流入运河。

223. 随着尤利安的大军逐渐深入,当地农民们打开运河水闸,将幼发拉底河河水引入运河和其他地区。这导致我们的大军举步维艰,因为整个地区都变成了一个大湖,阻挡士兵们通行,运河的水量涨到齐胸高或到下巴位置,有的地方足以淹没人。所以,士兵们要进行艰辛的努力才能避免武器、补给和运送辎重的牲畜被河水吞没。

224. 那些会游泳的士兵能自救,不会拖延行军速度。但是那些不会游泳的士兵,则需要架桥才能通过。一些士兵沿着又高又窄的堤道前进,以避免沾水。但是堤道很危险,所以有的士兵骑着马过河,奴隶们伸出一只手帮助他们的主人,主人则将奴隶拉到他们脚的位置。

225. 我们的士兵经历这样的危险时,不呻吟、不流泪,不抱怨战争,不爆粗口,也不把这事藏在心里,而是接受他们的处境,仿佛他们是在阿尔西诺斯的花园里散步。因为他们满怀崇高的希望,他们的皇帝也和普通士兵一样,自愿忍受着同样的辛劳。

226. 尤利安没有像其他皇帝在类似情境下会做的那样,把木板放在士兵的头顶以让他通行,没有在他的士兵们吃力行军时,他一个人独享舒适。他总是首先踏进泥浆、泥水和水中,因此,当他向士兵们展示他那湿淋淋的斗篷时,他是靠行动而非言辞鼓励士兵。

227. 亚述人抱着极大希望,以为这一巨大的沼泽区能将尤利安的大军驱离或陷于此地。但是,仿佛我们的士兵们都有翅膀,或波塞冬为他们截断水流,他们克服这一困境,开始集结兵力。现在不是要围攻一个要塞,而是攻击一座亚述大城。[1] 这座城根据在位

---

① Pirisabora,还有一个名字叫 Sapor;对照阿米安努斯:《罗马史》,24. 2. 9。

国王的名字命名,城墙里还有第二道城墙。所以,在大城里面有一个小城,就像一个大罐子里套着小罐子。

228. 攻击开始,居民恐惧不已,退入更小的要塞,以为要塞更坚固。我们的士兵,在控制外城后,挺进到内城城墙下,成了内城城墙上弓箭手的靶子,一些人被杀。但是,通过将土墩堆得高于城墙,他们迫使被困的守军投降。即使在和平条约中,这些俘虏也不会被交还给波斯人,因为他们非常熟悉波斯人活剥投降敌人的士兵的习俗。这些俘虏不是一时胆怯,而是经过顽强抵抗才投降的。

229. 就这样,尤利安战胜一切困难,没有什么能阻挡他。但是,对于敌人和他自己那些不懂得要么打败敌人要么战死的士兵来说,他是一个强硬的人。例如,一支掩护补给队的骑兵队,在战斗中失利,且指挥官在战斗被杀。那些原本期待会受到他奖赏的士兵,被他处死。尤利安不是从他的营帐中下达处决命令,而是在这支骑兵队返回后,走到他们中间下达。尽管他们人数众多,全副武装,而他的护卫只有三个,他却让他们当场蒙羞。他如此训练他的士兵要遵守和接受他们指挥官的每项命令。

230. 因此,尤利安通过面见那个大声呼喊要去寻回指挥官尸体的骑兵队,恰切惩罚那些没有团结起来支援指挥官战斗的士兵,向其余的士兵表明玩忽职守会有何种后果。然后,他返回营帐,威望比以前更高。

231. 为了尽可能最大程度地蹂躏敌人的土地,尤利安让大军频繁驻扎,以便主力部队固守营地周围时,轻装部队可以朝各个方向洗劫乡村地区。他们发现地下住所,带着亚述人的妇孺返回,结果俘虏人数超过前去劫掠的士兵。即便如此,大军也没有出现补给短缺。

232. 从那里出发,我们的大军继续面临同样的地势,四通八达的灌溉渠。确切地说,他们行经的是最糟糕的地区,因为沟渠比之前更多,深度也比之前深。在这里,尤利安毫无疑问地证明他是整支大军的救星。

233. 因为有人推荐另一条路线，尽管更长，却不需途经浸水区。尤利安回复说，他在大军行军途中唯一害怕的是缺水。眼下这条路线虽然很艰辛，但另外一条是灾难性的。眼下尽管有水阻碍，但还能行军，这要比到处寻找水井好得多！他让部下想起从前的一位罗马将军，那位将军由于这种轻率，给自己和部下带来灾难。就在这时，尤利安拿出一本书，把那位将军及其大军被消灭的过程念给他们听。[①] 尤利安用这样的论据让那些提出这种不幸建议的人羞愧，并让其余的人更加无所畏惧。

234. 不久，棕榈树变得多起来，大军开始用棕榈树建造桥梁，因此大军的通行变得容易。士兵们想在主力部队架桥之前过河，于是跳进水里蹚水而过。这样，敌人所仰仗的浸水区就被证明无效，尽管敌人希望浸水区能阻止尤利安，但尤利安的大军克服了这一困难。

235. 不久之后，敌人的另一个防御措施也暴露出弱点。有一个非常坚固的要塞，[②]也位于一个岛上，由于要塞城墙与河岸相连，且都很高，直冲云霄。至于其底部，除了一个很小的区域外，茂密的芦苇丛足以隐藏船工往岛上运东西，外面的人根本看不到他们。他们在芦苇丛的掩护下，充分利用幼发拉底河。要塞的城墙很高，攻城机无法发挥作用，首先是因为要塞建在一个岛上，完全覆盖整个岛；其次，岛屿很陡峭；最后，它是由烧过的砖用沥青黏合而成。

236. 这个要塞坚固到尤利安不愿尝试攻击，但是有一队敌人出动，攻击了我方的先头部队，差点伤到尤利安，这就使那些受害

---

① ［译注］这里指公元前53年罗马帝国与帕提亚帝国的卡莱战役。罗马统帅克拉苏(Crassus)率领八个重装步兵军团4万大军，深入帕提亚帝国境内，被帕提亚不足两万骑兵击败。克拉苏被杀，罗马军团鹰旗被夺。尤利安所用的那本书应是普鲁塔克《对比列传·克拉苏传》。

② Maiozamalcha，对照阿米安努斯：《罗马史》，24. 4。

者想围攻它。于是,他们发起围攻,波斯人从上面抛下阵阵嘲笑、侮辱和辱骂,用箭瞄准围攻者射击。他们以为,我方的这种战术就像试图攻击苍穹一样愚蠢。

237. 首先,尤利安亲自把攻城的火石和火箭对准守军,有一两颗还沿着城门闩滚落。然后,他用桥将小岛和河岸连接起来,挖沟人员以船为掩护。他们将船只颠倒过来,藏到下面,把船底当成屋顶,然后继续挖沟。针对这些策略,波斯人既没有火箭也没有其他办法,因为他们不能用钩刺刺到他们,也不能用石头或火箭攻击他们。

238. 尽管如此,他们没有感到不安。他们知道敌人正在挖沟和运用一切策略,但他们整日狂欢,以为敌人是在瞎忙活,不会有结果。然而,我方士兵不辞劳苦,继续挖,地道不断向上推进。地道宽到足够容纳一个人,夜深人静时,第一个士兵爬上去,神不知鬼不觉地从一座塔楼内部走出来,身后的士兵一个接一个跳出来。所有挖地道的人员都渴望成为突击攀登队的成员。

239. 一个老妪和一个孩子正在那里睡觉。她看到我方士兵,他们强迫她不出声,控制住塔楼大门,然后发信号给底下的人发动攻击,随着进攻号角吹响,守军卫兵惊慌地从床上蹦起来。我方士兵杀死他们遇到的任何一个人,敌人大部分从城墙跳下去摔死。士兵们大肆搜捕躲起来的人,没有人想要俘虏,他们宁愿毫不留情,把俘虏扔到城墙下面等着他们的长矛上,因为高度本身就足以摔死他们。

240. 这就是他们在夜晚举行的向战神致敬并在太阳神升起时向他展示的狂欢。在这一点上,他们违抗了尤利安的命令,因为他之前命令他们抓俘虏,以便向他们展示怜悯。然而,士兵们对波斯人的弓箭给他们造成的损失记忆犹新,狂怒让他们如此行事,在屠杀中为他们之前所遭受的痛苦找到一些安慰。他们请求尤利安宽宥,因为他们活着返回。

241. 随着守军被屠杀殆尽，这座要塞被摧毁，要比这个地区的任何要塞都毁得彻底。它的防御之坚固超过所有要塞，所以现在面临彻底被毁灭的命运。不管波斯人是否会重建这座要塞，都遭到了重挫。

242. 这次攻击如此光辉，远远超出一般人的努力。胜利者开始认为没什么都阻挡他们，敌人的士气就像他们的城墙一样低落，完全没有安全感。皇帝本人，尽管曾经打过艰难的战斗且将它们视作微不足道的成就，也不得不认为这是一次伟大的胜利。无论如何，皇帝说了一句之前从未对我这个叙利亚人说过的话。他说，我亲爱的朋友，这的确是一件美妙的事。但是，如果没有你，生活又有什么乐趣可言？

243. 那座要塞以我所描述的方式被夷为平地，这件事的传闻，让这条路线周边大部分地区的敌人逃之夭夭。因此，随军的平民甚至能进入村庄，拿走居民逃走时留下的一切。更确切地说，他们带走能拿动的东西，把搬不动的东西要么扔进河里，要么烧掉。例如，波斯国王的一座行宫位于幼发拉底河岸边，里面有优雅的波斯建筑、花园、精美的种植园和芳香的鲜花，还有一群野猪供国王狩猎。所有这些为罗马大军提供了一场劫掠盛宴，然后，这座行宫被烧毁。据说，这座行宫一点也不比苏萨的那座王宫逊色。接着，他们又烧了第二座行宫，第三座行宫，第三座尽管不如前两座优美，但也差不太多。

244. 通过这些战斗，他们抵达一直以来的目标城市。这些城市已经取代巴比伦城，成为巴比伦尼亚地区装饰，这些城市中间是底格里斯河，后者与幼发拉底河在下游稍远的地方汇合。在这里，大军不知所措。如果士兵们乘船经过，就不能攻击城市；如果他们攻击城市，就得放弃船只；如果他们航往底格里斯河，难度很大，船只也会被中途的城市截走。

245. 卡尔克斯(Calchas)、忒瑞西阿斯(Teiresias)或别的预言家都无法解决这一困难。俘虏周围地区的一些居民后，尤利安开始打听一条可航行的通道，他的信息仍然来自他的书。这条通道是一位昔日国王的杰作，从幼发拉底河可通底格里斯河上游的城市。

246. 俘虏中有一位男孩一无所知，另一位老年人被迫吐露这条通道的秘密。因为他看到尤利安对这一地区的地理有精准的知识，仿佛他是出生于这里，他的书籍让对他对这里的地势非常熟悉，甚至在他距离此地很远之前就非常熟悉。那位老人，告诉他那条通道位于何处，并说那条运河已经被堵塞，它的入口处已经变成耕地。

247. 在尤利安的命令下，整个障碍被清除，河道有两条，古老的一条已经干涸，另一条能将船只运往底格里斯河。由于幼发拉底河河水猛涨，底格里斯河的水量也大增，引起城市居民极大的恐慌，因为它似乎要淹没它们的城墙。

248. 这时，波斯军队的精锐抵达，他们占领河岸，盾牌闪闪发光，战马嘶鸣，弓弦紧绷，巨大的大象可以轻易冲过密集方阵，就如冲过一片庄稼地一样容易。这时，罗马大军面临如下处境：两侧都有一条河，近处的那条偏离他们行军的路线，稍远的那条则有一支波斯大军把守。背后则是一片被野蛮人破坏的地区，没有希望按原路返回。

249. 关键时刻到来：如果大军不想饿死，就需要超人的勇气，整个大军在慌乱中看着尤利安。他的第一项举措是表明他很有信心：他平整土地修建一个赛马场，召集骑兵进行比赛，为胜者颁发奖赏。不仅他自己的军队，而且敌人也在观看竞赛。一些敌人在平地上扎营观看，其他敌人从防卫墙后观看，认为能参加这样的胜利庆祝活动很幸运，对自己不能阻止尤利安举办这样的竞赛而自怜不已。

250. 正当军队享受赛马时，船上的货物被清空，表面上是为了检查补给是否短缺。实际上,尤利安想让他的军队突然行动而不预先通知他们。[1] 吃过晚饭后,尤利安召集将军们开军事会议,解释说只有一条路留给他们,即跨过底格里斯河,再次进入一片尚未遭到破坏的土地。其余的将军沉默不语,但主力部队的将军反对这个计划,警告说底格里斯河河岸很高,敌人众多。

251. 尤利安回答说,不管他们拖延多久,地理形势不会变化,而敌人的人数会不断增加。所以,他命令另一位将军指挥主力部队,他预言他将会成功,但代价是他的手会受伤,补充说不管是手的哪个位置受伤,都无需太多治疗即可痊愈。[2]

252. 当他站着仰望天空时,攻击部队已经准备就绪。接到信号后,尤利安把它交给军官们,军官又秘密地传达给部下。他们突然启航,但附近的敌人已经注意到,他们立即遭到攻击。但是,尽管如此,尽管敌人占据对岸,尤利安的大军还是全副武装,爬上了岸边的悬崖。即使是在和平时期,没有敌人,在白天不受阻碍,面对那样的悬崖也会胆怯。至于他们是如何做到的,仍然难以回答。这一壮举仿佛不是人力所为,而是某个神亲手将每个士兵提到岸上。

253. 上岸之后,紧接着就是一场大屠杀。他们消灭所有反抗的人,像噩梦一样降临在敌人身上,杀死所有还在熟睡的敌人。那些醒着的敌人仅比他们熟睡的战友有下述优势,即他们意识到发生了什么事,因为他们根本无法击退敌人。

254. 就像一片漆黑中发生的那样,大量的剑落在敌人的身体和树上,砍杀声暴露了发生的事情。到处是受伤的人或即将受伤的人的呻吟,垂死之人的呻吟,祈求怜悯的呻吟。我们的士兵继续屠杀,大地遍布敌人的尸体,总数约六千名。

255. 他们要是不贪图战利品围在死者周围,而是直接冲到城

---

① 阿米安努斯:《罗马史》,24.6.4。
② 阿米安努斯:《罗马史》,24.6.13。

门,把城门推倒,他们就能得到大名鼎鼎的泰西封。结果,他们得到被杀者的金银和马。但在黎明时分,他们被迫与骑兵交战,后者起初给他们带来了麻烦。最后,一个士兵从石墙后向敌人进攻时,敌人溃不成军地撤退。我军其余士兵过河,惊讶地望着周围的一切:我方士兵正在河里清洗血污,底格里斯河被波斯人的血染成了红色。

256. 现在考虑一下波斯对罗马领土的入侵及其每次的胜利,并将我们的这次入侵与他们无数次的入侵进行比较。你们也许会发现,他们的胜利表面来看壮观,但事实并非如此。他们的胜利是在没有抵御的情况下取得,而我们这次胜利是在面对敌人作战部队的情况下取得。因此,如果你们问波斯人,如果他们这次的灾难被取消,他们是否希望抹杀过去的胜利,从国王到士兵,他们都会回答:他们为过去的胜利付出了惨痛代价。

257. 你们也可以从下述事实得出这个结论。波斯人的数次入侵中,君士坦提乌斯从未遇到敌人要求停战的事。然而,在我叙述的事件之后,波斯国王派了一个使团前来要求结束战争,请求胜利者避免进一步的敌对,让波斯帝国成为罗马帝国的一个友好盟邦。

258. 派来的使者是一位贵族,他去找派他来的国王的兄弟,[①]后者是我们入侵波斯的大军中的一员。这位使者抱着他的膝盖,恳求他安排与尤利安皇帝会面。这位在我军中的波斯国王兄弟欢欢喜喜急忙来报信,很自信地以为会得到奖赏,但是尤利安皇帝命令他保持沉默,默默地把那位使者打发走,假装他与波斯国王的关系是这次会面的原因。尤利安反对停战,他认为"和平"这个词是削弱军队战斗精神最可靠的手段,因为如果士兵们相信战斗并非

---

① 霍尔米兹德(Hormisdas)王子,沙普尔二世的兄弟。君士坦提乌斯二世时期,逃到罗马帝国避难。

不可避免，当他们被迫投入战斗时，战斗效率就会更低。

259. 因此他绝不说“和平条约”这类愉快的词语。哪个统帅不是靠召集他的军队遵从这样的和平条款来证明他的统率是成功的？然而，尤利安尽管受邀缔结一个协定，却向波斯人的城墙发起进攻，攻击被围困的敌军，告诉他们，他们的求和是女人的做法，根本不像男人。

260. 尤利安给敌人的回复是，他要抓到敌人的国王沙普尔。他的想法是穿过阿比拉（Arbela），要么经过一战，要么不需要，如此他的胜利就可以和亚历山大的胜利比肩。他还制定一项计划，要踏足波斯帝国的所有领土以及邻近的所有地区。但是，我们的那支偏师和盟友的辅助军队都没有和他联系。作为盟友的那位国王欺骗了他，据说我们自己的偏师，在底格里斯河中洗浴时，一开始就遭到弓箭手的攻击，所以认为攻击当地的敌人更好。此外，那两位将军［普罗科皮乌斯和塞巴斯提安努斯］之间的不和导致士兵们松弛懈怠。因为不管何时只要其中一位命令行军，另一位就建议扎营，通过这种方式，后一位如愿以偿赢得士兵的支持。①

261. 不过，这一情况并没有阻碍尤利安行动。尽管他对偏师没有前来会合感到遗憾，但是坚持要像他们仿佛已经前来会合那样行动，并且开始畅想赫卡尼亚（Hyrcania）和印度的河流。但是，正当远征指向这些目标，军队要么已在行动，要么正在准备行动，一位神阻止他这样做，用荷马的话来说，这位神命令他考虑返乡。②

262. 依照早先的计划，船只已被付之一炬，当时认为这样做比把船只留给敌人更好。要是没有撤退计划，他可能也会这么做。因为若他们在远征取胜返回时，底格里斯河等待他们的将是湍急的水流，那会要求很多船工来掌控船只，可能需要超过大军一半的

---

① 阿米安努斯：《罗马史》，24.7.7。
② 荷马：《伊利亚特》，10.509。

人来划桨。那意味着大军将战败,因为剩余的一半士兵无需经过战斗就会被俘虏。

263. 此外,焚烧船只可以避免士兵松懈,因为若是不烧掉船,那些游手好闲的士兵就会以疾病为借口躺在船上睡觉,而若没有船,每个士兵就必须负重行军。不管他们多想保留这些船,下述事实表明他们不可能留住:他们甚至无法保证剩下的十五条船安全,那些船本来是用作架桥渡河。但是,即便对娴熟的船夫和操控船只来说,底格里斯河的水流太急,会将它们打翻,从而让他们落入敌人的魔爪。因此,如果有谁觉得愤愤不平,批评烧船的行为,恰恰波斯人更有理由抱怨。事实上,他们的确这样抱怨过,据说,他们后来经常如此抱怨。

264. 所以,尤利安率大军沿着底格里斯河行军,保持这条河在他们左手边。他们途经一个比之前更友好的地区,所以信心十足地增加他们关押的俘虏的人数。他们经过这片肥沃的地区后,抵达一个地表光秃秃的地区。尤利安命令部队存储二十天的补给,二十天的行程就是到罗马帝国边境上那座美丽城市的距离。[①] 我们的一支前锋部队遭到攻击,我们的士兵一拥而上,敌人的骑兵和步兵抵挡不住我方步兵的盾牌,脱离战场,因为他们精通逃跑。

265. 因此,没有发生激战,只有伏兵和小股敌军骑兵在壕沟的掩护下,向我们大军后方发起微不足道的攻击。敌人杀死的人数甚至不及损失的人数,因为我方步兵在骑兵长矛的掩护下,砍断敌人战马的腿,把马和骑手拖到地上,任由我方穿着铠甲的战士摆布。

266. 所有近距离攻击我方的敌人都是如此,但敌人弓箭手射程较远,他们瞄准我军毫无保护的右翼,迫使我军不得不对付他们,从而行军速度很慢。尽管如此,他们还是继续前进,箭雨并没

---

① 尤利安的目标是撤往科尔多内(Corduene),利巴尼乌斯此处显得是尤利安要撤往贝扎德(Bezabde)。

有使他们完全停下来。尤利安骑着马在战线上奔忙,从平静无事之处调兵到需要支援的地方,并派最优秀的指挥官守卫后方。

267. 到目前为止,他的行军都是成功的。对我来说,讲述的也是愉快的故事,然而接下来——唉！你们这些神、精灵和无常的命运——我要讲述一个什么样的故事！你们能否让我不谈结局,让我的讲述就此打住？先生们,愿福佑降临你们,因为你们将悲伤和哭泣！你们的愿望是什么？让我作首哀歌,还是继续讲下去？看来,尽管你们对这些事悲痛不已,还是要求我说出来,所以我必须讲下去,消除关于他的死亡的虚假说法。

268. 波斯人非常绝望:他们跪下来祈祷,恐惧我们已经控制他们最好的土地的大军,会在那里过冬。他们已选好使团,数着要送来的礼物,其中甚至包括一顶王冠,准备第二天派出使节请求和平,让尤利安确定和平条款。[①] 我方的情势则是,部分军队与主力分开,一部分忙于抵御敌人弓箭兵的攻击;另一部分没有注意,继续行军。突然起了龙卷风,尘土飞扬,在我方大军上空旋转,这对任何想攻击我们的人都是一种鼓励。尤利安骑着马,在一名护卫的陪同下,前去修补防线的漏洞,这时一支骑兵长矛刺中了他。他没有穿铠甲,显然他对自己取得胜利信心满满,所以没有采取任何防护,结果长矛穿过他的手臂,刺入他的身体。

269. 我们高贵的皇帝倒在地上,看到血往外涌,他想隐瞒刚刚发生的事。他再次上马,但血流表明他已受伤,他叫身边的战士不要惊慌,伤口并不致命。这就是他说的,但是他即将被死亡压垮。他随即被抬到营帐中他的床上,床上铺着狮皮和稻草。[②]

270. 御医说希望渺茫,军队听到他正在死去的消息,哭号捶胸,眼泪汪汪。他们的武器掉在地上,被扔在一边,他们认为没有

① 基于阿米安努斯对罗马人困境的叙述,利巴尼乌斯此处所谓准备在波斯境内过冬的说法是一位颂辞作家的误用。

② 对照阿米安努斯:《罗马史》,25.3。

哪个信使曾带着这样的消息回家。

271. 波斯人将原准备献给尤利安的礼物,献给拯救他们的诸神;他们开始在平常的餐桌上用餐,在那之前他们一直跪在地上祈祷;他们开始按照习惯的发型梳头,在整个战争期间都没有这样做。尤利安死后,波斯人的表现仿佛他们的敌人已经全部消失,已经被大地吞没。双方都确信,罗马的胜利依赖尤利安的天才,罗马人的哀恸表明他们损失巨大;波斯人手舞足蹈表明,他们认为自己已经获胜。

272. 甚至从尤利安弥留之际的言辞,你们都可以瞥见他的勇敢。当时,他周围的所有人恸哭不已,甚至哲人们也无法抑制自己。他责备他们,尤其是责备哲人们。他说,他生前的功绩将带他前往幸福岛,而他们的表现仿佛他的一生过的是塔塔罗斯的生活。他的营帐就如苏格拉底当年所待的监狱,他的同伴就像当年苏格拉底身边的同伴,他的伤口就是苏格拉底喝下的毒药,他的言辞也是苏格拉底的言辞。当年苏格拉底是唯一不哭的人,如今尤利安也是。

273. 他的友人恳求他指定一位帝位继承人,但他看到没有哪个人像他一样,于是交给军队做决定,命令他们尽最大努力自救,因为他已经尽一切心力拯救他们。[1]

274. 你们兴许想知道,是谁杀了他。我不知道他的名字,但是下述事实表明凶手绝非敌人:没有一个敌人因杀掉尤利安而受到奖赏。波斯国王发布声明,请杀掉尤利安的士兵接受奖赏,如果他前来领奖,会得到一大批奖励。但没有人夸口做了这件事,即便是为了得到奖赏,也没有人这样夸口。

275. 实际上,我们要感激敌人没有为他们没有做的事邀功,这可以让我们从我们中间寻找凶手。对那些谋杀尤利安的家伙来说,因为他们发现尤利安的存在对他们不利,而他们的生活方式违

---

① 阿米安努斯:《罗马史》,25. 3. 20。

反法律，所以长期以来阴谋反对他，最后抓住机会实施了谋杀。驱使他们如此行事的动机是他们天然的恶。在他的统治下，没有他们的活路，尤其是他对诸神的荣耀和尊敬，他们的抱负与尤利安的截然不同。①

276. 修昔底德关于伯里克利死后说的话，清楚表明伯里克利之于雅典的重要性，关于尤利安也可以这样说。在他活着的时候，士兵、装备、将军、军团、俘虏、钱、补给，一切都良好，但是仅仅换了一个统治者，一切就毁了。

277. 首先，他们没能抵挡住之前总是溃败的敌人；其次，他们被和平这个词困住。因为敌人也用了同样的手法，他们要求无条件接受波斯人的条件，新皇帝是第一个接受它的人。波斯人发现他们渴望和平，就虚张声势，敷衍了事，接受这一点，拖延那一点，用一连串的谈判耗尽他们的给养。②

278. 他们在食物和其他一切方面陷入可怕的困境，他们开始恳求，并被迫残酷认识到，乞丐不能挑肥拣瘦。最后波斯国王提出他的最低条件：将构成罗马帝国防卫要塞的城市、领土和行省割让给波斯。我们的新皇帝同意这些条件，毫不犹豫将上述地区的我方人员全部撤走。③

279. 我常常感到好奇，为何波斯国王在他有机会时，不索取更多！如果他要求将边境扩展到幼发拉底河、奥龙特斯河、赛德纳斯河（Cydnus）、桑加里乌斯河（Sangarius），或博斯普鲁斯海峡，谁会拒绝他呢？罗马有足够的人告诉他[约维安]，即使剩下的东西也足以为他提供一个帝国，一个可供他过纸醉金迷生活的帝国。所以，如果你们感激没有发生这样的事，你们要感激波斯人。因为

① 阿米安努斯说，在尤利安死后，认为罗马人应对尤利安之死负责的说法已经广为流传：《罗马史》，25.6.6。
② 阿米安努斯：《罗马史》，25.7.5。
③ 和平条约的细节，对照阿米安努斯：《罗马史》，25.7.9。

他们只索取了他们本来可以索取的一小部分。

280. 所以,我们返回的士兵,将武器丢给敌人保管,光着身子,大部分是乞丐,就如同遭遇海难一样。只要哪个士兵还保有盾牌、长矛,护颈套还挂在肩上,就是一个真正的英雄。这些乌合之众的唯一借口就是那个人死了,而那个人本来是要将这类不幸加于敌人的。

281. 你们这些诸神和不朽的存在,为何不把它实现?你们为何不让人类因知道你们而幸福,为何不让人类知道尤利安是他们的幸福的创造者?他的德行有什么缺点吗?他的哪个行动没有得到你们的批准?他竖起祭坛、建立神庙,以盛大的仪式崇拜诸神和英雄,天空,陆地和海洋,群山和河流!他与那些与你们为敌的人战斗!他比希波律图斯(Hippolytus)节制,像拉达曼图斯(Rhadamanthys)一样正义,比忒米斯托克勒斯(Themistocles)明智,比布拉希达斯(Brasidas)勇敢。他使一个病入膏肓的世界恢复健康。他憎恨错误、友爱正义,与恶人为敌,与所有好人为友。

282. 唉,这支强大的军队,给敌人造成如此广泛的破坏,夺取如此多的战利品,不该有这样的结局!我们原本期待整个波斯帝国都变成罗马的一部分,服从我们的法律,接受我们总督的治理,向我们纳贡;我们原以为他们将改变语言和服装,剪短头发,苏萨的智者将会把波斯的孩子训练成演说家;波斯的战利品装饰我们的神庙,将告诉后代这次胜利的彻底性;他完成这一壮举后,会奖赏那些写颂辞颂扬他功绩的人,敬重一些颂扬者,同时不鄙夷另一些,喜悦或不厌烦他们的劳作,而人们将比以往任何时候更喜欢演说;基督教殉道者的坟墓将让位给神庙:曾经亵渎它们的人会自动修复它们,那些拒绝献祭的人也会献上祭品;我们原本期待,每个家庭都会因无数的财产而变得更富裕,尤其是通过降低税收。因为据说,他面临危机期间,曾向诸神祈祷战争一旦结束,就将税收恢复到旧时水平。

283. 这些希望以及其他更多的希望被一群嫉妒的精灵夺走，他们把我们的勇士藏在他的棺材里带回来，而那时他几乎就要拿到他的奖品。哀悼声在大地和海洋回荡不是没有道理：他死后，人们不是为死而高兴，就是为活着而遗憾。对他们来说，他活着的时候，黑夜永不会降临，而在他死后，黑暗再次降临，他统治的短暂时期是一缕最纯洁的阳光。

284. 唉！你们想要建造的城市、想要修复的衰败、想让再次受尊重的演讲书、想要拥有的一切美德和力量，都已飘散！唉，那从天上降下来，又离开我们回到天上的正义！唉，命运的突然颠转！唉，普遍的幸福刚开始就结束！我们的情形就像一个口渴的人，把一杯清凉的清水举到唇边，只喝了一口就被别人抢走！

285. 如果我们注定要在这么短的时间内蒙受这样的损失，那么与其在饱餐之前失去，还不如压根就不尝！事实上，他让我们尝到这种味道，又收了回去，不是为了让我们享受美味，而是让我们悲哀地意识到，我们再也不能享受那种美味。就像宙斯把太阳给人类，然后又带走，让人间永处黑暗。

286. 事实上，太阳仍在走它同样的路线，同样照射光明，但好人不再有同样的快乐。我们对他的哀恸使我们的灵魂焦灼、我们的思想模糊、我们的眼睛蒙上迷雾，使我们与生活在黑暗中的人几乎无异！我们的皇帝被杀后，又发生多么大的灾难！那些对诸神喋喋不休的乌合之众只会装腔作势，而我们的祭司却要接受非法审讯，献祭诸神和焚烧牺牲都被罚款，或更确切地说，富人用自己的财产支付罚款，穷人则被捕并处死。

287. 神庙要么被拆毁，要么修建到一半停工，成了那些可恶的家伙的笑柄。哲人们遭到身体上的暴力，[①]凡接受尤利安馈赠的

① 马克西姆斯365年后遭到迫害，最后被处死；对照尤纳皮乌斯：《哲人与智术师列传》，478以下。普利斯库斯也遭到迫害，但没有被处死。

人都被视作欠了国库的债,还加上贪污罪名。这些人,在盛夏的中午被脱去衣服,在烈日下受苦,不仅被迫偿还所得到的,还要偿还显然没有得到也无法偿还的东西。偿还并非目的,实际上也不可能做到,所以要用火刑和拷打来折磨他们。

288. 修辞教师,之前是总督们的密友,现在像凶手一样被赶走。那些跟着他们的成群学生看到这一幕,像躲避破碎的芦苇一样躲避演说术,并寻找其他支持。城市的元老们争相逃避对共同体的义务,追求非法豁免权,而没有人制止这些违法者。

289. 到处都是投机分子,遍布大地、岛屿、村庄、城市、市场、港口和小街。房子和奴隶被出售,养父母、护士、仆人,甚至他们祖先的坟墓也被出售。到处都是贫困、乞讨和眼泪。农夫认为乞丐好过自己,今天施舍的人就是明天需要被施舍的人。

290. 哥特人、萨尔玛提亚人和凯尔特人,每个认为和平生活实属幸运的野蛮人部落,再次磨砺他们的剑。他们越过界河,向我们逼近,威胁我们。他们追击、俘虏我们,鞭打我们,就像邪恶的奴仆在他们的主人死后,抽打孤儿。

291. 凡有思想的人,都俯伏在地,用灰尘将身体遮盖。年轻人扯掉新长出来的胡子,老年人扯掉花白的头发,为自己和文明世界的命运哭泣,如果我们还能称之为文明世界的话!

292. 大地至少意识到她的损失,并以适当的哀悼来纪念我们的英雄。就像一匹马失去骑手,她摧毁众多城市,巴勒斯坦的多数城市被毁,利比亚的全部城市被毁。西西里最大的城市已躺在废墟中,希腊的一个城市也是如此:尼西亚——我们最可爱的城市被地震夷为平地,对未来丧失信心。①

293. 这就是大地对尤利安的尊敬,如果你们愿意,可以说是波塞冬对尤利安的尊敬。后来又有饥荒,有瘟疫,连人带牲畜都遭

---

① 指365年的大地震,对照阿米安努斯:《罗马史》,26.10.15。

殃,因为他一去世,地上的活物就不得兴旺。

294. 在这种情况下,我认为还没死是很大的损失,又有什么奇怪!我曾祈祷诸神不要赐给这个神奇的人这种荣耀,而是赐给他出生、活到老年,能长期统治。

295. 父亲宙斯!吕底亚诸王,即不洁的巨吉斯(Gyges)王朝,有一个王[阿尔杜斯(Ardys)]竟统治 39 年,另一个王[阿利亚特(Alyattes)]统治 57 年,那个背信弃义的卫士[巨吉斯]统治 38 年,而您只让尤利安统治 3 年。您本应让他比居鲁士大帝更长寿,或跟他一样长寿,因为尤利安对待臣民也像父亲对待子女一般。[①]

296. 然而,当我想起他在生命的最后时刻,在大帐中对哀痛者的责备时,我觉得他不会赞成我这部分哀恸。我相信,假如他来到我们中间,会对我们这样说:

> 你们为我年轻时受到致命一击而悲叹,但如果你们认为与神交往不如与人交往,那你们就想错了。如果你们认为诸神那里没有我的位置,那你们就根本不了解我,你们的处境很危险,因为你们对那个自以为最了解的人了解得最少。
>
> 297. 此外,对于我战死沙场,死在刀剑下,请不要为此难过。列奥尼达斯、伊帕美侬达斯,都是这种命运,诸神的儿子萨尔佩冬和门农亦是如此死去。如果分配给我的生命太短让你们悲伤,那么就让宙斯之子,亚历山大来安慰你们吧!

298. 他也许会这样说,但我要补充一点:命运的旨令不可更改,也许曾威胁埃及的命运现在折磨着罗马帝国。这是命中注定,但在他的一生中,他挡住命运,给我们带来幸福。所以,他离开我

① 希罗多德:《原史》,1.16;1.25;1.14。利巴尼乌斯这里关于阿尔杜斯统治时间的说法有误,应该是统治 49 年。

们,为一个堕落时代让路,让那些注定受苦的人生活于不幸之中。

299. 让我们在内心深处考虑第二点。即使他很年轻就离世,他的功绩也超过最长寿的皇帝。谁记得比他活得三倍长的人所做的事情?现在他不在了,我们必须牢记他的声望,忍耐他的离开,不要为他的死感到遗憾,而是为他生前所做的事感到高兴。

300. 他越过罗马帝国的边界后,仍然统治着它:虽然他在敌人境内,仍控制着自己的帝国,无论在场或缺席,他都有同样的能力确保帝国和平。他远征波斯期间,没有一个野蛮人背弃与他的协议,国内也没有发生叛乱,这种恶行即使在至高无上的皇帝的统治下也经常发生。不管是出于爱还是出于恐惧,或更确切地说,不管是恐惧让野蛮人安分守己,还是臣民真正爱戴他,他都应该得到最高的敬重。因为他既能让敌人恐惧,又能使臣民对他忠心耿耿。如果你们愿意,可以说他能激发敌人和臣民的每种情感。

301. 因此,让这种考虑消除我们的一些悲伤吧!还有一点,他的臣民没有一个不会说,他的君主不是一个比他更好的人。如果一个人在智力、修辞和其他美德方面都比别人优秀,那么他理应统治那些天赋不如自己的人,那么还有谁比尤利安更有资格当皇帝?

302. 我们再也看不到他的肉体,但可以读到他的作品。他的作品数量众多,涉及一切至高的艺术。不过,那些长年浸淫文史的作家,大多数人始终害怕通往学问的方法远超他们实际掌握的数量,以致他们因拒绝写作而受到的指责,不亚于他们的作品受到的赞扬。然而,尤利安能在战争期间创作演说,留下各种作品,每一篇都很优秀,他的信件甚至超过他的作品。

303. 我得到这些作品时,感到一丝安慰。通过这些作品,即他留下的后代,你们将能忍受悲痛,因为他已经把作品作为他的后代永远地留下,时间不能像除去他的皇帝肖像那样把它们除掉。

304. 既然我提到他的肖像,许多城市都在神庙为他设立雕像,像尊敬神明一样尊敬他。在此之前,人们一直向他祈祷,祈求祝福,他们从未感到失望。所以,他显然已升到天上,已按照诸神的旨意,分有神的能力。人们是对的,即那些差点用石头砸死第一位带来尤利安死亡消息的信使的人,是对的。因为在他们看来,那位信使说的是谎话——一个神不可能死去!

305. 甚至波斯人用绘画展示尤利安的入侵,也给我了一些安慰。据说,他们将尤利安比作雷火,并在雷火旁写上他的名字,表明他给他们造成的灾难超过任何人力。

306. 他的坟墓位于西里西亚塔尔苏斯城外。[①] 他的墓葬本来应该在阿卡德米,紧挨着柏拉图的墓,这样他就可以得到每一代学生和老师给予柏拉图的荣誉。创作欢乐的歌曲、胜利的歌曲、各种赞美歌来荣耀他。那样的话,我们可以召唤他来帮助我们对抗那些再次发动战争的野蛮人。因为当他有能力从占卜中知晓未来时,他认为他应该询问的主题是他能否伤害波斯,不管他能否安全返回。这表明他更加渴望荣耀,而非顾全性命。

307. 被如此卓越的人统治幸福至极,虽然我们失去了他,但我们必须在他的荣耀中为我们的悲伤寻求安慰。我们可以把手按在他的坟墓上,凭他与诸神一同起誓,这比那些野蛮人指着他们中间最正直的人起誓更有道理。

308. 您,由诸神养育,是诸神的信徒,诸神的同伴,您的坟墓只占据大地的一小块土地,却以它的奇迹拥有整个世界!您在战争中征服异邦人,您的臣民却无需战斗,他们却比儿子失去父亲、父亲失去儿子、兄弟失去兄弟更难过!您已完成许多伟大的事业,本来还会完成更伟大的事业,您是诸神的护卫者,诸神的学生,他们摒弃一切享乐,只救护擅长雄辩之人——这是我用我微不足道的口才给您提供的祭品,您曾认为我的口才很好。

---

① 对照阿米安努斯:《罗马史》,25.9。

附录三

论为尤利安复仇

利巴尼乌斯

1. 陛下,[①]在我们目前的困境中,悲伤和呻吟,毫无目的地度过许多无眠的夜晚,皆毫无益处。如果我们以这种方法纠正我们的任何不幸,那么一切,至少就您和我们其他人关切的失望而言,本来会在很久之前就好起来。您必须做这件事,采取高贵和光荣的行动,这样我们才能对敌人做他们现在对我们做的事。应该用这种方式,而非哀恸,我们才能享受行动的快乐。

2. 神谕现在应再次发挥它们以前的功能,给那些询问他们应该做什么来改善他们处境的人提供建议和指导。眼下不需要顾问或参赞,因为关于我们的福佑的决定本由诸神做出。然而,神谕沉默不语,让这个世界变得不幸福。[②] 我们在追求幸福的过程中,不得不求助于人的智虑。所以,陛下,若我谈到我们眼下的失败,请原谅我。如果您认为我说得有道理,请仔细听。如果我说的是废话,请接受我的好意,去请教其他可能对您有利的顾问。

3. 一些人指责我们的将军,另一些人则指责将军们统率的士

---

① 这篇演说创作于阿德里亚堡战役(378 年)之后,献给忒奥多西皇帝,后者于 379 年 1 月就任东部帝国皇帝。

② 占卜一直是帝国立法的目标,但受到基督徒皇帝的压制,尤其是在尤利安异教复兴运动失败后,遭到极力压制。利巴尼乌斯的意思是,由于对占卜的忽视,导致整个世界陷入不幸之中。对照阿米安努斯:《罗马史》,29. 1—2。

兵，说将军没有恰当地训练士兵，或士兵天生就是怯懦之辈。[1] 然而，看到他们经历许多战斗，在行列中牺牲的方式，他们的鲜血染红色雷斯、马其顿的大部和伊利里亚的部分地区，我无法说出这种话。

4. 雨水和时间抹去那些血污，但留下成堆的尸骨。据说，在这些尸骨中，可以看到将军、团长和级别较低的军官，皇帝就战死在他们中间。瓦伦斯皇帝的战马也在那里，我们知道它跑得有多快。马夫们把战马送到他身边，请求他为了帝国保命，让他上马。但他回答说，这么多人战死后，继续活下去是错的，所以他没有坟墓，他的尸体上面堆满成堆被杀的士兵。[2]

5. 所以，如果您愿意，请不要谈论将士们怯懦、软弱或缺乏训练。请不要把野蛮人的胜利归因于此。士兵和军官的士气和他们的祖先一样，他们在战斗技艺和训练方面丝毫不逊色于他们的祖先。他们对荣耀的热爱如此强烈，以致他们与炎热、干渴、烈火和刀剑战斗，宁愿战死也不逃跑。那么，敌人怎么会战胜我们？我相信，是某位神在生我们的气，站在敌人一边战斗。至于我认为造成这种愤怒的原因，我接下来就说。

6. 我们赫赫有名的尤利安皇帝在他奋力稳固已散乱的防线时，骑着马冲向敌人，呼喊着威胁敌人时，侧面遭到重击。致使尤利安受伤的是一名泰耶尼人（Taiene），[3]他遵照他们的指挥官行事。这一谋杀行为会让他的指挥官从那些急于要杀尤利安的人那里得到奖赏。因此，这个谋杀者充分利用当时的混乱场面、狂风和风沙弥漫，来打击尤利安，然后撤走。

---

① 对照阿德里亚堡战役前，塞巴斯提安努斯对罗马军队阵型的评论，参佐西莫斯：《罗马新史》，4. 23。

② 关于瓦伦斯皇帝战死的详细描述，参阿米安努斯：《罗马史》，31. 13. 12。

③ 泰耶尼是萨拉逊人的一个部落。萨拉逊人独立于罗马人和波斯人，常引发波斯人和罗马人的边界冲突。利巴尼乌斯此处暗示，罗马一方的基督徒高官雇佣萨拉逊人暗杀尤利安。

7. 尤利安立刻从马上跌了下去,但随后又爬上马,监督战局以确保防线安全。尽管他看到自己的血喷涌而出,却没有停止做这些事,直到失去知觉。随后,尤利安被抬到营帐,所有人围着他泪水涟涟,只有他一个没有流泪。他并没有对这场战争感到后悔,反而称赞自己发起这次战争。他说他很难过,不过不是因为他就要死了,而是因为他的大军将群龙无首。然后,他凝视着即将前往的诸神所在的苍穹,离开了这个世界。[①]

8. 另一个人成了皇帝。[②] 新皇帝本应毫不犹豫地支持死去的前任,他本应以惩罚谋杀尤利安皇帝的凶手来开启他的统治,但他认为这样做纯属多余,毫无意义。于是,尤利安的遗体被运回,引来那些策划这一罪行的人的嘲笑。与波斯人的多次和平谈判中,没有听说他们中有谁因谋杀尤利安而受到奖赏,即使是可以预料到的奖赏也没有。[③]

9. 我认为诸神对新皇帝很愤怒,所以他被迫与敌人议和,条件是敌人得到他们做梦也想不到的东西,[④]即整个亚美尼亚、重要的边界城市尼西比斯和很多坚固要塞。[⑤]

10. 出于我认为很明显的原因,即他[约维安]很快就去世,[⑥]他可能无法进行这样的调查。但是,那两位兄弟皇帝[瓦伦斯和瓦伦提尼安],同样不愿为尤利安复仇。他们很关心尤利安的坟墓,关心它涉及的费用,准备亲自去看一番,询问督工坟墓的建设情

---

① 对照阿米安努斯:《罗马史》,25.3。

② 利巴尼乌斯在他的诸演说中很轻蔑地没有提到约维安皇帝的名字。

③ 这个说法也见于《尤利安葬礼上的演说》,274以下。

④ 同时代的史家着重强调这份条约的耻辱,甚至基督教史家们也是如此。对照阿米安努斯:《罗马史》,25.9;尤特罗庇乌斯:《罗马国史大纲》,10.17。基督教的宣传家们试图谴责尤利安,但以条约形式向敌人割让领土是罗马人很罕见的情形,因此显然是一个耻辱,对照奥古斯丁:《上帝之城》,4.29。

⑤ 在约维安与波斯人签订的和约中,尼西比斯和15座要塞、两河地区大量领土被割让给波斯。参阿米安努斯:《罗马史》,25.7.9。

⑥ 约维安统治时间只有8个月。

况。总而言之,兄弟俩显出极大的热情要隆重纪念尤利安。[①]

11. 到此为止还不错,但接下来就不怎么样。因为与其说他们的作为令人不快,不如说他们的不作为令人恼怒。对他们来说,什么也不做,不关切尤利安坟墓,本来要比他们实际所为好得多!与惩罚谋杀犯相比,没人会对为无辜的受害者建一座漂亮的坟墓感到高兴!根据目前的说法,凶手肯定来自我们这边。没有抓住凶手,且两位兄弟皇帝没有受到这件事的触动,而他们本应受到触动,他们本应该召集大臣调查凶手,尽管他们遭受的灾难不断使他们回想起这件事。

12. 萨尔马提亚人毫不畏惧两位皇帝无敌的大军,他们跨过多瑙河,洗劫繁荣的伊利里亚行省,[②]然后将我们多年的硕果运回他们的家乡。有人可能会好奇,那位地方总督的悲痛,[③]这种悲痛让他觉得那一年是服丧年,而非晋升执政官头衔的一年。但是,我们的附庸部落从事这种冒险行为的原因是什么?

13. 我认为,原因就在这里。那位冒牌者的叛乱给诸多城市带来灭顶之灾,使两位兄弟皇帝的后辈遭受巨大痛苦,也可归因于同一个原因,[④]随后的叛乱更是如此。[⑤] 不管普罗科皮乌斯是什么样的人,他至少是尤利安皇帝的一个亲戚。他每天生活在恐惧、躲藏和逃避被捕中,在逃离他预期的死亡时,他做出最后一击。但

---

① 尤利安的遗体被立即运回安葬在塔尔苏斯,见《尤利安葬礼上的演说》,306;阿米安努斯:《罗马史》,25.9。很久之后流传的一个故事说,尤利安被葬在君士坦丁堡的皇家墓穴。

② 萨尔玛提亚人和夸迪人入侵伊利里亚是374年,参阿米安努斯:《罗马史》,29.6.6。

③ 普罗布斯(Probus)。阿米安努斯说,他在374年任皇家禁军统领,他获得执政官衔是371年。头衔的混乱可能是利巴尼乌斯故意为之,意在夸大灾难的严重程度,而非因为他的手稿遭到破坏。

④ 普罗科皮乌斯(Procopius)于365年年末,在小亚细亚发动针对瓦伦斯皇帝的叛乱。

⑤ 有人将欧根尼乌斯(Eugenius)395年的叛乱与普罗科皮乌斯的叛乱等同,这是错的。利巴尼乌斯《演说辞1》有一个类似段落写于同时,那个段落表明这里所谓的叛乱指的是371年忒奥多鲁斯(Theodorus,此人是狄奥多西大帝的父亲)的阴谋,遭到瓦伦斯严酷惩罚。

是,那些尤利安曾慷慨善待过的人,那些他曾给予荣誉的人,那些他曾把他们当作朋友的人,那些与他同桌共餐的人,之所以参与这场叛乱,一定是出于我所言明的原因。

14. 安提阿和罗马的杀戮事件显明上天的愤怒,[①]因此一些人遭了厄运,另一些人则预料到了厄运。恐慌弥漫整个天下。我并不是在批评皇帝们,他们有权对已被证明有罪的罪犯施加法律规定的处罚。但是无数人遭受极刑,而他们中的大多数人都出身名门,这一事实证实我的判断:这个世界受到某种超自然力量的侵扰。

15. 这些最近的灾难显然是一个不幸民族的灾难。我们有25个行省遭到劫掠,[②]住在城外的人被掳走,住在城内的吃尽所有食物后,死于饥饿。他们甚至不会被埋葬,他们的亲戚把他们拖到城墙上,把这些不幸的人剥光后扔到城墙下。

16. 这就是哥特人举行的狂欢节。在那之前,哥特人每听人提起罗马人的战争技艺就瑟瑟发抖,但是现在他们成了胜利者。我们高贵地战死,这也适合勇敢之人,但还是难逃被打败。那些一生都在军营的士兵已经离开我们,我们只能求助于我们的农民。陛下,除非您听从我的建议,解决我认为是引起我们困境的原因,否则,我们只能做最坏的打算,没有一丝希望。

17. 我猜想,有人会说我在虚构一起从未发生的谋杀,因为在这些人看来,谋杀尤利安的凶手一定是敌人的一员。我先不说,一个波斯人绝对不敢闯入我们的军队,除非他想自杀。即便闯入我方大军的敌人人数庞大,那被我方杀死的人数也会更大。事实是,尤利安是唯一被杀的,他周围的士兵和卫兵都没有受伤,实际上也不可能受伤。因为尤利安才是奖品,才是凶手盯住的目标。

---

① 指马克西米努斯对罗马元老院的杀戮,参阿米安努斯:《罗马史》,28.1。

② 阿德里亚堡战役后,哥特人展开对巴尔干半岛诸行省的大规模劫掠。对照佐西莫斯:《罗马新史》,4.25.2。

18. 我重复一下先前说过的:往昔有很多派往波斯国王处的使者。他们告诉我们,对波斯人来说,为胜利而沾沾自喜是常有的事,他们常常编瞎话说他们给罗马人造成灾难,杀死了罗马人的皇帝。然而,波斯国王没有,他的将军们也没有,任何个人也没有宣称要对尤利安的死负责。

19. 据说,波斯人画的那幅尤利安的画中也没有展现这件事。如果他确实是波斯人所杀,那么他肯定会出现在画上,因为这将大大增加他们的声望,而那幅画上尤利安的形象是一只喷着烈火的狮子。波斯人描绘了他们遭遇的一切,但他们没有添加任何他们没有做过的事,也没有把从未发生的事情归功于自己。

20. 最能说明问题的一点是,被派去波斯进行谈判和平解决争端的维克多(Victor)、撒路斯提乌斯(Salustius)和使团的其他成员,被沙普尔国王问道,尤利安皇帝作为仅有的一个被杀的人,罗马人却根本不关心给他复仇,罗马人是否感到羞愧。这是对这件事的真相最清晰的暗示。沙普尔喊道:“为什么!若我的一个统帅被杀,我会把那些他身边没死的人全部剥皮,把他们的头送到他们的亲人那里以宽慰他们。”如果这件事是敌人干的,沙普尔绝不会说这样的话,因为他们怎么能惩罚一个他们抓不到的人?

21. 尤利安是被长矛刺死,而这又不是波斯人所为,那么凶手一定是我们自己人:他们暗杀了他。这对他们自己和别人都有好处,这样一来,诸神的宗教就会受到侮辱,因为他们对诸神享有的尊敬几乎要气炸了。

22. 有人可能会反驳说,至今还没有人站出来指控或检举凶手。尽管如此,您应该调查这件事,毫不松懈地进行长期追查。对那些能提供证据却不愿提供的人,你应该用劝说、鼓励和激励的方法。您应该提供奖励、允诺奖赏,对天起誓,也要用威胁迫使他们开口。

23. 如果您这样做,您就有足够的消息公告天下,是谁策划那次暗杀,是谁最先听到风声,是凭靠什么诡辩诱使凶手采取行动,贿赂的数额是多少,从犯还有哪些人,凶手在刺伤尤利安后如何溜之大吉,以及那些分享他的胜利的同伙是谁。

24. 如果您不采取行动,显然,对任何本可能大声喊叫的人来说,最安全的办法就是闭上嘴巴。要是前任皇帝们决心追查,如果总督们明确表示在阴谋被查清之前不会停止调查,那么秘密很快就会曝光。因为在黑暗的角落里总会有人在嘀咕整个谋杀是如何策划的。这类人认为,当那些有义务表示不满的人没有这样做,他们自己先去检举,是非常愚蠢的,因为他们不知道自己这样做会不会得到认可,甚至担心自己可能会由此遭到迫害。

25. 此前,若有行人被谋杀,凶手已经逃跑且正在享受劫夺的财物,也没有人把他们扭送官府,但是法官没有因为没有希望就放弃案子,也没有因为没有检举者出现而有所松懈。不,法官追索天地间,不让任何罪犯逃脱,坚定地运用敏锐的直觉之眼。结果,当凶手们以为罪行毫无证据可查时,最后被逮捕。

26. 在城市和远离人类居住地的地方发生过许多此类犯罪,都已经被查清。监察人员认为,仅仅把受害者送进坟墓是不对的,他们还去找总督,陈述证词,描述事件经过,让总督认为责成恶棍伏法乃是他的责任。

27. 所以,如果我们对任何阿猫阿狗都这么热心,难道我们不应该为尤利安这位君王复仇吗?如果行省总督都有权查清这类事,您的皇权竟然做不到?不是做不到,而是不去做!您只要表现出很乐意抓到那些家伙,人们就会把那些畜生交给您。只要您消除他们的恐惧,让他们知道,他们不会因为那些凶手在他们的职位上已聚敛大量财富而受到伤害。毫不夸张地说,事实是,尽管他们应该作为凶手伏法,却收获高官厚禄,仿佛他们谋杀的是波斯国王。

28. 即使您不认为我刚提到的那些灾难是由于没有惩罚谋杀尤利安的凶手造成,您也应关切未来会继承帝位的人,为他们提供这类保护。通过惩罚谋杀尤利安的凶手,您可以制止这类犯罪。但如果您让他们逍遥法外,您就会激起某种后果。至于那是什么,我就不提了,那不值得思考。所以,我今天表面上代表尤利安说话,实际上是代表你们这些仍然活着的皇帝。通过惩罚凶手,您不会让尤利安复活,但至少可以保护您本人。所以,要确保您的士兵能冒着生命危险保护他们的统帅,如果他们拒绝这样做,至少也要确保他们不会像敌人那样对待他们的统帅。

29. 如果您的一位将军或军事长官遭遇这种命运,我想您会惩罚谋杀他们的凶手。在这种情况下,这种做法应该从职级较低的受害者扩展到职级最高的受害者。实际上,那次谋杀是针对帝国的皇帝。在那场激烈的战斗中,那位拿着长矛对着尤利安发出一击的骑兵,是邪恶的阴谋集团从一个可怕肮脏的营帐中派出的。陛下,也许还有其他无赖潜伏在一个孤零零的帐篷里,与他们的统帅为敌。自然不可能让他们变好,但恐惧或许可以约束他们。

30. 回到我的看法:即便帝国没有卷入危险中,您因那些恶棍所做的事发怒,了结他们的恶行,仍是正当合宜之举。事实上,不管您多么不愿意,您都不得不这样做。那些在罗马人中引发恐慌的侵略者,虽然离罗马还有许多天的距离,但他们建议您为尤利安复仇。一旦完成复仇,就不会再有哥特人的麻烦。[①]

31. 兴许有人会问,尤利安是否真的值得诸神看重。确实值得!他们对恶人表示不满是他们的老习惯。诸神对某个恶人的报复常常波及整个共同体。雅典人因安德罗格奥斯(Androgeos)之死饱受瘟疫的折磨,他们把两倍的供品、七个孩子献给死者的父亲米诺斯(Minos),即使行凶者屈指可数。忒拜也由于谋杀拉伊俄斯而遭受瘟疫,而谋杀仅是俄狄浦斯一人所为。当伊索因为一个笑话而被杀,德尔斐遭受饥荒。您认为有几个凶手?寥寥无几!但尽管如

① 阿德里亚堡战役后,哥特人的劫掠一直挺进到君士坦丁堡附近。

此,整个城邦遭受饥荒,他们仅有的救赎之法就是遭到惩罚。

32. 阿波罗因为克律塞斯没有从阿凯亚人那要回他的女儿,就对阿凯亚人发怒;赫利俄斯因为献祭者少献祭一头牛,就如此生气以致威胁其他神,除非献祭者遭到惩罚,结果是全船人遭受饥饿。尽管如此,他们的船还是被雷电击碎,那个提出最好建议的人和那些拒绝听从他的人一起被抛到了大海中。[①] 那么尤利安被杀,对这一罪行的忽视难道不是已经导致诸神对罗马人发怒?

33. 风暴摧毁那些与阿伽门农一同洗劫特洛伊的人,是雅典娜唤醒大海的疯狂,那么,雅典娜如此做的理由何在?因为军队没有惩罚埃阿斯(Ajax)对卡珊德拉(Cassandra)的暴行,正如我们还未惩罚谋杀尤利安的凶手。难道能说,普里阿摩斯的女儿之于雅典娜,要比尤利安之于诸神更宝贵?至于那场在留克特拉的失败——在那场失败后,斯巴达一直低迷——每个人都知道原因。[②]

34. 是的,陛下。诸神关心人,即使人已死,他们也希望人还活着,对他们表示关心。如果不是这样,诸神就不会把他们尊敬的人送到幸福岛,也不会用神谕来祭拜他们的遗骨,就如他们对奥瑞斯特斯(Orestes)和忒修斯(Theseus)所为。

35. 我相信,诸神在他们的聚会上已注意到尤利安的命运和我们在他死后对他的忽视,他们愤怒地互相呼吁要为他复仇。如果赫克托耳因向宙斯献祭众多而值得宙斯哀悼,如果在奥德修斯漫游期间,雅典娜指责宙斯忽视一个向他献祭的人,那么您认为诸神会如何评价尤利安,他在十年中的献祭要比其他所有希腊人的献祭加起来还要多。[③]

---

① 对照荷马:《奥德赛》,12.270以下。

② 对照普鲁塔克:《对比列传·佩洛皮达斯传》,20。

③ 尤利安自己说他改宗异教始于351年,参尤利安:《书信111》。利巴尼乌斯在这里用十年的整数来描述尤利安从改宗异教到去世这段时间,为的是与希腊人在特洛伊的十年战争相对,以将尤利安与赫克托耳和奥德修斯进行比较。

36. 尤利安将他的生活分为全神贯注于帝国事务和献祭,他通过秘仪与诸神联系,哀恸我们被亵渎的神庙曾是他唯一能做的。但当机会来临,他就为神庙拿起武器。他修复被毁的神庙,恢复神庙的礼仪和其他所有礼仪;他将献祭和奠酒仪式仿佛从流放中召回,恢复已经停止的节日。他消除崇拜诸神带来的危险,从不让自己的理智偏离对诸神的思考,驱散笼罩那么多人的迷雾。如果不是过早地离开我们,他也会为我们大家做同样的事。

37. 宙斯关心他,就如一个世界的主人关心另一个世界的主人;宙斯的女儿因他的理智天赋关心他;赫尔墨斯因他的演说才能关心他;缪斯因他的诗艺关心他;阿尔忒弥斯因他的节制关心他;阿瑞斯因他在战争中的勇敢关心他。他把所有野蛮人驱赶到那样的境地,既作为另一个统治者之下的统治者,又作为至高无上的统治者。[1] 在远征波斯的战争中,他夺占波斯的一大片领土;在他的统治下,各个行省处于和平状态,一切都和他离开时一模一样。他在巴比伦城下举行赛马,罗马帝国史上没有哪个皇帝做到过。但帝国境内非常平静,就好像他亲自在那里一样,因为他对波斯人的追击引起的恐惧已经足够。

38. 因此,每个继任的皇帝都应承认对尤利安有所亏欠。我们的妇女也会同意,正是由于尤利安,这个地区才不属于波斯。我们不筑墙、不进口谷物,我们不需要四处寻找可以前往的避难所:我们不需要带着恐惧与同伴生活,我们也无需害怕任何这类灾难像我们先辈时那样降临:我们的先辈坐在剧院里,曾遭到占据山顶的弓箭手的袭击。[2] 我们的信心不在于我们的边防部队,因为他们中最优秀的人已被征召,去参加与哥特人的战争。

---

① 指尤利安在君士坦提乌斯二世手下做副帝和361年后继任皇帝这两个时间段中的事。

② 这件事发生的具体时间不详,大概是250年,对照阿米安努斯:《罗马史》,23.5.3;利巴尼乌斯:《演说辞60》,2—3。

39. 这些是尤利安赐予我们的礼物，是他的劳作和战争的成果。他教会那些在我们土地上旅行的同胞无需为自己的安全担忧。作为对这一切和其他难以用笔墨描述的成就的回报，难道您不愿意伸出援助之手，开始调查和惩罚谋杀尤利安的凶手吗？这个凶手在谋杀发生后的第二天，本会接受来自波斯使者的礼物，就像波斯人告诉我们的那样。

40. 陛下，请把我的建议付诸实践。开始提供这样的帮助吧，您将会有好运！它会让您看到，色雷斯的土地仍被我们耕种，温泉关未受玷污；它将让流亡者归来，扭转我们现在遭受的失败和溃败。您会看到同样的士兵在森林和洞穴中搜寻，杀死或活捉俘虏，把他们交给那些准备付赎金的人。尤利安将支持这一切，使它容易实现，士兵们也许无法亲眼看到，但会通过他的行动认识到这一点。

41. 无论哪种情况，您都应该热心为尤利安复仇。您要么等证据确凿后再施加惩罚，再没有比这更公平的办法；要么就像我祈祷的那样，不要让那些恶棍逍遥法外。您必将在众人眼中，在尤利安眼中，在诸神眼中，因您的行动而赢得名声。所以，如果您之前就为尤利安复仇，您本已得到这些福佑；如果您将来这样做，您一定会获得这些福佑。

图书在版编目(CIP)数据

驳无教养的犬儒/(古罗马)尤利安著;马勇编译.—北京:商务印书馆,2022
(“经典与解释”丛编)
ISBN 978-7-100-20958-8

Ⅰ.①驳… Ⅱ.①尤… ②马… Ⅲ.①尤利安—文集 Ⅳ.① B502.49-53

中国版本图书馆 CIP 数据核字(2022)第 052971 号

“经典与解释”丛编
驳无教养的犬儒
〔古罗马〕尤利安 著
马勇 编译

商 务 印 书 馆 出 版
(北京王府井大街 36 号 邮政编码 100710)
商 务 印 书 馆 发 行
南京新世纪联盟印务有限公司印刷
ISBN 978-7-100-20958-8

2022 年 5 月第 1 版　　开本 880×1240 1/32
2022 年 5 月第 1 次印刷　　印张 7¼

定价:48.00 元